歴史物語ミャンマー 上

独立自尊の意気盛んな自由で平等の国

山口洋一

カナリア書房

まえがき

本書の副題である「独立自尊の意気盛んな自由で平等の国」は、マスメディアが伝えるミャンマーのイメージと随分かけ離れていると感じる人が多いに違いない。しかし間違っているのはマスコミ報道の方であり、古来長年の歴史を通して脈々と受け継がれてきたこの国の本質は変わっていない。今日でもミャンマーは基本的には「自由で平等の国」であり、人々の「独立自尊」の気概は全く衰えていないのである。本書ではミャンマーという国のこのような本質を、歴史を顧みながら説き明かして行く。

まず見逃してならないのは、この国が古くから自由で平等な無階級の社会であることを特質とし、人権尊重にも手厚い国柄だということである。これは全く世に知られていないミャンマーの特色であり、欧米諸国はこの点を無視した無理解によって軍事政権バッシングを続け、国際マスメディアがこれを煽ってきた。この国の実態を見直すと、これがいかに的外れの非難に過ぎなかったかを改めて痛感する。西洋人は自由や平等や人権尊重などはフランス革命がもたらしたヨーロッパ白人世界の落とし子であり、彼らがこのありがたい理念をアジアやアフリカに広めてやったのだと思いこんでいる。しかしこれはとんでもない思い違いであり、ミャンマーの歴史を紐解けば、既に一一～一三世紀のパガン王国の時代からこれが根付いてきたことが明らかになる。

「自由で平等の国」と並んでこの国の特色となっているのは、「独立自尊の意気」が盛んな国民性だということである。これまた、今日のミャンマーには中国の影響力が強まり、この国は今にも中国に呑みこまれそうになっていると断定するマスコミの観測とは大いにかけ離れた事実である。敬虔な仏教徒が大多数を占めるミャンマー人の国民性については、心やさしく、穏やかな性格であることや、人間関係を重視して相互扶助の精神に富み、家族のつながりを大切にすることがよく指摘されるが、これに加えて筆者は「独立自尊の気概に富み、外国勢力との結託に対しては強い嫌悪感をもつ」ということこそ、この国の人々の特筆すべき性格と考える。この国の歴史を顧みると、こうしたミャンマー人の特性も歴史が生み出し、醸成してきたことが改めて納得される。

この国について一般に持たれているイメージと実際の状況がこのように乖離している以上、二千年余りにわたるミャンマーの歴史を紐解き、つぶさにその流れを辿ることは、この国を正しく理解するために不可欠である。

ところがこの国については、旅行記や体験記、名所や旧跡の案内といった本はかなりあるものの、その歴史をとりあげた著作はあまり存在せず、せいぜいこの国の歴史の一時期を断片的に紹介する程度にとどまっている。チベット高原の南斜面一帯に源流を発するビルマ族が南に移動してきて、現在のミャンマーの地に住み始めた西暦紀元前の時期から、二千有余年の歴史を体系的に紹介した著作はついぞ見当たらない。そこで筆者はこの国の歴史の全貌を叙述してみようと思い立ち、本書を執筆した。

建国以来ミャンマーが歩んできた道程を辿り、歴代王朝の波瀾万丈の歴史の流れに目をやると、この国は北からはフビライハンの蒙古襲来を初めとして度重なる中国の襲撃に遭い、東方ではアユタヤのシャム王国と幾度にもわたって干戈を交える等々、血沸き肉踊る活劇やロマンに満ち満ちた史実で彩られている。この間にはミャンマー版「那須与一（なすのよいち）」も「鼠小僧」も登場してくる。まさにＮＨＫ大河ドラマの大作を何本も束にして観るような興奮なしには語れない物語の連続である。

やがて三次にわたる英緬戦争を経てイギリスの植民地にされてからは、無慈悲な植民統治と、断固これに反発し、独立回復に向けて抵抗運動に邁進する若者たちの活躍ぶりが感動を呼ぶ。

大東亜戦争における三年間の日本軍による占領統治を経て、一九四八年に独立はしたものの、その後この国が近代国家形成に向けて辿ってきた道筋は、苦難に満ちた紆余曲折を経ることとなる。とりわけ一九八八年の軍事政権成立以降、欧米のバッシングを受けながら進められた国造りの取り組みには、世間一般の理解を改めて問い直すべき問題が多々含まれている。

翻って、独立自尊の気概に満ち溢れたミャンマーと対比しながら現今のわが国の実情を見るに、戦後アメリカ追随一辺倒に堕してきたわが国では、人々の国家意識の低下は嘆かわしい限りであり、低下が進んで喪失一歩手前まで来ていると言える状況になっている。その結果、国際社会における日本の独自性は失われ、存在感は希薄化の一途を辿っている。国民は自信を失い、政治は混迷し続けている。

二〇一一年三月一一日、東日本大震災が日本列島を襲った。この未曾有の大災害を契機に、政府は「がんばろう日本」だとか「一つになろう日本」、「みんなでやれば大きな力に」などといったキャッチフレーズを盛んに流すようになった。これは国家意識の高揚も念頭に置いたキャンペーンなのであろうが、どうも空々しく聞こえてくる。

戦後、ドイツと似たような状態から再出発した日本は、国民の優秀さと勤勉さの賜物として、ドイツと並んで世界有数の経済大国に伸し上がった。しかし現在ドイツが国際社会で大きな発言力を確保し、信頼される大国に成長したのに比べ、日本はそのどちらも手にしていない。

せめてアジアにおいては頼りにされる国になりたいものであるが、ひと頃は日本が担いつつあるかに思われたアジアの主導国の役割すら失いつつあり、中国の躍進の前に、影の薄い存在となっている。二〇一〇年九月二四日、日本は尖閣諸島海域で不埒な行動に出た中国漁船の船長を処分留保のまま釈放した。この措置は今後のわが国の安全保障のあり方を根幹から揺るがす重大事であったばかりでなく、南シナ海の方で固唾を呑んで日本の出方を見守っていた東南アジアの国々を深く失望させ、日本に対する信頼感を失わせた。南シナ海では、島の領有をめぐってしばしば中国とベトナム、フィリピン、インドネシアなどとの衝突が生じており、往々にして軍事行動まで起きているのである。中国の恫喝の前に弱腰を露呈した日本の姿勢を見て、東南アジアの国々はあきれ返ったに違いない。

大正時代、かの徳富蘇峰は軽佻浮薄に流れ驕慢に走っていた当時の人心を「一疋の鰯に満足したる子猫が、座布団の上に快眠するが如く」であると評し、「日本の現状を一言すれば、恰も一葉の軽舟を、大洋の真中に乗り出しつつあるに似たり。而して其の乗組員の過半は、酣睡（酩酊して眠りこけること）を貪り、一切夢中也。而して偶ま眠らざる或者は、舟を西に向けんとすれば、他の或者は、舟を東に向けんとし、殆んど舟はくるくると廻り居るものに似たり」と慨嘆し、「吾人は実に我が国民一般の覚醒を、即今の急務と信ず」と記している（徳富蘇峰著『大正の青年と帝国の前途』）。

今日、平成の日本においても我々の国家意識が現状のようなありさまだと、まさに蘇峰が危惧したのと同様、国家の行く末が思いやられる。このような我が国の現状を考えると、ミャンマーの歴史を辿ることは今後の日本のあり方を考える上でも、大いに参考になる。

本書の題名に採用した「ミャンマー」という国名であるが、かつてこの国は「ビルマ」という名前で親しまれてきたところ、一九八八年に発足した軍事政権がこれを「ミャンマー」と改め、それ以来ようやくこの呼び方も定着してきた。

西洋列強の植民統治下に置かれてきたアジアやアフリカの多くの国は、イギリス人やフランス人が自分たちに呼びやすいようにつけた地名で呼ばれ、それがそのまま世界に通用してきたが、独立後にこれらの国々では、こうした植民統治者の呼称を本来の自分たちの国名や地名に戻したり改称したところが多い。「セイロン」という国名を「スリランカ」に、「ボンベイ」や「カルカッタ」という都市名を「ムンバイ」「コルカタ」とした如くで、同様の例は数え上げればきりがない。

「ビルマ」から「ミャンマー」への国名変更も例外ではなく、本来自分たちが用いてきた国名に戻したに過ぎない。この国は多民族国家であり、人口の六九％を占める多数民族が「ビルマ族」である。この国を植民地にしようと最初にやって来たイギリス人が住民に「お前たちは一体何人なのか」と尋ねたのに対し、「おれたちはバマーだ」という答えが返ってきた。実は「バマー族だよ」と答えたのだったが、これを聞いたイギリス人が国の名前と早とちりし、国名を「ビルマ」にしてしまったのである。「ヤンゴン」を「ラングーン」、「エヤワディ河」を「イラワジ河」、「ラカイン山脈」を「アラカン山脈」等々、イギリス流に歪められた呼び名が常用されてきたケースは多岐にわたる。本書では必要な場合には、長年言いならわされてきたイギリス流の呼称を、括弧書きで示すこととする。

本書の執筆に当たっては、多くの文献を参照しつつ、史実をできる限り客観的に叙述した。本書の題名は「歴史物語ミャンマー」となっているが、あくまでも史実のみを忠実に記述するものであり、フィクションは一切排除されている。一部には、行間に筆者の理解や解釈が織り込まれている箇所もあるが、それも極力中立的な見解を示すように努めた。

この国はアジアの中でも、いや世界の中でも比類のない親日国であり、日本人の側にもぞっこんこの国に惚れこんで、自らを「ビルキチ」とか「ビルメロ」(ビルマにメロメロ)と自称する人たちが少なくない。本書がこれら「ビルキチ」「ビルメロ」の諸氏はもとよりのこと、この国の真の姿への理解を求め、今後の日本のあり方にも思いを寄せる各位に、少しでもお役に立てれば望外の幸せである。

#【ミャンマーの行政区画】

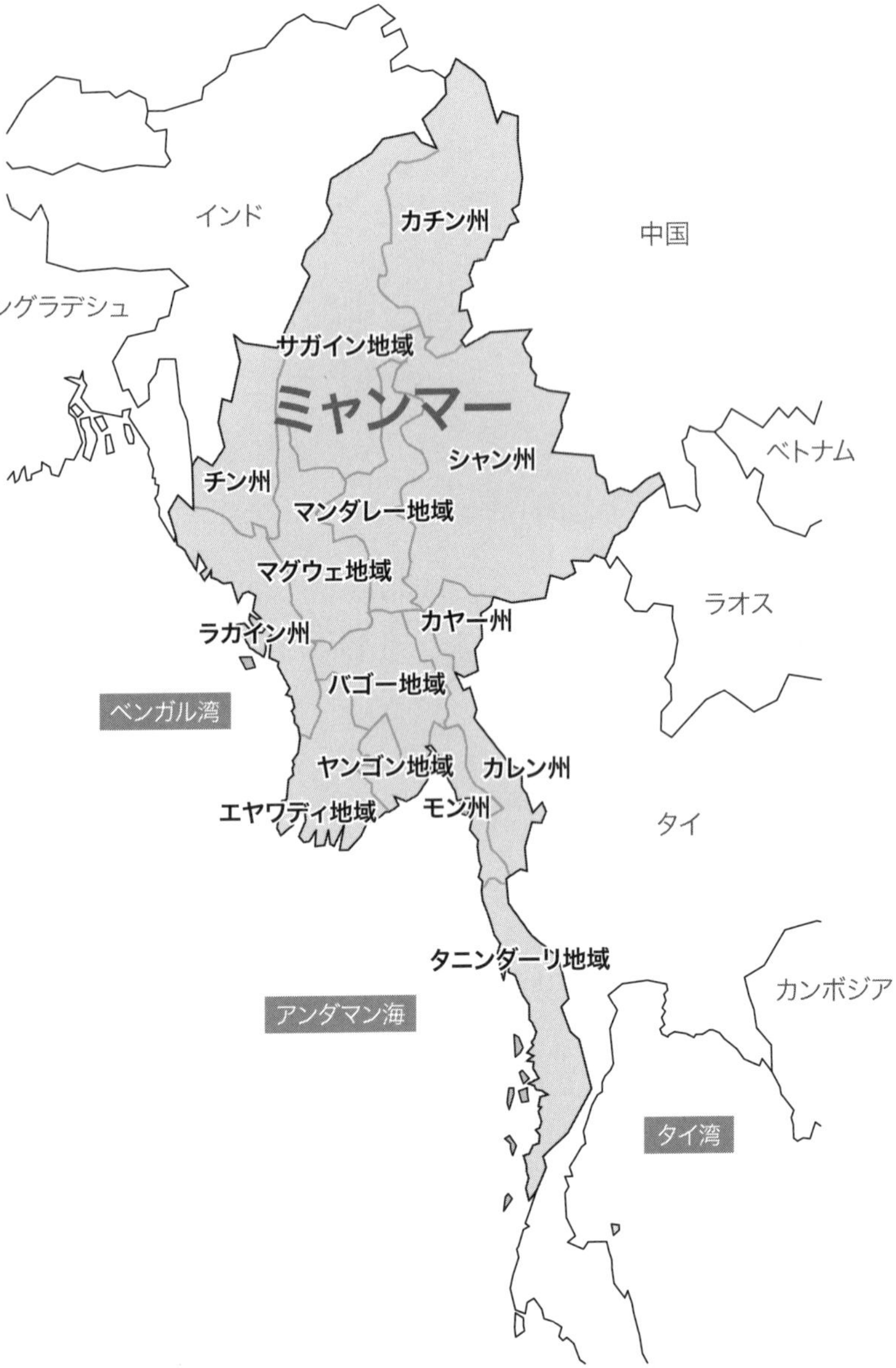
インド
カチン州
中国
バングラデシュ
サガイン地域
ミャンマー
ベトナム
シャン州
チン州
マンダレー地域
マグウェ地域
ラオス
カヤー州
ラガイン州
バゴー地域
ベンガル湾
ヤンゴン地域
カレン州
エヤワディ地域
モン州
タイ
タニンダーリ地域
アンダマン海
カンボジア
タイ湾

【ミャンマーの主要都市】

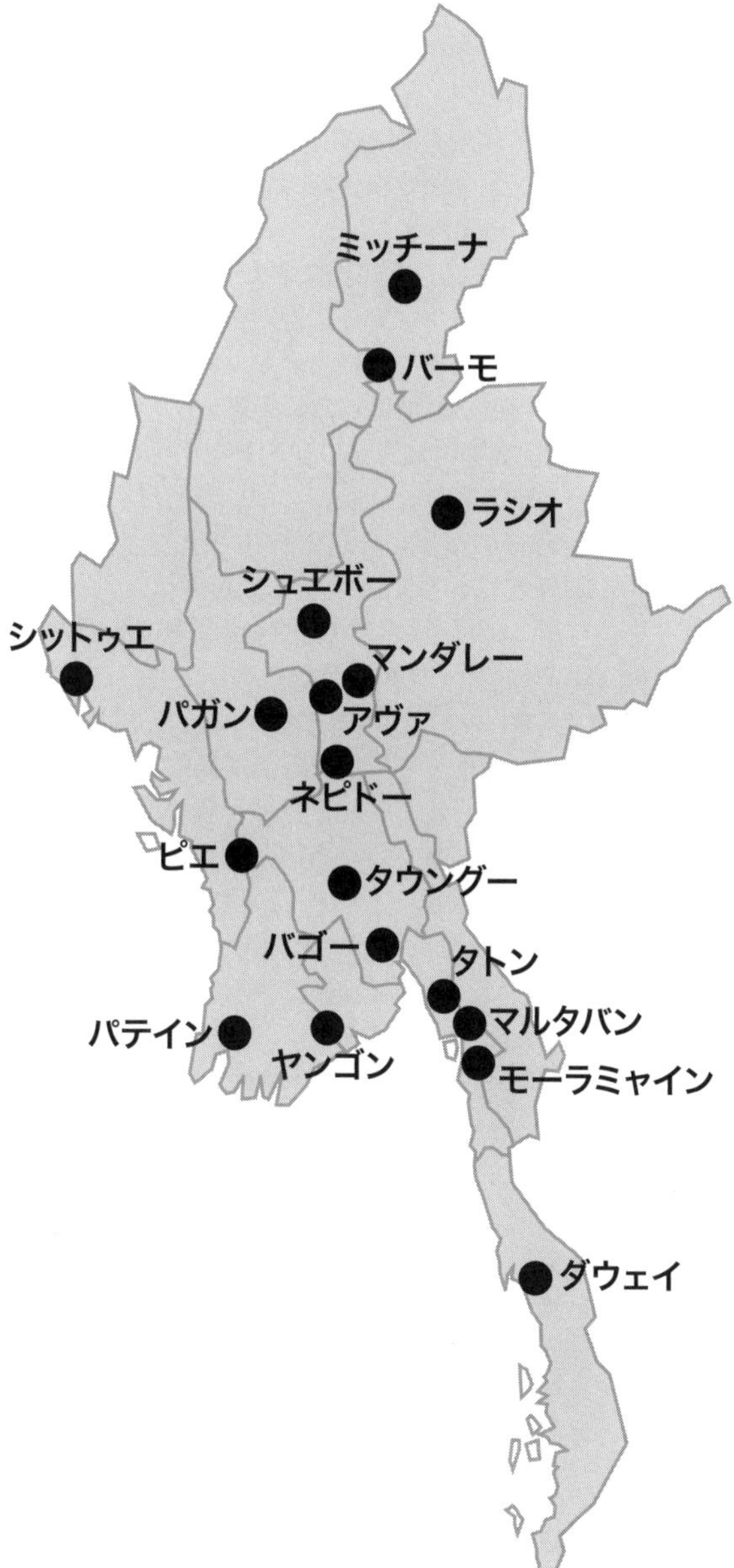
ミッチーナ
バーモ
ラシオ
シュエボー
シットゥエ
マンダレー
パガン
アヴァ
ネピドー
ピエ
タウングー
バゴー
タトン
マルタバン
パテイン
ヤンゴン
モーラミャイン
ダウェイ

1945年　日本軍が撤退したのに代わってイギリス軍が再来し、5月にはほぼ全土を制圧して、イギリスによる統治を再開。
1947年　イギリスのアトリー首相と交渉の末、1948年に独立する段取りを整えたアウン・サン将軍は、7月19日、多数の閣僚と共にテロリストによって殺害。
1948年　1月4日、独立を達成し、初代首相にウ・ヌーが就任。
1958年　政権をもてあましたウ・ヌー首相は国軍トップのネ・ウィン将軍に政権を移譲。これを受けたネ・ウィン将軍は暫定首相となって、治安の回復と経済の安定に貢献。
1960年　ネ・ウィン暫定首相は約束通り総選挙を5月に実施し、再度ウ・ヌーが首相の座に返り咲いた。
1962年　政情不安や経済の不振に伴う治安の悪化などで窮地に陥ったウ・ヌー政権を見かねたネ・ウィン将軍は、3月2日にクーデターを決行し、政権を掌握。彼の独裁政権は、ビルマ社会主義計画党（BSPP）の一党独裁体制を敷いて強権的政治を開始。
1988年　26年間に及ぶネ・ウィン体制のもとでうっ積した民衆の不満が爆発し、国内各地で大規模な騒乱が発生。この混乱が深刻化する中、8月18日、無血クーデターが成功し、それまで国防大臣だったソー・マウン大将を議長とする「国家法秩序回復評議会」（SLORC）が新政府となって、国軍が国家の全権力を掌握。
1990年　5月27日に総選挙が行われ、反政府勢力である「国民民主連盟」（NLD）が圧勝したが、政権移譲は不履行。爾来欧米諸国は種々の形で制裁を課し、軍事政権をバッシング。1992年には議長のソー・マウン大将が健康上の理由で辞職し、タン・シュエ議長が交代。1997年には政権の最高機関の名称を「国家法秩序回復評議会」から「国家平和発展評議会」（SPDC）に改め、政権を再編成。
2003年　民主化を目指した「七段階のロードマップ」を発表。これに従って民政移管に向けたプロセスに入り、2008年に新憲法制定、2010年11月７日に総選挙を実施。
2011年　総選挙の結果に基づく国会が2月に召集され、そこで国家元首たる大統領にテイン・セイン首相が選出。「国家平和発展評議会」（SPDC）政権はテイン・セイン新大統領の下に発足した新政府に政権を移譲。

年表 （BCは西暦紀元前、BCを付さない年数は西暦紀元後）

BC2世紀	北方よりチベット・ビルマ族が南下を開始。
BC2世紀	スリケストラを首都とするピュー王国が勃興。
656年	ピュー王国は2～4世紀に最盛期を迎えた後、徐々に勢力を減退、遂にこの年にスリケストラが瓦解。爾後王国は衰亡に向かい、代わって南部ではモン族の勢力が台頭。
1044年	開祖アノーラタ王（在位1044～1077年）によりパガン王国が勃興。
1287年	元朝中国軍の襲撃を受け、パガンが陥落。
1312年	パガン王国が滅亡。その後、アヴァを本拠とする勢力とバゴーを中心としたモン族の勢力との対立を主軸とする群雄割拠の経過期に。
1486年	タウングーに結集したビルマ族が徐々に勢力を増し、この年に開祖ミンチェエンヨー王（在位1486～1531年）によりタウングー王朝が勃興、続く第二代タビンシュエティ王（在位1531～1551年）が磐石の国家基盤を構築。
1752年	タウングー王朝は第四代ナンダバイン王（1581～1599年）の時代から衰亡に向かい、この年に滅亡。
1752年	開祖アラウンパヤ王（在位1752～1760年）によりコンバウン王朝が勃興。
1824年	第一次英緬戦争が勃発。
1826年	第一次英緬戦争に敗退したミャンマーは、ヤンダボ平和条約を呑まされ、ラカイン、タニンダーリ、アッサムをイギリスに割譲。
1852年	第二次英緬戦争が勃発し、勝利したイギリスは平和条約の締結すら行わず、バゴーを含む中部沿岸一帯をイギリス領に編入。
1885年	第三次英緬戦争が勃発。敗退したミャンマーは全土を失い、ティボー王は王妃とともにボンベイ（現ムンバイ）に追放。
1886年	イギリスはミャンマー全土を正式に植民地とし、苛酷な統治を開始。これに対してミャンマー人は種々の形でイギリスの統治に反抗し、1920年頃から民族解放闘争を激化。
1941年	ミャンマー国軍創設の第一歩となる「ビルマ独立軍」が日本軍による訓練を経て誕生し、日本軍は「ビルマ独立軍」と共にミャンマーに侵攻して全土を占領。1943年8月1日にはバー・モウ博士を首班とする文民政府が形式的に独立宣言。

歴史物語ミャンマー

独立自尊の意気盛んな自由で平等の国

上巻◉目次

第二章　パガン王国

第三章　パガン王国の衰退と蒙古襲来

第四章　タウングー王朝成立までの経過期
―アヴァ対バゴーの対立―

第五章　ビルマ族の第二帝国タウングー王朝

第六章　ビルマ族第二帝国の落日

第七章　アラウンパヤ王とミャンマー第三帝国

第一章

黎明期のミャンマー

中国の南部に接し、東南アジアと南西アジアの接点に位置するこの国は、面積六八万平方キロメートル、日本の一・八倍の広さを占め、国土の大きさからすれば、フランスやタイ並みの大国とも言えるが、アメリカ人ならば「なんだ、おれたちのテキサス州一州にも満たないちっぽけな国なのか」と言うかも知れない。地図で見ると、この国は縦に長い菱形の右下に細長い部分が伸びており、ちょうど尻尾をつけた菱形の凧を空高く上げているような形に見える。この縦長菱形の国土は東西北側の三方が山に囲まれ、南は海に開けた、地理的に画然とした領域をなしている。

この菱形の土地にいつごろから人類が住み始め、その後どのような経過を辿って今日に至ったのか、まずその起源から見てみよう。

1 この国の起源

山岳地帯に囲まれていたが故に、近隣から隔絶されていたこの地に周辺部からの人たちが流入し始めたのは、紀元前一〜二世紀頃、まず北部山岳地帯を越えてチベット・ビルマ族がやってきた。

もっとも、ミャンマーの中央を北から南に流れ、菱形の国土を東西に二分するエヤワディ河（イラワジ河）周辺部には、今から五千年前に石器時代人が居住していた痕跡が発見されているが、この未開文明の人たちについては、その後この地に流入してきた民族と融合、混血したのか、あるいは彼らに滅ぼされてしまったのか解明されていない。

中国南部地域に居住する民族の南方への移動が始まったのは、紀元前数世紀前からであった。マレー系種族は海洋を移動して、マレー半島やインドネシアを目指した。メコン河を下ってきたクメール族はラオス・カンボジアに住み着き、モン族はタイに落ち着いた。

チベット高原の南東部斜面にいたチベット・ビルマ族は、険しい山々を越えてこの菱形の地に辿り着いた。なぜこのような民族の移動が起きたのか、その理由は天災などによる食糧飢饉からの脱出、戦乱を逃れての避難、信仰上の動機による新天地を求めての移動など、さまざまな推測が可能であり、マレー族やクメール族、モン族については解明されていないが、チベット・ビルマ族については主として政治的な動機であったことが知られている。

チベットは紀元前一二六年に開祖以来、四二代続いた王朝が治める王国としての歴史を誇ってきたが、古来この王国と中国との間には軋轢が絶えず、この国は中国に呑み込まれてしまう危険性と常に隣り合わせの状況にあった。こうした中、中国の支配を好まず、独立自尊を希求した者たちが、自立できる新天地を南に求めて移動を始めたのである。ある者は氷に閉ざされた峻険な北西山岳地帯を突破して菱形の新天地に辿りつき、ある者は険岳を東に迂回して北東部の山を越えてやって来た。菱形新天地の北西部にはヒマラヤ山脈の東端が張り出しており、標高五八八一メートルの高峰カカボラジ山が聳え立つ険阻な地勢となっている。このようなチベット・ビルマ族の南下は、その後何波にもわたって五月雨式に行われ、一三世紀まで延々と続いた。

今日この国が独立自尊の国柄を誇り、ミャンマー人が外国勢力の支配下又は影響下に置かれることを極度に嫌悪するのも、彼らがチベット高原にいた遠い昔から祖先のＤＮＡを延々と受け継いできたことと無関係ではないのである。

中国の南に国境を接し、東南アジアと南西アジアとの狭間に位置するこの国は、古来これらの地域間の交通の要衝を占めていた。海上交通が未発達だった古い時代には、陸路で行われる交易の要路だったし、造船技術の進歩によって海を通ずる行き来が盛んになっても、長い間遠洋の航行は危険視され、沿岸の航路が用いられたので、ここは交通の要衝であり続けた。

言ってみれば、この地は南西アジアと中国、東南アジア間の出入り口だったわけであり、紀元前一二八年には、既にミャンマー北部を横切る交易ルートが中国とインドを結んでいたことが記録に残されている。古代ローマ帝国が中国の皇帝に遣わした使節も西暦九七年と一二〇年にここを通って行ったと記録されている。その後は、中央アジアからやってくる蒙古族から狙われ、その襲撃を繰り返し受けたことも知られている。やがて一九世紀になると英仏の激しい植民地争奪戦の矢面に立たされた末、一八八六年にイギリスの植民地にされ、一九四一年には日本軍の占領を受けることとなったのである。

交通の要衝を占めていたということは、異文化の伝播においても重要な役割を担ってきた。この国自身も周辺各地域——特にインドからの強い文化的影響を受けた。とりわけ仏教はこの地に根付いたばかりでなく、ここを経由して各方面に伝播していった。

2 ピュー王国

菱形新天地に南下してきたビルマ族は、エヤワディ河流域一帯に点在する集落をつくって生活を営むようになった。このような集落の大きなものは、ミャンマー北部のタガウン（Tagaung）、ハリンジ（Halingyi）、ペイッタノミョー（Peikthanomyo）などにあったことが知られている。

こうした集落を形づくる集団の長は、それを構成する者同士の互選で選ばれていた。そして当初は村長（むらおさ）だった集落の指導者は、徐々に勢力を増すにしたがって王と呼ばれるようになり、やがて分立していた王が抗争を繰り返しながらまとまって行き、ついにピュー王朝の成立に結実した。

ピュー王朝による統一に先立つ分立抗争時代の言い伝えとして、こんな伝説が残されている。

「平和で栄えていたある国があった。ここの国王には誠実で心やさしい弟がいた。しかもこの弟には、神の恵みによって驚くべき特性が備わっていた。なにしろこの弟が微笑（ほほえ）むと、国中に黄金の雨が降り注ぐのである。国王は弟を愛（いつく）しみ、ともに仲良く過ごしていた。そして国王は自分の王位を継ぐべき皇太子をこの弟と決めていた。

ところが国王の王妃にとって、この事態は面白くなかった。王妃は自分が生んだ王子に王位を継がせたいと願っていたのである。

ある時、中国からの使節がこの国にやって来た。国王は使節に黄金の贈物をしようと思いつき、弟に微笑むよう命令した。しかし弟は、その直前に恐ろしいことを耳にしていた。王子たるわが子を王位につける狙いを秘めた王妃が、国王殺害の陰謀をめぐらしていることを耳にしたのである。このあまりにも意外な知らせに愕然となった弟は悲しみに打ちひしがれて動転し、微笑むことができずにひたすら泣くばかりであった。これに激怒した国王は大声で弟を叱りつけた。するとその時、大地震が町を揺るがし、国王も王妃も皇太子も中国の使節も、町もろとも業火に呑みこまれて、灰燼に帰してしまった。」

首都スリケストラと王国の国家体制

ピュー王国が興ったのは紀元前二世紀頃と考えられ、西暦二〜四世紀に最盛期を迎え、七世紀まで命脈を保ち続けた。

王国の中心地になっていたのはピエ（Pyay）である。ピエという呼称は、後世のビルマ族が自分たちと同族であるピュー族によって樹立された偉大なる王朝に敬意を表してつけた名称であり、「首都」という意味である。ピュー族自身はこの地を「恵まれた平野」を意味するスリケストラ（Sri Kestra）と称していた。

ピエはヤンゴンの北北西一七九キロに位置し、現在ではかなり内陸に引っ込んだ場所となっているが、二千年以上昔にはまだエヤワディ・デルタが形成されていなかったので、まさにエヤワディ河口の好位置を占める港湾都市だったのである。

ピュー族が南下してきた時、ミャンマー南部ではモン族が先住民として既にいくつかの都市を形成していた。しかし、やがてピュー族の南下が海岸線にまで達する頃になると、スリケストラを拠点とするピュー王朝は強大となり、モン族の都市を次々に朝貢国のような状態に置いて支配した。さらに発展を続けたピュー王国は、西はスリランカ（セイロン）島、南東方向にはマレー半島からインドネシア方面にまで、勢力を広げた。

西洋の学者の中には、ミャンマーの歴史書がこのように記述していることを「そんなのは自慢話の誇張に過ぎない」として一蹴する者が多い。しかし唐時代の中国の歴史書によれば、ピュー王朝はマレー半島全域に支配領域を広げたばかりか、ジャワ島からスマトラ島のパレンバンにまで広がる広大な領域で一八の王国を配下に治めていたとされており、もし西洋の学者が言うように事実無根の自慢話ならば、わざわざ中国の歴史書がこのような取り上げかたをする道理はない。

もっともピュー王朝は一度として支配領域全体に中央集権的な国家体制を敷いたことはなかった。ミャンマー内においても、数多く点在する都市国家が連合してピュー王国を構成する形をとっていた。時に連合内の都市国家がスリケストラに反抗して立ち上がり、反乱が起きることもあったが、やがて鎮圧されるのが常だった。スリケストラを拠点とする王朝の権力が圧倒的優位を占めて頂点に立ち、他を圧して勢力下に治めていた。いわば一種の連合国家だったのである。

スリケストラは東南アジアと南西アジアを結ぶ海上交通の拠点を占めていただけに、密接な関係にある近隣諸国からは、盛んに貢納品が届けられた。ミャンマーの歴史書には、ピュー王朝の国王がスリランカ（セイロン）島やマレー半島からさらに遠方まで航海を行い、諸国と誼を深めたとの記述が残されている。こうしたことが、ピュー王朝の勢力範囲が広範囲な周辺一帯に及んでいたとの記述になったものと思われるが、ゆるやかな連合国家体制をとるピュー王国にしてみれば、こうした国々が少なくとも名目的な朝貢国になっているとの意識がもたれていたのである。

首都スリケストラの周囲には、王国内の他の都市と同じように、煉瓦で築かれたぶ厚い城壁と堀が二重に張り巡らされていた。スリケストラの広さは過去にミャンマーに存在した都市の中で最大の面積を占め、一一世紀のパガンや一九世紀のマンダレーよりも広大であった。

スリケストラは、後世に築かれる方形の都市と異なって円形であり、一二の城門が設置されていた。円形都市の南半分は市街地で、そこに王宮をはじめとして僧院や人々の住居などが設けられていた。

北半分は稲作農耕用地であった。これは、なにも北半分の農地だけで、住民全ての食糧を賄おうとしたわけではない。城壁外には見渡す限りの水田が広がっており、住民が農耕に従事したのも主としてこの城外の農地においてであった。城内北半分の農地は緊急事態に備えての防衛用に設けられたのである。このようにスリケストラは二重の城壁と堀で守られていたばかりでなく、仮に襲撃してくる敵が町を包囲したとしても、長期の包囲に耐え抜く対策が講じられていた。

王宮や僧院の建物は煉瓦造りで、表面を薬品で処理した光沢のある煉瓦が用いられていた。室内は明るい色調のペンキで彩色され、金や銀の装飾品が所せましと飾られ、床には刺繍を施した布地が敷き詰められて雰囲気の豪華さを一段と引き立たせていた。屋根は鉛と錫を含有するタイルで葺かれていた。宮殿の門前には金と銀の二つの鐘が設置されており、戦争開始の際にはこれが打ち鳴らされた。

王が市内に外出する時には金色に輝く天蓋つきの輦台が用いられ、市外への行幸は象に乗って出掛けた。（輦台とは長い二本の並行な棒に板を渡し、人をその上に乗せて数人で担ぐ乗り物。日本では大井川などで輦台渡しが渡河客を運んだ。また天皇や皇族などの乗用には長柄の中央に車をつけ、前後の数名が手で引いたり押したりする輦車が用いられた。）市街地の中心にある寺院には、白い石でできた高さ三〇メートルの巨大な大仏が安置されており、訴訟の当事者はこの仏像の前にひざまずいて宣誓を行った。また、国家的重大事や国難に直面した場合には、王自らがこの仏像の前で正義を貫徹する決意を表す誓いを行った。鎌倉の大仏が一一メートルの高さであることを考えれば、この大仏がいかに巨大であったか想像できる。

敬虔な仏教徒

ピュー王国への仏教の伝来は、モン族によってもたらされた。ビルマ族がミャンマーの地に南下してきてピュー王国を建国した紀元前二世紀頃、ここには既にモン族が先住民として居住していた。彼らはスリランカ（セイロン）と交流があり、この交流を通して仏教を伝来させたのである。紀元前二世紀にスリランカの国王ドゥッタガマニ（Duttagamani）が建立した仏塔の開山式にはモン族の僧侶代表が派遣され、式典に参列したとの記録が残されている。

こうしてモン族から仏教を受け継いだピューの人たちは、信仰心の篤い仏教徒となった。インドとの交易が盛んだったことから、彼らの間にはヒンズー教の影響、特にヴィシュヌ（Vishnu）神の信仰が一部に広がっていたが、基本的には彼らの多くは上座部仏教の敬虔な信者になったのである。

スリケストラの市内には数多くの僧院がひしめいており、少年・少女は誰しも七歳になると剃髪し、僧院での出家見習い僧の体験をした。少年・少女たちは二〇歳になると、僧籍を得て一人前の僧侶になる年齢に達するが、僧侶になることを望まない者はこの時点で僧院を後にして還俗した。

今日のミャンマーでも仏教徒が人口の九割（ビルマ族に限れば、ほぼ百％）を占めており、彼らの間では子どもが成人に達するまでに必ず一度は出家生活を体験させる。ことに男の子についてはこれが一種の通過儀礼のように考えられており、まず例外なく出家体験をさせている。この習慣もピュー王朝時代に端を発しているのである。しかし今日ではこの出家体験の期間はさまざまであり、数年に及ぶこともあるが、短い場合には二〜三週間のこともある。

これに比べピュー王国では、七歳から二〇歳までの一三年間みっちりと出家体験を積んだのであるから、遥かに徹底したしきたりであった。出家生活を送る僧院では、仏の教えを学ぶばかりでなく、一般的な教育を受けて広範な教養を身につけたので、ピュー王国の子どもたちはいわば全員大学出のようなものであり、これが王国の高い文化水準に反映されていたのである。

スリケストラには大仏のある中央の寺院（パゴダ）のほか、市内の東西南北の四箇所に寺院があった。これに加え市内の各所に小型の礼拝堂が散在していた。これらの寺院の内、三寺院は現存して寺院として使われており、とりわけ有名なのは、漆喰で固めた煉瓦造りで、高さ四五メートルの円筒型をなすボーボージ寺院（Bawbawgyi Pagoda）である。

スリケストラの寺院建築はその後パガンの寺院建築様式に受け継がれ、今日のミャンマーの寺院建築の原型となっている。

中央の寺院の大仏はスリケストラが滅亡した時に破壊され、現存していないが、仏像を浮き彫りにした石版は数多く発掘されている。ピューには秀でた石工がいたばかりでなく、優れた彫金師や彫刻職人もおり、金、銀、青銅、鉛といった金属や、ガラス、翡翠（ひすい）、水晶、紫水晶（アメジスト）などに細かく仏像を刻んだ見事な作品が出土している。そのほか装身具又は装飾用の手工芸品として、腕輪、盆、カップ、鉢、鈴、ライオンの頭、鹿、鳥、亀、蝶、花、舟などのミニチュアが数多く出土しており、スリケストラはさながらミニチュア宝飾品の保管庫の観を呈している。

ピューの人たちは死者を荼毘に付し、遺灰を壷に入れて保存した。ヒンズー教徒も荼毘に付す点は同様であるが、彼らは遺灰を保存しない点が異なっていた。保存用の壷としては、一般庶民は陶器の壷、金持ちは銅製の壷、王家の者は石造りの壷を用いた。寺院の寄進者はやがて没すると、自己の遺灰を入れた壷を寺院の地下納骨所に安置してもらうのが常であった。今日のミャンマーでは、遺灰を保存する習慣は失われている。

王国の産業と人々の暮らし

ピュー王国は基本的に農業国家だった。米、とうもろこし、砂糖きびなどが主たる農産品であった。彼らは農業に適した豊穣な国土に感謝の意をこめて、自分たちの首都を「スリケストラ」つまり「恵まれた平野」と名付けたのである。

われわれ日本人と同様、稲作農耕民族特有の相互扶助、協調性、人の和を旨とする彼らの穏やかな国民性は、既にこのあたりから育まれてきたのである。

ピュー王国が豊かであったのは、この国が農業国であると同時に、金の産出国でもあったからである。三世紀に記された中国の文献には、「ピュー王国では、刀もハルバード（槍と斧が一体となった武器で、西洋では一五～六世紀頃よく用いられた）も純金でできたものが見られた」との記述が残されている。

王国には金銀細工の高度な技術があり、硬貨を鋳造して流通させていた。中国の文献には「ピューの人たちは金貨と銀貨を用いている」との記述がある。現に中央のエヤワディ（イラワジ）河平野ばかりでなく、シャン高原から東部のタンルィン（サルウィーン）河峡谷一帯に及ぶ広範な地域で大量の銀貨が出土しており、硬貨が広範な地域で流通していたことを裏付けている。王冠や太陽をデザインした銀貨は、精巧な細工で美しくできており、これに穴をあけて糸を通し、首飾りとして用いることも盛んに行われていた。

東南アジアで硬貨を使用し始めたのは、多分ピュー人たちが最初であった。スリケストラを拠点として国際貿易が盛んに行われ、その決済手段として銀貨が用いられたのである。ピュー王国からは絹や綿の布地、ろくろで造った壷、上薬で光沢を出して仕上げた甕（かめ）などが輸出され、王国へは蝋燭（ろうそく）を造るのに用いる油脂が盛んに輸入された。

スリケストラは、当時としては想像を遥かに上回る高い文化水準を誇っていた。

人々はおしゃれで、優雅な暮らしを営んでいた。男子は金細工や宝石やかわせみの羽で飾り立てた帽子を着用した。女子は金や銀の髪飾りをつけ、真珠の首飾りを愛用し、絹の薄織りのスカーフを身につけて扇子を手にしていた。

ピューの人たちは音楽と舞踊を愛好した。楽士や踊り手は金の髪飾りをつけ、宝石をちりばめた金の腕輪や足環を着用した。楽器としては、鳳凰（フェニックス）の頭を模した飾りのある一四弦の竪琴、鰐の頭をあしらった形の九弦の琴、竜の頭で飾った三弦の琵琶、大小さまざまな太鼓などが用いられた。いずれもミャンマーで受け継がれてきて今日に至る民族楽器の源流と考えられる。

平和志向と独立自尊の国民性

八世紀に書かれた中国の文献によると、「ピューの人々は温和な性格で、謙譲を旨とし、寡黙であり、礼儀正しく、人々が出会った時の挨拶は、互いに相手の腕を手でつかんでお辞儀をする」と記されている。

法律制度は温情的で、人に足かせをはめたり、鎖で束縛したりすることはなく、牢獄も存在しなかった。通常の犯罪者は初犯では鞭打ち三回、再犯となると鞭打ち五回の刑を受けるが、殺人を犯すと死刑に処せられた。

ピュー王国は既述の通り古代ギリシャのような多くの都市国家の連合体だったので、スリケストラの王朝が断然優位な勢力を保ち、国家連合をとり仕切っていたとは言え、時として都市国家間に諍いが生じることはあった。連合体を構成するそれぞれの都市国家が独立自尊の気風を誇っていたので、場合によっては国家連合の存続を危うくしかねないような内紛も避け難かったのである。

しかしピューの人たちの平和的な性格から、軍隊を動員した本格的な戦争になることはめったになく、多くの場合、対立する双方が一名ずつの代表戦士を出して決闘をやらせ、その結果で勝ち負けを決めた。その場合にも一方の戦士が傷つき、他方の優勢が決定的になったところで判定を下し、死ぬまで闘わせることはなかった。

さらに平和的なやり方は、双方の軍隊が対峙したところで、仏塔ないし何らかの僧院関連施設の建立競争で決着するとの協定を結ぶ方式であった。「用意ドン」で両軍がそれぞれ仏塔建立工事を開始し、どちらが早く、見事な仏塔を完成させるかを競うのである。殺し合いをする戦争とは全く対極の、平和的かつ建設的な決着方法である。

対立する都市国家の片方が女王によって治められている場合、君臨する双方のトップ同士が結婚することで仲直りするというおめでたい結末によって対立が解決されたケースすらあった。女王が治めていたペイッタノミョー（Peikthanomyo）がスリケストラと対立し、攻撃に打って出たことがあったが、やがてスリケストラの王がペイッタノミョーの女王と結婚することで和解を図るとの協定が結ばれ、紛争がめでたく解決したとの記録が残されている。現にその際に建立されたとみられる円筒形の仏塔が発掘されており、その中に収められた仏像には、王と女王の名前がパーリ語とピュー語の混淆文字で記されている。

また、別のところで出土した石仏には、サンスクリット語とピュー語の混淆文字で書かれた詩文が残されており、それによると「ヴィクラマ（Vikrama）朝の王とヴァルマン（Varman）朝の王は、共に師と仰いだ仏教僧侶の教えに従い、末代に至るまで永遠に、愛と友情を抱き続けてゆく」とあり、この石仏も、両者が治めていた都市国家同士に生じた争いが僧侶の仲裁によって和解した時に作られた一種の和平協定だったのではないかと考えられる。

この国がインドからの強い文化的影響を受け、敬虔な仏教徒の国であったことは既に述べたが、同時にヒンズー教も禁止されることはなく、許容されていたので、その影響も色濃く残されている。その最たるものは占星術である。

もっとも仏教の僧侶たちは星占いを好まず、彼らが占星術を研究することはなかった。そこでピューの王は他の東南アジアの君主同様、インドから占星術師を招いて王専属の占星術師として仕えさせた。その結果、占星術は王宮内ばかりでなく、広く民衆の間にも浸透した。この伝統はずっと続いており、今日でもミャンマーの人たちの間には、何かにつけて占い師が下す占いを信じてこれを重んじる習慣が残されている。

このようにピューの人たちはインド文化の影響を受けたが、彼らはヒンズー教徒の間に見られるカースト制は理解し難い奇異な制度として驚きをもって受け止め、これを受け入れることは一切なかった。その後もミャンマーの社会は一貫してカースト制のようなものを取り入れることを拒んで平等社会の建前を崩さず、この国に差別的な身分制度が根付くことはなく今日に至っている。「独立自尊の意気盛んな自由で平等な国」というミャンマーの特質は、既にこの時代から芽生えていたのである。

ピュー王国の崩壊

この項の冒頭で、ピュー王国は七世紀まで命脈を保ったと記したが、実はこの王国が、いつどのように崩壊したかについては、あまりはっきりしていない。

ピュー王国に残された年代記によれば、スリケストラを本拠にして王国を建国した初代の王は、ヴィクラマ（Vikrama）王朝の開祖ドゥッタバウン（Duttabaung）王（ピュー語では「偉大なる王」の意味）とされているが、その後王国が発展を続け、広く東南アジア一帯に勢力を誇る最盛期を迎えた頃には、政権はヴィクラマ王朝と敵対していたヴァルマン（Varman）王朝にとって代られ、この王朝のもとに王国は存続し続けた。しかし滅亡に至る末期の様子については、記録は残されていない。

後述するパガン王朝のチャンシッタ王が一一世紀にスリケストラ近郊のパゴダに残した碑文には、スリケストラが終焉を迎えた年として、西暦六五六年に当たる年号が記されている。この碑文では、この年にスリケストラは「瓦解」（fall）したとされているが、この都が一気に終焉を迎えたわけではなく、多分長年にわたって衰亡の道を辿り、やがて徐々に放棄されていったのではないかと推察される。現にここの発掘現場からは多くの建造物が掘り出されているが、人骨や武器は全く出土していない。

このような推移を推察させる背景には、七世紀頃エヤワディ河が急速にその河口デルタを形成し、スリケストラは海岸線から離れて内陸に後退してしまったという事情がある。これに航海技術の進歩が加わり、今や東西の貿易に携わる船舶は必ずしもスリケストラへの寄航を必要とせず、ここを素通りして航海するようになりつつあった。

他方、デルタ地帯の海岸線近くにはインド商人の小集落ができるとともに、モン族もますます西への移動を進め、このデルタ一帯に進出してきていた。

こうなると海路による東西貿易の要衝としてのスリケストラの重要性はとみに低下し、ピュー族の関心は陸路によるインドとの貿易ルートの方にシフトしていった。こうして王国は遂にスリケストラを放棄し、北方に新たな都を求めて移動することになったのではないかと推察される。

北方に造営された新たな都がどこなのかについては、内外の学者が種々の説を唱えているが、いずれも憶測の域を脱せず、インドとの内陸貿易路のどこかに位置していたに違いないと推測する以外に確かなことは判明していない。

唐の時代（六一八～九〇七年）の歴史書には、西暦八〇一年、唐の皇帝のもとにピュー王国の使節が来訪したとの記述が見られるが、七世紀にスリケストラを離れたピュー王国が、新首都を拠点にして、この時期まで命脈を保っていたのか、あるいは過去の史実を唐代の出来事に置き換えて、不正確な年代を用いた記述をしているのかいずれとも断定し難い。

いずれにせよスリケストラを見捨てた後、ピュー王国がどうなったのかについて確かなことは知られていない。八世紀終わりの頃にタイに覇権を確立した強大な王国が膨張政策を推進し、東方ではハノイを占領し、西方に向けてはミャンマー南部のモン族の集落への襲撃を繰り返していた。このタイの勢力が、既に弱体化し、細々と続いていたピュー王国の北の新首都を攻略し、王国滅亡の最期の一撃を与えたことは十分に考えられる。

3 新たなビルマ族の形成とモン族の台頭

紀元前一〜二世紀に始まったチベット高原からのチベット・ビルマ族の南下の動きはその後も続き、チベット・ビルマ系のさまざまな部族の南下をもたらし、ピュー王国がスリケストラを離れて北に移動した七世紀頃になると、これらの部族の混淆が進んで新たなビルマ族を作ることになった。こうして形成された新たなビルマ族こそ今日のビルマ族の誕生であり、これがやがて一一世紀にパガン王国を形成することになるのである。

ピュー王国の人々もビルマ族ではあったが、今日のビルマ人に通じるパガン王国のビルマ族とは、幾分異なる部族を主体としていた。しかし、チベット・ビルマ語系の言語をもつピュー人たちが今日のビルマ族の進出に先立つ先駆者的民族集団であったことは疑いなく、現在のミャンマー人は自分たちをピュー王国の延長線上に位置づけている。つまり、ピュー王国の歴史は自分たちの歴史だと考えているのである。そして統一国家であるパガン王国が形成された後も、パガンの王たちはその支配下に入った小数民族を全て「ピューの者たち」と呼び慣わしていたので、中国の歴史家は長い間ミャンマーにおける王国の変貌に気付かずにいた程であった。パガン王国の開祖アノーラタ王から二代後のチャンシッタ王（一〇八四～一一一二）の時代になっても、王がインドに使節を遣わした際にブッダガヤの遺跡に残された銘文には「ピューの王チャンシッタ」と記されている。

この新たなビルマ族の形成期、つまりピュー王国が七～八世紀に滅亡してから一一世紀にパガン王国が興るまでの間、ミャンマーの北部と中部では、ビルマ族の小王国が分立する過渡的な期間だったとみられる。

そしてこの間、ミャンマーの南部一帯に勢力を広げたのはモン族だった。

モン族の南部一帯への進出は、時として既にそこに点在していたインド商人の集落との衝突をもたらしたが、モン族は徐々に勢力を拡大した。モン族に伝わる年代記によれば、タトン（Thaton）を拠点とするモン族の王子、タマラ（Thamala）とウィマラ（Wimala）が西暦八二五年に、その頃エヤワディ（イラワジ）河口デルタの一部として形成された島にバゴー（ペグー）を開いたとされている。ここも既にインド人が発見して居住し始めていたのを、モン族が征服したのである。しかしモン族はインド人に対して融和的な政策をとり、制圧したバゴーから彼らを放逐することはせずに引き続き居住を認め、むしろモン族と彼らとの通婚を促した。ところがやがて東南アジア一帯でヒンズー教と仏教との確執が尖鋭化すると、ミャンマー南部におけるモン族とインド人集落との摩擦も、宗教上の対立の様相を帯びることになった。

何はともあれ、現在ではヤンゴンよりも遥か北方の内陸に位置するバゴーが、当時はまだ海から姿を現したばかりの島だったのである。

モン族の勢力とその権威は、仏教国スリランカ（セイロン）との緊密な関係に由来するところが大きかった。

紀元前六〜五世紀にインド東北部で興った仏教は、徐々にインド南部に広がって行った。やがて、仏教を国教としてインドの統一を果たしたアショカ王が紀元前二三二年に没した後、マハヤナ（大乗）仏教が勃興し、これがヒンズー教と並んでインド南部から東南アジア一帯に大きな広がりを見せた。（仏教の発祥については、釈尊の生没年をめぐって諸説があり、正確な時期を確定することができないので、紀元前六〜五世紀とした。）

しかし、スリランカはヒナヤナ（上座部、小乗）仏教の伝統をかたくなに守り続け、以来スリランカがヒナヤナ仏教伝播の拠点となり、布教活動が活発に行われてきた。モンスーンと海流に助けられて、スリランカとミャンマー南部及びマレー半島との往来は容易であったので、この地域への布教は特に活発に行われた。

こうしてミャンマー南部とメナム河流域一帯（現在のタイ）のみは、東南アジア一帯がマハヤナ仏教とヒンズー教の影響に色濃く染まっていた中で、ヒナヤナ仏教への帰依に徹し続けた。もっともモン族の支配地域にはインド系住民が多数居住していたこともあり、ヒンズー教の影響を種々の形で受けることは免れなかった。しかしクメール族の地域（現在のカンボジアを中心とする一帯）やジャワ島などにおける程、ヒンズー教がしっかりと根付くことはなかった。


モン族はその支配地域拡大をエヤワディ河デルタ部分に集中し、エヤワディ河上流や西方のラカイン方面に広げることはなかった。彼らの最北端の都市がバゴーであり、これもピュー王朝の支配力が弱まった時期に初めて築かれたのである。バゴーより下流のデルタ河口部に位置するダゴン（Dagon：現在のヤンゴン）などの都市は、もっと早い時期からモン族の集落になっていた。これらの集落はピュー族の支配力低下に応じて自立を表明し、スリケストラへの襲撃を繰り返し行うようになった。

このようにして、モン族は彼らの都市同士のゆるやかな連合体の形をとりつつ勢力を広げ、西暦七～九世紀頃、その支配力の最盛期を迎えた。彼らの間では、①メナム河上流域（タイ北部）、②メナム河下流域（タイ南部）、③タトン（Thaton）を本拠とするミャンマー南東部一帯の三勢力が拮抗し、この三勢力を中核とするゆるやかな国家連合を形成していたが、中央集権的な単一の強大な帝国にまとまることはなかった。

この時期のモン族はインドの文化を東南アジアに伝播する役割を果たし、タトンは東西貿易の拠点であったのと同時にインド文化伝播の窓口となっていた。当時のモン族の勢力圏は東南アジアで文化的に最も進んだ地域となっていた。今も東南アジア各国の言語には、モン語に由来する単語が数多く残されている。

モン族は工芸の面でも優れており、彼らの手になる石材やブロンズを用いた仏像や仏のレリーフ（浮き彫り）が数多く残されている。それらは大仏やミニチュア仏像ではなく、多くは等身大で自由な発想によって写実的に表現されている。モーラミャインでは、ベンチに腰掛けて足を地に着けずにぶらぶらさせている仏の彫像が発掘されている。

軍事面でも、この時期のモン族はピュー王朝をスリケストラから放逐する程の強大な軍事力を誇っていた。しかし中央集権的な統一国家を形成するには至らなかったが故に、終始領域内での都市同士の抗争があったり、外部からの他民族による攻撃に見舞われたりして、安定を損なう要因を抱えていた。やがて一一世紀になると、タトンがビルマ族の襲撃に遭い、国家連合全体が破滅に向かった。

九世紀後半になると、中国では唐（六一八～九〇七年）が滅亡に向かい、ミャンマーではピュー王国の残滓が完全に姿を消すなど、アジア情勢は激動期を迎え、そのためミャンマーを経由してインドと中国を結ぶ交易路は安全を脅かされるようになり、東西の貿易は極度に縮小した。これがミャンマーの南東部で栄えたモン族の繁栄に打撃を与えたことは否めない。しかも貿易の窓口として栄えたタトン港がシッタン河口のデルタ形成によって浅くなり、徐々に良港としての地位を失いつつあったことも彼らに不利をもたらした。さらに悪いことにはタイでコレラが蔓延し、そこの住民たちがタトンをはじめとするミャンマー南東部にどっと流入してきたことも、混乱に拍車を加えた。

これに加え、この時期にスリランカ（セイロン）がインドによって征服され、ここで仏教に代わってヒンズー教が勢力を得たことは、東南アジア全体の宗教地図に甚大な影響を及ぼした。本来の釈尊の教えに種々の修正を加え、ヒンズー教の要素をも取り入れたマハヤナ（大乗）仏教が勢力を増し、ヒナヤナ（上座部、小乗）仏教はますます窮地に立たされた。一〇一一年に建国されたクメール王国のスルヤヴァルマン一世（Suryavarman I）はヒンズー教を擁護し、近隣諸国にもヒンズー教の伝播を促した。

モン族の王国でも、王がヒンズー教に改宗して仏教徒を迫害しようとしたところ、仏教への信仰心の篤い王妃が王を断固たしなめて仏教徒に立ち戻らせたといった逸話が残されている。このような東南アジアでの宗教面の動きも、モン族の衰退をもたらす一因となったことは疑いない。

何はともあれ、ヒナヤナ仏教の命運は風前の灯の感があったが、これを断固繋ぎとめて後の世に継承する役割を担ったのは、ミャンマー北部で頭角を現すことになるビルマ族であった。

第二章
パガン王国

弱体化したピュー王国は、七世紀にスリケストラを放棄して北に移動したが、その後はひっきりなしに中国からやってくる野盗団の襲撃に晒され、一段と弱体化していった。

古来続いてきたチベット・ビルマ族のチベット高原からの南下はその後も絶えることなく、この頃から新来のチベット・ビルマ族はピュー王国の残党とも混淆し、今日のビルマ族につながる新たなビルマ族を作った。しかし、この新ビルマ族形成のプロセスは数世紀にわたって緩慢に進行したので、何時の時点でピュー王国が完全に消滅したのかはっきりと断定するのは難しく、中国の歴史書には一三世紀になっても相変わらずこの地のことを「ピュー」と記述しているものすらある。一三世紀といえば、もうパガン王国が滅亡する時期なのである。

このような混沌とした幾世紀かを経た後、エヤワディ河とその支流であるチンドゥイン河との合流点から少し下流の東岸に、城砦都市パガンが築かれた。これがビルマ族初の中央集権的大帝国、パガン王国の首都になるのである。

1 アノーラタ王（在位一〇四四〜一〇七七年）

パガンを拠点とする勢力は、一〇四四年にアノーラタ（Anawrahta）王が即位する迄の胎動期には権力の争奪戦が繰り返され、支配者がめまぐるしく入れ替わる不安定な状態が続いた。

アノーラタの父は権力争奪の抗争に破れて支配者の地位を簒奪され、出家させられた人物であった。アノーラタは支配階級である一族の子弟として、軍に身を置いて育てられたが、やがて成人すると父を放逐した権力簒奪者に一対一の決闘を申し込み、これを見事に討ち果たした。アノーラタは僧籍に身を置いている父に還俗して支配者として返り咲くように申し出たが、父はこれを謝絶した。そこでアノーラタは自らが支配者となり、一〇四四年に王位に就いた。

アノーラタ王は四人の屈強な武将を指揮官に起用し、厳しい訓練を施して、軍隊の育成強化に努めた。ビルマ族、モン族、タイ族が残した年代記には、アノーラタ王と「四人の武将」は黄金の鎧（よろい）を身に着け、悪魔の馬に騎乗して無敵の軍勢を率いたと記されている。これらの武将たちが挙げた手柄話は、東南アジア各地で伝説的な言い伝えとして語り継がれている。

アノーラタ王は東南アジアに新たな戦法をもたらした。象部隊の起用である。これはまさに近代戦における戦車（タンク）と同様の役割を演じる画期的な戦法であった。象部隊が歩兵部隊を先導して敵の出鼻をくじき、その間騎兵部隊が先回りして敵の背後を突くという、アノーラタ王が編みだした新戦法は無敵の威力を発揮した。アノーラタ王は軍隊に極めて厳格な規律を求め、王の命令に背く者は死罪に処された。こうして育成された強力無比の軍隊を縦横無尽に駆使し、王は国内に統一と安定をもたらした。

当時この地の民衆に根付いていた宗教は、大乗仏教と伝統的な精霊崇拝（アニミズム）の混交のような信仰であったが、こうした宗教の指導者たる僧侶たちは絶大な権威をほしいままにし、腐敗しきっていた。アノーラタ王はこのような現状に強い不満を抱いていた。

そこへある時、はるばるタトン（Thaton）からシン・アラハン（Shin Arahan）と称するモン族の仏教僧がパガンにやってきた。厳格な戒律を旨とする上座部（小乗）仏教の僧侶である。シン・アラハンはタトンにおけるヒンズー教の影響力増大に不満を抱き、堕落した仏教徒の仲間にとどまるよりは亡命を希望し、一人の従者も伴わずに単身で身の危険をも顧みず、敵対する民族（当時のモン族はビルマ族を蛮族と見做していた）の首都に乗り込んできたのである。禁欲に徹し、聖人のような気高い資質を備えたシン・アラハンの人柄は、それまでパガンでわが世の春を謳歌してきた横暴で大食漢の大乗仏教の僧侶たちと著しいコントラストをなし、人々を引きつけずにはおかなかった。こうしてシン・アラハンは、たちまちにしてアノーラタ王をも上座部（小乗）仏教徒に改宗させてしまったのである。

アノーラタ王はモン族の地を征服し、王国の境界を海岸線まで広げたいとかねてから強く希望していたが、今やこの希望は、自分こそ上座部仏教伝播の使徒とならねばならぬとの宗教上の信念に裏打ちされた、熱烈な願望となった。これで王国の領土拡大は揺ぎない大義名分を得たのである。

まず手始めに、アノーラタ王はモン族の意向を打診する使者を派遣することにした。当時モン族支配地域の北端に位置するバゴーは、海からはインド人の、そして北方からはビルマ族の襲撃に晒されていたので、アノーラタ王への臣従をむしろ望んでいる様子が窺えた。そこでアノーラタ王はタトンのマヌハ（Manuha）王に使者を出して、「お持ちになっている上座部仏教の経典の写本を頂戴できないであろうか」と丁重に要望する書簡を届けさせた。ところがこれに対し、マヌハ王からはビルマ族を蛮族呼ばわりして侮辱する無礼な返事が来た。アノーラタ王の書状が礼を尽くした丁寧なものであったのに対して、マヌハ王の返簡がぶっきらぼうな、礼を失する文面であったことは、ビルマ族の年代記にもモン族の年代記にも記されている。

このアノーラタ王が出した仏典の写本を要望する書簡については、本当にビルマ族の手中には仏典がなく、スリランカからの入手も困難になっていたので、実際に写本を喉から手が出るほど欲していたのだとする説と、これは写本贈与にかこつけた外交的言辞であって、真意はビルマ族への従属を求めたものだとする説とがあるが、いずれにせよマヌハ王はこれを拒絶したのである。

こうした事前工作の成り行きを見定めたアノーラタ王は、軍勢を率いて南に進撃し、タトンを包囲した。三ヶ月に及んだ包囲の後、王配下の「四人の武将」が不滅の名声をアジア中に轟かせる大活躍を展開し、タトンは落城した。黄金の足かせをはめられたマヌハ王は王族たち一同とともに象の背中に乗せられて、仏典の写本と一緒にパガンに移送され、戦勝記念パレードにおいて民衆の前に引き回された。

アノーラタ王はこうしてモン族の本拠を攻略したが、モン族の住民を手荒く扱うことはせず、むしろ丁重に遇するよう意を用いた。

タトンを陥落させた時、王は兵士たちに略奪を許したが、降服したモン族の兵隊をみだりに殺害することは厳禁し、いわんや無辜の民に危害を加えることは一切させなかった。とりわけマヌハ王と王家の人たちは丁重に扱った。マヌハ王のパガン移送に当たって足かせを用いることは、当時の慣習としてやむを得なかったが、その足かせはわざわざ黄金で特別に作らせ、しかも象に乗せて移動したというのも、王族たちにふさわしい高貴な乗り物を用いるという配慮の顕れなのである。

パガンに連れてこられたのは、王族たちにとどまらなかった。僧侶、学者、筆耕家（印刷術がなく、経典の写本が貴重とされたこの時代、筆耕家は重要な職種だった）、工芸職人なども捕虜として連れてこられ、パガンに居住させられた。彼らは、パガン王国の文化水準を高めるのに貢献した。このようにアノーラタ王はモン族征服後も「ビルマ族はモン族に敬意を払わねばならない」と諭し、モン族の文化を吸収するよう奨励した。

アノーラタ王のタトン攻略はモン族の支配地域全体に強い衝撃を与え、メナム河上流域（タイ北部）やメナム河下流域（タイ南部）のモン族の勢力も、さしたる抵抗もなくアノーラタ王に帰順した。こうして、メナム河の全流域（今日のタイ）はアノーラタ王の勢力下に置かれることになった。

他方クメール族の王国（現在のカンボジア）では暴動や反乱が頻発し、その対策に手を焼いていた。そこでアノーラタ王は自ら出陣して征服することはせず、「四人の武将」を派遣して、パガン王国南部の安全を確保するのに必要とされる程度の打撃をクメール族に与えるに止めた。当時の歴史書には、アノーラタ王の軍勢がアンコールの町を襲撃し、略奪を行ったとの記述も見られる。さらにアノーラタ王はジャワ島を訪問し、この島が王の勢力下に編入されたとする記録も残されている。

こうしてタイとカンボジアでも、この時から上座部仏教の信仰が一般化した。今日でもタイ、ラオス、カンボジアでは、出家して僧院に入る際に行われる得度式の様式は、アノーラタ王の時代にパガン王国から伝わったやり方が踏襲されている。また、タイ北部で新年を祝って催される「水掛け祭り」もビルマ族から伝来したものであり、現在でも盛んに行われている。

アノーラタ王が政治面で達成しようとした目標は、菱形をしたミャンマーの地を単一の王国にまとめ上げ、周辺の隣接諸国を総て友好的な朝貢国で固めて、自国の安全と安定を磐石なものにすることであった。彼はこの目標を達成し、ミャンマーにおける初の統一帝国の開祖となった。それまでモン族が支配していたミャンマーの南部には、モン族の王に代わってアノーラタ王に任命された総督が着任した。アノーラタ王は南西部のラカイン地方も征服したが、この地がラカイン山脈で隔絶されている状況を考慮し、土着の王はそのまま残して半ば独立的な地位を保たせた。

存続の危機を迎えていたスリランカの王には、資金援助を初めとする強力な支援を与えた。そのお蔭でスリランカの王は危機を脱して安泰となり、スリランカにおける上座部（小乗）仏教の再興のためにさらなる支援をアノーラタ王に要請した。アノーラタ王はこれに応えて、スリランカに仏教使節団を派遣し、僧侶への叙任式と受戒式を執り行わせた。

アノーラタ王はシン・アラハンを仏教界で最高位の地位を占める大僧正に任命し、その助言を得て、上座部仏教を国教と定めた。大乗仏教勢力からの抵抗はあったが、王はこれに厳しく対処し、正統的仏教に背馳する信仰の者（つまり大乗仏教勢力）には厳罰を課した。こうして上座部仏教はミャンマーに定着した。上座部仏教がこの国に根付いた最大の理由は、王の国教化政策もさることながら、何よりも国民の一般大衆が上座部仏教を、喜んで受け入れたからに他ならない。

僧侶たちは、シン・アラハンの指導のもとに村々を訪れて僧院を立ち上げ、釈尊の教えを広めたばかりでなく、読み書きも教えた。王はスリケストラの寺院に納められていた釈尊の遺骨やタトンにあった仏典の写本を、壮麗な行列を仕立ててパガンに持ち帰った。同様にスリランカからは仏歯のレプリカを貰い受け、これもパガンの寺院に安置した。

王は征服地に自分の業績を誇示する記念塔のような建造物を建てるのではなく、素焼きの銘刻板に、経典からの短い引用文をパーリ語またはサンスクリット語で記し、王自らが署名したものを何百枚も各地に残してきた。

パガンには多くの寺院を建立し、モン族居住の各地域はもとよりスリランカやインドからも多くの仏教僧を招聘して上座部仏教の振興を図り、パガンを上座部仏教の中心都市にした。時あたかもインドでは仏教信仰が下火になりつつあったところへ、イスラム勢力が浸透して仏教離れが一段と加速し、仏教は壊滅寸前の状態にあったのである。

これと並行して、パガンには建築家、彫刻家、工芸職人、芸術家など多くの優秀な人材が近隣各地域や各国から集まり、パガンは文化面でもアジアで有数の中心地となった。

アノーラタ王がなし遂げた最大の業績は、多数の民族をまとめて統一国家を構築したことである。王はとりわけ自分たちビルマ族の同胞に、「ビルマ族は驕るべからず。ゆめゆめ他の民族に対して尊大になってはならぬ」と諭していた。とりわけ、長年の繁栄から没落の憂き目に遭ったピュー王国の残党たちに対しては、特別の配慮を欠かさなかった。

アノーラタ王は国内の秩序の維持には厳しい態度で臨んだ。王の命令に背く者、特に軍律に違反する者に死罪を与えたことは既に記した。王のこの厳格なやり方は、とりたてて特定の民族を厳しく扱うということはなく、臣下の者たち総てに対して等しく容赦せずに対処した。新たな国造りに取り組むに当たっては、このような厳しいやり方も必要とされ、已やむを得なかったのである。

しかしその結果、アノーラタ王は民から慕われ、愛される君主というよりは、畏れられる存在となっていた。

こうしたこともあり、アノーラタ王は一〇七七年に謎の死を遂げた。年代記の記述には「王に反感を抱く一派が王を待ち伏せて不意打ちの襲撃を行い、王の死体を持ち去ったため、事件は解明されることなく闇のままに葬られた」とある。しかし民間に語り継がれる伝承では、王のあまりにも厳しいやり方を見かねた精霊神が野牛の姿で現れて王を突き殺し、悪魔が遺体を持ち去ったとされている。

アノーラタ王が築き上げたパガン王国の磐石の基盤は王の急死にも拘らず、なんら揺らぐことなく、王の長男ソール（Sawlu 一〇七七～一〇八四）が王位を継いだ。

2 ソール王（在位一〇七七～一〇八四年）

ソール王は国民から慕われてはいたものの、年代記には好意的に「少年王」と記されているように年若く、王として自ら国政を担って行くには、経験不足が否めなかった。

そこで大臣たちの誰しもが思いついたのはチャンシッタの起用であった。ずば抜けて有能な忠臣としてアノーラタ王に仕えていたこの人物は、軍事面でも功績を挙げてきたが、ふとしたことが原因でアノーラタ王の機嫌を損ね、遠隔の地に遠ざけられていたのである。

大臣たちはソール王に、チャンシッタを呼び寄せて側近として補佐させるように進言し、即位直後の一時期はそうしていたが、やがてチャンシッタはソール王とも不和となり、西方の遠隔地に再度追放されてしまった。

こうして始まったソール王の治世は、チャンシッタを遠ざけて自ら国政に当たったソール王の経験不足と判断の甘さから破局を招き、七年の短命に終わってしまった。その破局とはモン族の反乱であり、ソール王はこれを鎮圧する過程で命を落としてしまったのである。悲劇は次のような経過を辿った。

ソール王はモン族を懐柔するという目論見もあって、モン族の高貴な身分の女性を自分の子供の乳母として雇い入れた。しかもそればかりか、自分の遊び友達として昵懇にしてきた、この乳母の息子をバゴーの総督に任命した。これまたモン族懐柔という政治的判断によるものであったが、この判断はやがて裏目に出ることになってしまった。

バゴーの総督に起用されたこの男の正確な名前も、それまでに就いていた官職も知られていない。年代記には「ラマン・カン（Raman-Kan）」または「目くらのモン人」と記されている。後者の呼び方は、彼の片方の目が盲目であったところから、ソール王に敵対するようになって以降、こう呼びならわされるようになったものと思われ、明らかに侮辱的なあだ名である。

いずれにせよこの男はソール王の遊び相手として、足しげく宮廷に出入りしている内に、若き君主が経験不足であることを見てとり、それとなく「モン族に独立を回復してやることが好ましい」という考えを王の頭に吹きこもうとした。モン族はアノーラタ王に征服されて以来、パガン王国ではビルマ族たちから手厚く遇されてきたものの、独立を失うと同時に海の東西貿易ルートの支配権をも失い、これを大きな損失と感じていたので、独立を回復して「夢よもう一度」という願望を強く抱いていた。

そんなある日、ソール王とこの男は宮殿でサイコロ遊びにうち興じていた。この日のゲームでは王に運のつきがなく男の方が一方的に大勝し、男は飛び上がらんばかりの嬉しさに浮かれてはしゃぎまわった。それを見て王は「もしお前がそんなに強く、私を打ち負かせるのならば、なんで私に対して反乱を起こさないのか」と日ごろこの男が絶対口には出すまいと心していたことを逆手にとって皮肉を言った。

この言葉を胸に秘めたこの男、ラマン・カンはバゴーに戻るや、反乱に立ち上がった。彼はかつてアノーラタ王の軍との戦闘経験があり、ビルマ軍の戦術の手の内を熟知している手ごわい人物だったのである。反乱軍は軍船でエヤワディ河を遡上し、パガンの南方数キロに位置する島を戦略拠点として占拠し、ここに立てこもった。

ソール王は追放していたチャンシッタを呼び戻し、共にエヤワディ河を下り、夜の帳（とばり）が下りるころ、反乱軍の拠点である島に迫った。チャンシッタは直ちに行動を起こすことの危険を察知して王をたしなめたが、血気にはやるソール王はチャンシッタの制止を振り切り、即刻月明かりを頼りに夜襲に打って出た。しかし反乱軍サイドはこのような急襲を予測して守りを固め、十分な対策を講じて待ち受けていたため、この戦闘はパガン軍の壊走に終わり、ソール王は反乱軍側に捕らわれの身となった。

チャンシッタは急遽パガンに戻って危機を知らせ、大臣たちはソール王が死亡したものと思いこみ、チャンシッタを王に選んだ。しかしチャンシッタは、自分はあくまでソール王の救出に行くと言い張り、王位に就くことを辞退した。スパイがもたらした「王は反乱軍に捕らえられている」との情報を頼りに、チャンシッタは夜陰にまぎれて敵陣に潜入し、捕らわれの王を救出しようとした。しかし肝心のソール王はあまりにも意外なチャンシッタの出現に驚き、チャンシッタの意図を図りかね、むしろ昔から気脈を通じてきた遊び仲間のラマン・カンを信用し、こちらに賭けた方がよかろうととっさの判断を下し、危急を告げる叫び声をあげた。この反応にすっかり落胆したチャンシッタは王を見捨て、エヤワディ河を泳ぎ渡って逃げおおせた。

パガンに帰り着いたチャンシッタは急遽残る軍勢を集め、パガン近郊のポパ山に立てこもり、これを編成し直し、装備も新たにして自軍の強化に専念した。アノーラタ王が即位してからそれまで負けなしできたパガン軍にとって、今回の敗北は初めての経験であったので、その衝撃は大きく、これを建て直して強力な軍に再編成することは喫緊の課題となっていたのである。

他方、反乱軍の側は捕らえたソール王を処刑した後、パガンに向けて進軍を開始し、パガンは反乱軍に包囲された。しかしポパ山のチャンシッタと連絡を密にしていたパガン残留の大臣たちは城門を閉鎖して敵の攻撃に耐え、よく踏みとどまった。パガンの留守をあずかっていたわずかな手勢で、頑強に抵抗し続けることができたのも、大臣たちがチャンシッタに絶大な信頼を寄せており、必ずやチャンシッタが包囲軍を追い払いに駆けつけてきてくれると確信していたからに他ならない。

やがてポパ山からチャンシッタに率いられた主力軍が到着し、パガン軍の組織的な反撃が始まった。チャンシッタが展開した巧妙な作戦は反乱軍に痛撃を与え、モン族の叛徒たちはひとたまりもなく撤退を開始した。ラマン・カンは意気阻喪し、舟でエヤワディ河を下って逃げようとした。

これを察知したチャンシッタは、一番頼りとなる騎手に逃走する舟を陸路追跡させ、やがてエヤワディ河が湾曲する地点で舟を視野にとらえたこの騎手は矢を放ち、見事ラマン・カンに命中させてその命を奪った。パガン王国軍にも那須与一がいたのである。

こうして首魁を失った叛徒たちは降伏し、ようやく反乱は治まった。

3 チャンシッタ王（在位一〇八四～一一一二年）

大臣たちによって次の王として白羽の矢が立てられたものの、一旦は辞退したチャンシッタ(Kyansittha）であったが、このような経過を経て一〇八四年、彼は改めて王位を受け、正式に即位した。二世紀半に及んだパガン王朝で、選挙によって王となったのは唯一このチャンシッタのみであった。彼の出自は謎に満ちており、このことも民衆の好奇心を刺激し、彼の声望を一段と高めていた。

アノーラタ王治世の初期、インドのある王家からアノーラタ王の王妃となる約束で、美しい王女が嫁いでくることになった。この王女を迎えるために派遣されたパガン王国の特使は、パガンへの長い道のりを王女と同道して旅している間に、王女と相思相愛の恋に落ちてしまった。そこで、この特使はパガンに到着するなりアノーラタ王に、「同道してきた女性が果たして真にインドの王女であるかどうかは疑わしい」と言上（ごんじょう）した。この報告を受けたアノーラタ王は、この女性を王妃にすることを拒絶した。

現存する年代記の記述はここまでであり、果たしてアノーラタ王がこの女性を王妃にはしなかったものの側室にはしたのか、或いはこの特使が彼女と添い遂げることができたのかは記されていない。いずれにせよこの女性から生まれてきたのがチャンシッタだったのである。

この恋物語の成り行きがどうであったにせよ、チャンシッタ自身は自分がアノーラタ王の息子であると主張したことは一度もなく、チャンシッタはアノーラタ王であれ、ソール王であれ、常に自分が仕える王として敬い奉り、臣下としてのへりくだった態度を崩すことはなかった。

チャンシッタ王はアノーラタ王の政策路線を継承し、同じ方向を目指して国造りに邁進した。パガン王国に揺るぎない磐石の国家体制を構築することによって民の安寧をはかることと上座部（小乗）仏教を振興することについては、特に力を注いだ。これはまさにアノーラタ路線の継承であり、これを一段と強力に推進したのである。

チャンシッタ王の絶大な指導力のもとに、王国内には、王の命令や通達が地域や民族に分け隔てなく公平に行き届き、平和と安定した秩序が保たれた。チャンシッタ王の長い在位期間を通じて一度として反乱が起きることがなかったのは、特に注目しなければならない。

チャンシッタ王は、一切の私心とは無縁の公平無私にして、慈悲深い王であった。人々はチャンシッタ王によってもたらされた幸せな日々の営みに感謝し、王国の平和と繁栄を謳歌した。国内各地では、事あるごとに祝賀行列や野外劇が催された。税金の徴収までが、陽気なお祭り行事の一環として行われた。チャンシッタ王が残した碑文の一節には次のように記されている。

「泣き暮れている者、愛する人と死別した者、病に苦しむ者の顔から王は涙を拭い去り、慈愛と同情をもって彼らに救いの手を差し伸べるであろう。王は全ての民に、右手では米と菓子を、左手では衣服とその飾りを与えるであろう。母親の胸に抱かれて安らぐ幸せな幼児の如く、民は王の庇護の下に幸せになるであろう。」

　既述の通り、彼は自分の出自については、人々の間で取りざたされている謎めいたいわれに触れることなく、自身があたかも前王に仕える暫定的な「つなぎ役」であるかの如く振舞った。そして次の王位継承者には自分の息子を指名することはせず、その代わり自分の娘を亡きソール王の王子に嫁がせた。もっともこの王子は身体的不具者であったが故に、王座に就くことはできなかったが、やがて男の子が生まれたので、この息子（つまりチャンシッタにとっては孫）に王位を継がせることにした。この孫の誕生には、チャンシッタは有頂天になるほどの喜びを隠しきれず、赤子を抱きかかえて玉座に置き、その前にひざまずいて「わが王よ、わが孫よ、これが玉座なるぞ。われは汝に仕える身なり、単なる『つなぎ役』に過ぎぬ者なり」と語りかけたと言われている。

　モン族への対策を重視した点においても、チャンシッタ王はアノーラタ王の路線を受け継いだ。モン族の反乱を鎮圧してチャンシッタ王が即位した当初、モン族は王から厳しい処罰を受けるのではないかと心配でならなかった。しかしチャンシッタ王は賢明にも寛容な態度で臨み、一切罰を与えることはしなかった。叛徒たちには許しが与えられ、モン族の人々は従前通り、王国の軍隊においても統治機構においても、然るべき役職を与えられて王に仕えることができた。首都パガンではモン族の学者や職人の活躍が奨励され、優れた者には報償が与えられたのも以前と変わらなかった。モン族の人々は、かつてモン族の安全を脅かしていたクメール族を懲らしめる戦において、チャンシッタが目覚しい活躍をしたことも忘れてはいなかった。

これに加えて、例のチャンシッタの出自をめぐるやや謎めいた、しかもロマンチックな話も、アノーラタ王に対するモン族の好感を一段と高めた。

チャンシッタ王は、このように終始モン族に宥和的な態度で臨んでいたが、だからといって自分たちのビルマ族としての自覚をないがしろにしてまで、モン族に気遣っていたわけではもとよりなかった。王としての威儀を正す服装や風習などのスタイルはモン族の様式ではなく、ピュー時代の様式に倣っていた。

とりわけ彼が力を入れたのは、ビルマ語の文字表記の確立である。

チャンシッタは長期に及んだ軍務従事中にモン語を完璧に習得し、王位についた当初は、勅令など王が発する公文書にはモン語を用いるようになった。この当時話し言葉として広く通用していたビルマ語には、まだその文字表記が完成しておらず、学者たちによって開発中の段階にあった。他方文字表記が確立していたピュー語は用いられなくなって久しく、急速に廃れてしまっていた。そこでチャンシッタに先立つアノーラタ王とソール王の時代には、公用語としてはサンスクリット語とパーリ語が用いられていたのである。公用語にモン語を借用するのは、ビルマ族の王にとっては自分たちの劣等感を思い知らされるように感じられて気が進まず、やむを得ずサンスクリット語やパーリ語を用いていたのである。

しかしチャンシッタ王の時代になると、今やパガン王国は揺るぎない磐石の国家体制を構築したとの自信が強くもたれ、モン族に対するビルマ族の劣等意識は微塵もなく消え去ったので、指導者であるビルマ族がモン語を使用するのは、単にモン族に対する善意を示すことに他ならないと考えられるようになったのである。

そしてやがてチャンシッタ王治世の末になると、書き言葉としてのビルマ語がついに完成し、公文書にもビルマ語が用いられるようになった。それまではサンスクリット語、パーリ語、ピュー語、モン語でしか記すことができなかった王の碑文も、ようやくビルマ語表記で書き残せるようになった。

王は対外関係にも大いに意を用い、近隣のシャム（現在のタイ）やクメール（カンボジア）とも良好な関係を保った。中国の宋王朝の皇帝には使節を派遣し、中国側は良好な間柄にある独立王国の使節としてこれを受け入れ、手厚く歓迎した。スリランカとの親密な関係を増進することについても、チャンシッタ王はアノーラタ路線を継続し、仏教徒の巡礼者や商人は両国間を自由に往来できた。インドとの関係も良好な状態が保たれた。

アノーラタ路線を継承したチャンシッタ王が力を注いだもうひとつの重要施策は、上座部（小乗）仏教の振興であった。

彼はヒンズー教と仏教との対立関係を和らげようとする努力には特に力を入れたが、これは王の対モン族宥和政策の一環でもあったのである。

ヒンズー教のヴィシュヌ神への信仰はインド人によってミャンマー南部にもたらされ、徐々に広く南部一帯、ことにモン族の間に広まって一般民衆に受け入れられていた。その際、ヴィシュヌ神は仏教の守護神であるとされ、このような認識のもとに仏教徒の間にもヴィシュヌ信仰が一般化した経緯（いきさつ）がある。

こうした状況に目をつけたチャンシッタ王は、相変わらず大僧正として仏教界の最高位にあったシン・アラハンの助言により、ヴィシュヌ神と仏教との結びつきを一段と緊密なものにする手を打った。彼は「我の前世はヴィシュヌ神であった」と宣言したのである。ヨーロッパの研究者の間では、この宣言は「チャンシッタ王がヒンズー教に改宗したことを意味する」とか「神聖君主への信仰を定着させんとしたもの」などとする解釈も行われているが、そのような解釈は当を得ていない。チャンシッタ王はむしろ逆に、自分の前世がヴィシュヌ神であったとすることにより、王自身がこの神よりも勝っていることを示し、いわんや釈尊はヴィシュヌ神よりも上位に位置づけられることを明らかにしようとしたのである。

チャンシッタ王はアノーラタ王が手をつけたシュウェジゴン・パゴダの建立を完成させ、スリランカの王から贈られた仏歯のレプリカをここに納めた。王はシュウェジゴン・パゴダ以外にも、アーチ型天蓋を特徴とするスリケストラ様式を発展させ、モン族の建築の影響も受けた独特の建築様式による多くのパゴダを建立した。こうしてパガンは全アジアにおける上座部仏教の中心都市として揺るぎない存在となり、大いに繁栄した。

このようにして国家体制の基盤を一段と磐石にしたチャンシッタ王の治世は、王の善政によって国は栄え、民は平和を謳歌するようになり、パガン王朝が最も安定した最盛期となった。

チャンシッタ王のこのような業績を讃えて、彼はアノーラタ王を凌ぐ偉大な王であったと評する歴史家もいるが、この二人の王に優劣をつけるのは当を得ておらず、チャンシッタ王とて、アノーラタ王あっての存在であったことは疑いない。アノーラタ王が基を築いた王国をチャンシッタ王がその路線に沿ってさらに発展させたのであり、両者の業績が相俟ってパガン王国の安定と繁栄が実現したのである。

一一一二年、偉大な王は満二八年にわたる治世の後、享年七二歳でこの世を去った。彼は孫のアラウンシトゥーを後継者と決め、必要な帝王学を習得させて王となるにふさわしい人物に育成してきた。

唯一この後継者指名に不満を抱く怖れのある人物がいるとしたら、それはチャンシッタ王自身の息子であったが、王はこの息子にも不満を抑えさせるように、必要な手を既に打っていた。

王はこの息子に「副王」という称号を与え、ラカイン山脈とエヤワディ河の間に広がる一帯（現在のラカイン州とその東側エヤワディ河までの地域）の統治を委ねていたのである。この地域は首都パガンからは遠く離れた土地ではあるが、これは決して遠隔地への追放とか、いわんや流刑を意味するものではなく、逆に王が息子に寄せる篤い信頼と統治手腕への期待を示すものであった。現に当時王国内各地に配属されていた総督の中でも、「副王」というタイトルを与えられたのは、ほんの二、三名であった。

この息子は王の病状を告げる危急の知らせを受けるや、かねてから用意していた黄金の仏像を携えてパガンに馳せ参じ、王にこの仏像を献上して忠誠を再確認し、感謝の気持ちを表明した。「私は王様がこれまで与えてくださった数多くの恵み深い心遣いに感謝し、この仏像を持参して献上しに伺いました」と述べる息子の言葉を耳にした王は、臨終の床にありながらも最期に息子に微笑みかけ、「よくぞこまでしてくれた」と息子の行状を賞賛して息を引きとった。王の没後、この孝行息子は父王への思いを心にとめ、王とのこの最後のやりとりを銘文として、パーリ語、ピュー語、モン語、ビルマ語の四ヶ国語で記した石版を残した。この石版は今日までも伝えられ、大切に保管されている。

4　アラウンシトゥー王（在位一一一二～一一六七年）

アラウンシトゥー（Alaungsithu）王の治世も長期に及んだ。

彼は幼少の頃から厳しい軍事訓練を受け、優れた騎手であり、弓手となっていた。パーリ語とモン語にも堪能となっていた。それというのも彼に帝王学を授けた師の中には、かつてモン族の都タトンからはるばるパガンにやってきてアノーラタ王を上座部仏教に感化させた、あのシン・アラハンが加わっていたのである。もともとモン族だったこの高僧は、当時既に高齢ではあったが未だ矍鑠（かくしゃく）としていて、自らアラウンシトゥーの教育に携わり、この王子の人格形成に大きな影響を与えた。

アラウンシトゥー王は度量衡の標準設定とその統一化を行った。王国内の数多くの少数民族がそれぞれ異なる度量衡を用いていた不便の解消と、増大の一途を辿る国内外の商取引の便宜のため、標準化と統一の必要性は高まっていたのである。

彼はまた、ビルマ族の慣習法を王国内にあまねく広め、これを適用させた。王はこの慣習法に不慣れなモン族を初めとする少数民族のために、過去の判例集を公文書として編纂し、王国内のあらゆる裁判所では、先例として、これに従わせることとした。

アラウンシトゥー王は旅行を好み、海路、ベンガル湾の諸地域やスリランカやマレー半島など、多くの外国訪問の旅に出掛けた。とりわけスリランカでは盛大な歓迎を受け、スリランカの王は王女をアラウンシトゥーに嫁がせた。

マレー半島の各地も頻繁に訪問し、海上交通路の要衝を占めるこの地域へのパガン王国の影響力を揺るぎないものにした。いわばパガン王国はこの地域一帯を属国化していたのである。

アラウンシトゥー王が警戒したのは、スルヤヴァルマン二世のもとに膨張政策をとっていたクメール王国（現在のカンボジア）の動向であり、クメールの攻撃に備えて万全の対策を講じていた。即ち王はメナム河下流域（現在のタイ南部）のモン族に働きかけて、クメール王国に攻撃を仕掛けるよう促し、これによりクメールの膨張政策を牽制したのである。

王の度重なる外国訪問は留守を預かる大臣たちにとっては大きな負担となったが、しかし長年に及んだアラウンシトゥー王の治世に、反乱が起きることはほとんどなかった。二件だけ発生した例外は、バングラデシュ国境に近いラカイン（アラカン）の一角とタイと国境を接する東側最南端のタニンダーリ

（テナッセリム）で起きた騒擾事件であったが、前者は有能な司令官を派遣して鎮圧し、後者は海上交通の要路にあたる重要性に着目して王自身が乗り出し、難なく収拾した。

こうしてこの時代にも人々は平和と繁栄を謳歌することができた。アラウンシトゥー王は上座部仏教を篤く信仰し、数多くの寺院を建立したので、民衆は「この王は来世には仏陀となられるに違いない」と信じるまでになっていた。現に彼は自分がパガンに建立した最も美しい寺院であるシュウェグージ・パゴダに、完璧なパーリ語を用いて自分の雄大なる願望を記した銘文を刻印し、今日まで残されている。いわく、

「……我は本パゴダの建立という大いなる善行によって、自分自身のみへの功徳を積むこともできたであろう。しかし我はこのパゴダの建立が自分だけでなく、全ての衆生への功徳となるように願っている。……輪廻転生の渦巻く波頭を横切る土手道を造り、溺れる衆生をこの安全な場所に引き揚げ、永遠の平和郷に導くことができるよう、我は来世において仏陀にならんことを願っている。」

このように順風満帆で来た王の長い治世も、その末期になると不和や諍いが次々に起こり、祖父に当たる前王のチャンシッタ王が安らかな最期を迎えたのと異なり、アラウンシトゥー王は波乱に満ちた状態の中で人生の幕を閉じることとなった。

まずスリランカ王国との関係悪化である。長年にわたって友好的な間柄にあったパガン王国とスリラ

ンカ王国は、パガン王国が海上交通を厳しく規制するようになったので、この問題をめぐってぎくしゃくした間柄になっていた。

アラウンシトゥー王は拡張政策をとり続けるクメール王国の出方を常に警戒してきた。ところが事もあろうに伝統的に仏教に敵意を示してきたこのクメール王国とスリランカが外交関係を樹立し、貿易を開始したのである。これは、アラウンシトゥー王にとっては好ましくない事態であり、容認するわけには行かず、王はひどく腹を立てた。

こうして両国の関係には亀裂が生じ、貿易や文化関係が悪化した。

スリランカは自国の森にも象は生息していたが、軍事用または民生用の必要から特別に調教されたミャンマーの象への需要は大きく、相当数の象をこの国から輸入していた。アラウンシトゥー王は、この貿易でスリランカに象が流出するため、自国内で必要とされる象の頭数が逼迫しつつあると感じ、象の輸出を王家の専売にして輸出価格を引き上げた。

スリランカの商人がこの措置を不満として、抗議しにやってきたところ、王はこの者たちを捕らえてしまい、すりこぎを足かせのように足にくくりつけた上で、その状態で宮殿の庭の草木に水を撒くように命じた。これはパガン王国の官吏が職務怠慢の際に与えられる、ごく一般的な罰なのである。

やがてスリランカから公式の通商代表団が来訪し、元のように象の取引を自由化してほしいと要望したのに対し、王はこの代表団一行を監禁してしまった。こうした事態はスリランカの商人による象の密輸をかえって横行させる結果を招いてしまった。王はこれに対処して、長年パガンに在住していたスリランカの著名な学者と教師を逮捕し、今後あらゆるスリランカの船舶を一切パガン王国に入港させないよう尽力するとの誓約書にサインさせた上で、この両名を母国に追放した。

これに加えて、クメールの王に嫁がせるスリランカの王女に同道して航行してきたスリランカの使節団を、その旅行の途次に捕らえて、王女もろとも拘束してしまうという事件も起きた。

これに激怒したスリランカの王は流石に黙ってはおられず、ついに派兵に踏み切った。しかしこの難局には両国の僧侶が間に入って事態収拾の努力をした結果、両国が交戦するまでには至らず、なんとか話し合いによって解決が図られた。派兵までしてきたスリランカと戦争が起こらずに済んだ背景には、膨張主義的姿勢をとっていたクメールの王が没し、カンボジアは逆に東側からチャム族の攻撃にさらされるようになっていたため、カンボジアの脅威が低下したという事実もあった。

老境に入っていたアラウンシトゥー王には、もうひとつの心配事があった。王位を継ぐべき長男ミンシンソー（Minshinsaw）との不和である。幾分気短かで怒りっぽいこの息子と父親は、しっくり行かないことが多く、ささいなきっかけで息子が父王の前で癇癪を起こすことがよく起きた。王は彼が反乱を起こすことを怖れ、ついにこの息子を北方の遠隔地に追放してしまった。

ところがこの直後に、王は意識を失うほどの重篤な病に伏し、王の身辺に伺候していたミンシンソーの弟であるナラトゥー（Narathu）王子は王が危篤に陥ったものと判断し、王をシュウェグージ・パゴダに移してしまった。ところが王は意識をとり戻した。そしてナラトゥー王子を呼びつけ、なぜ命じてもいないのに、自分をパゴダに移したのか説明を求めた。かけつけてきた王子は、身を震わせんばかりに怒り狂っている王の形相に恐れをなして気を動転させ、ベッドの掛け布団をたぐり寄せてこれで王を窒息死させてしまった。

そこでナラトゥー王子は自分が王位を継承すると宣したが、北方に追放されていた長男の王子は事態の急変を知るや、直ちに自己の軍勢を集めて攻撃態勢を整え、河を下って進軍し、パガン城を包囲してしまった。その勢いに押された弟のナラトゥー王子は、大僧正に仲介を依頼し、王位継承を本来の正統な継承者である長男に譲ることを誓約して兄と和解した。ところが実は、このナラトゥー王子の行動は兄を陥れる策略だったのである。

この時期、シン・アラハンは既に他界しており、大僧正になっていたのは篤い信仰心に燃え、清貧に徹することで知られていたシン・パンタグ（Shin Panthagu）であった。彼は墓地にうち捨てられた経かたびらで作った僧衣をまとい、宮殿に姿を現す時の出立（いでたち）は異様な様相を呈していた。浮世離れしたこの大僧正は宮廷内で仕組まれる陰謀や策略にはとんと無関心で、その内情を知るよしもなかった。そこで大僧正は、ナラトゥーが王位を兄に譲るとした誓約をまんまと額面どおりに受け止め、兄のミンシンソーの説得に奔走してしまったのである。

こうして入城したミンシンソーは弟に温かく迎えられ、弟は兄の前にひざまずいてうやうやしく兄を玉座に誘導し、即位させた。そして弟は兄の即位を祝して盛大な祝宴を催し、特別な料理を用意させた。ところが兄が口にした食べ物には毒が盛られており、兄はあっけなく命を落としてしまった。

これを知った大僧正はナラトゥー王子のもとに馳せ参じて異を唱えたが、ナラトゥー王子は「大僧正様、お約束した通り私は兄を即位させたではありませんか」とうそぶくばかりであった。怒った大僧正は宮殿を後にし、その後スリランカに立ち去ってしまった。

このような事態の進展に一般民衆も怒りを感じて騒然となったが、それまでの三代にわたる王が築き上げた王国の確固たる体制は揺らぐことなく、反乱が勃発することはなかった。

5 ナラトゥー王（在位一一六七～一一七〇年）

兄を殺害して即位したナラトゥー王は自責の念に駆られ、宮殿内に引きこもったまま、罪悪感に苛（さいな）まれて悶々とした日々を送るようになった。

王はせめてもの慰みとして、かつて父のアラウンシトゥー王のもとに、いずれ王妃とする約束でインドの王から送られてきた幼い王女の養育に精を出し、やがては自分の王妃にする心積もりでいた。ところがこれも彼の思い通りには行かなかった。この王女はナラトゥー王が兄を殺して王位を手にしたことで彼を忌み嫌ったのである。とどのつまり王は、自分の意のままにならないこの王女に腹を立て、ついに怒りを抑えきれずに自ら手を下して彼女を殺害してしまった。

こうしたことが起きても、民衆はナラトゥー王が建立した薄暗い寺院（パゴダ）を王の心の葛藤を表していると感じつつ眺めるばかりで、なおも反乱に立ち上がることはなかった。

復讐の鉄槌は外から下された。インドの王は王女の死を悼むためとして、追悼使節団をパガンに派遣してきた。ナラトゥー王も、さすがにこの使節団の来訪を断るわけにはいかなかった。使節団のメンバーはヒンズー教の占星術士とされていたが、実はインド王の近衛兵たちが占星術士を装い、刺客となっていたのである。パガンに到着し、ナラトゥー王に接受された一行は、王に近づくや隠し持っていた刀を振り翳し、王をめった切りにして殺害した。事変を知らされた王の衛兵が駆けつけるや、一行は自らの命を断ってしまった。こうしてナラトゥー王は、ミャンマーの歴史では「インド人に殺された王」(Kalagya Min) と言われるようになった。

6 ナラテインカ王（在位一一七〇～一一七三年）

ナラトゥーの王位はその長男のナラテインカ (Naratheinkha) に継承された。そしてナラテインカ王は即位するや、直ちに自分の弟のナラパティ (Narapati) を軍の最高司令官に任命した。

この人事はパガン王国の国家体制に大きな変化をもたらすものであった。パガン王国では、開祖のアノーラタ王からソール王、チャンシッタ王、アラウンシトゥー王と四代目の王までは、全て王自らが軍司令官として、自国の軍を率いる第一人者となっていた。

ところがナラトゥー王からは、王自身が軍の第一線に立つことはなくなってしまった。それまでは国民は、王が軍の総大将として自分たちの安全を守ってくれているという思いをもち、これが民衆の王を慕い、崇める気持ちの最大のよりどころになっていた。しかし王が軍の最高司令官でなくなってしまうと、民心は自ずと離れてしまう。しかもナラトゥー王以降は、王が「民を慈しむ」という態度ではなく傲慢となり、勢い一般庶民に対して居丈高な虚勢を張るようになってしまった。加えてナラトゥー王の行状は王家の威光を低下させ、民心はすっかり王から離反してしまった。ナラテインカ王が王自身ではなく、別の人物を軍の最高司令官に任命したという人事は、こうした民心離反の状況を制度上、確定的にしてしまったのである。

低落した王家の人気挽回を狙って、チャンシッタの母の子孫に当たる娘がパガンに連れてこられ、この女性を王妃にしようとする試みがなされた。ところがナラテインカ王はこの娘の耳たぶが長すぎるということで彼女を好まず、王妃として受け入れるのを拒絶してしまった。

しかし弟のナラパティはこの女性に好意をもち、彼女の耳たぶを普通の長さに整形させた上で結婚してしまった。チャンシッタの母親はインドの王女だったので、その子孫であるこの女性も純金の重たいイヤリングをつける習慣を受け継ぎ、そのために耳たぶが異様に大きくなっていたのである。何はともあれこの結婚によって、民衆は王よりも軍司令官であるナラパティの方に好感を寄せるようになった。

自分の失敗に気付いた王はナラパティを前線に送り出し、その間にこの女性を監禁してしまった。これを知ったナラパティは急遽パガンに引き返す決意を固め、まず腹心の部下を送りこんだ。命を受けたこの部下は秘かに宮殿に忍び込み、首尾よく王を殺害し、筋書き通りにナラパティが王座につくことになった。

7 ナラパティシトゥー王（在位一一七三～一二一〇年）

王となったナラパティはシトゥー二世（Sithu II）と称することにした。これは民衆にアラウンシトゥー王の偉大な業績を思い起こさせ、自分もこのような光輝ある時代を築くことを約束するとの意思表示であった。こうしてナラパティはナラパティシトゥー王（Narapatisithu）と呼ばれるようになった。しかし民とのこの約束を果たすのは容易ではなかった。

まずもって対処しなければならなかったのは内乱の鎮圧である。アラウンシトゥー王の没後続いた王位継承をめぐる内紛は王朝の権威を著しく損ね、王国の安定を揺がせかねない状況をもたらした。この機に乗じて国内各地で反乱の動きが表面化したが、最も警戒しなければならなかったのはモン族の動向であり、タニンダーリ（テナッセリム）方面を中心に、繰り返し散発的に反乱が起きた。この動きはバゴーのモン族に飛び火して、モン族の叛徒がエヤワディ河をパガン目指して上ってくる事態すら起こっていた。

しかしモン族の弱みは、散発的な謀反を束ねて、組織的な反乱にまとめ上げる指導者が欠如していることであった。彼らの唯一の期待はパガンにいるマヌハ王の曾孫であり、彼が立ち上がってくれるのが頼みの綱であった。

しかしこの若者は、身の処し方を決断しかねており、身の危険を感じ、マヌハ王から受け継いだ先祖伝来の秘宝である祭礼用の小型舟艇を携えて、ポパ山に逃げこんでしまった。

ナラパティシトゥー王はこの若者を味方につけて、モン族を指導者欠如のままにしておく必要を感じ、自らポパ山に足を運んで説得に出掛けた。王は自身の娘である王女をこの若者に娶(めと)らせ、なんとかこの若者の支持をとりつけた。こうしてモン族の動きは、指導者を欠いたが故に大きな反乱に発展することなく、やがて各地の散発的な騒乱も終息した。

王は王を狙った暗殺が難なく行われてきた過去の経緯(いきさつ)を考慮に入れ、その危険をなくすために王と王宮の警護のみに専念する親衛隊を創設し、暗殺の動きを未然に防止するよう万全の手を打った。

ナラパティシトゥー王は、アラウンシトゥー王と同じく旅行を好み、多くの港湾都市を頻繁に歴訪した。そのような際にも親衛隊を伴い、身辺警護に意を用いた。

王は兄のナラテインカ王が手放した軍隊の最高司令官の職務も、再び自ら担うことにした。もっとも右に述べた内乱の鎮圧にあたっては、王自身が鎮圧部隊の先頭に立って指揮をとることはしなかった。何はともあれナラパティシトゥー王在位の後半以降は、内乱が起きることは一切なくなった。

ナラパティシトゥー王の治世は、パガン王朝におけるビルマ族文化の最盛期となった。王の治世のもとで隆盛を誇った文化活動は、次のナドウンミャー王までは活況を呈し続けるが、その次の王からは次第に文化の繁栄は下降線を辿り、退廃に向かうのである。

アラウンシトゥー王の時代には、既にビルマ語で記された幾つかの碑文が残されているが、その文体を見ると、この当時の文人は未だビルマ語の使用に確たる自信が持てなかった様子が窺われる。しかしナラパティシトゥー王の時代になると、パーリ語、サンスクリット語、モン語は廃され、碑文に記される言語には専らビルマ語が用いられるようになった。そしてナラパティシトゥー王の治世が続くに従って、ビルマ語による仏教経典の注釈書やビルマ語文法の研究書が学者たちによって著されるようになり、ビルマ語は洗練された美しい言語として確立した。こうした碑文で、初めて「ミャンマー人」または「ビルマ人」という呼称が記されるようになるのもこの頃である。今や王国内の全領域において、ビルマ族の指導者としての立場が揺らぐことのない確実なものとなったことへの自信の表れと見られる。

こうしたビルマ語で書かれた経典の注釈書は近隣の上座部仏教国にも広まり、ナラパティシトゥー王はスリランカへの仏教使節団の派遣も行い、交流を深めた。王は数多くの寺院を建立し、スリランカからもたらされた仏陀の遺品をそこに納めた。こうしてこの王の治世を通して仏教は国境を越えて伝播し、カンボジアにまでも浸透した。

ナラパティシトゥー王は、アラウンシトゥー王が手がけたビルマ人の慣習法を整理し、王国内全域に適用する法体制の整備を継続した。彼はアラウンシトゥー王が編纂した判決文集を補足して、ビルマ法大全としてまとめる仕事をモン族の博識の僧侶に命じて行わせた。こうしてできあがったビルマ法大全は、この僧侶の名前を冠して「ダマヴィラサ（Dhammavilasa）法典」と呼ばれている。この法典は当初パーリ語で記されていたが、程なくビルマ語とモン語に翻訳された。

ナラパティシトゥー王は、その治世の末期には王室の権威もその権力も完全に取り戻し、王朝に対する民衆の尊崇の念はかつてのようにすっかり回復していた。王は一二一〇年に没するが、王子への王位継承はスムーズに行われ、王国内ではどこにも反乱が起きることはなかった。

8　ナドウンミャー王（在位一二一〇～一二三四年）

新たに即位した王は、公式の名前とは別に、国民から親しみをこめてナドウンミャー（Nadoungmya）の愛称で呼ばれ、歴史的にもこれが動かし難い呼称となった。「ナドウンミャー」とは、チャンシッタ王の母とのつながりを意識して「たくさんのイヤリング」という意味なのである。

ナドウンミャー王は父王の後継者たるに相応しい有能な人物であり、父王の政策路線を継承したが、ただ軍の総司令官の職務は他人に委ね、これ以降のパガン王朝では再び軍の総大将の任につく王は現れなかった。王朝がその勢威を徐々に弱めていく最初の兆候はここにあったと思われる。

閑話休題

昨今では欧米諸国による軍政バッシングが声高に叫ばれているが、本来人間社会では国の統治の最大の眼目が独立と安全の確保である以上、統治権力者のトップは軍の総大将でもあることの方が自然であり、国民もそれを望んでいたのである。古代ローマにおいても然り、鎌倉幕府以降、徳川政権までのわが国においても然り、その他地球上のほとんどの国では同然であったのである。

ナドウンミャー王は父王と同じように仏教への信仰が篤く、寺院の建立にも精を出したが、王室財政の逼迫を反映して、もはやパガン近郊ではなく、かなり遠隔の土地に王の所領を求めて建立するようになった。この面でもナドウンミャー王は寺院建立を手がけた最後の王となり、彼以降はもはや新たな寺院の建立は行わなくなってしまった。

王国の発展に伴って王国の統治は膨大な業務量に増大し、複雑多岐にわたったので、王は五名の大臣からなる諮問機関を設置した。これが後に王国政府の行政・司法の最高機関である「枢密会議」(Hluttaw)となるのである。なお英国の植民統治を経て独立後、現在に至るミャンマーでも「国会」を意味するビルマ語には"Hluttaw"という表現が用いられている。

ナドウンミャー王の在位中に起きた反乱は、タガウン（Tagaung）北部の少数民族による騒乱一回のみにとどまり、これも直ちに軍司令官が出向いて難なく鎮圧され、治世は概ね平穏に推移した。王は一二三四年に世を去り、息子のチャスワール（Kyaswar）が王位を継承した。

9　パガン王国の文化と人々の生活

パガン王国が興隆し、やがて衰亡に向かう直前の第八代ナドウンミャー王に至る歴史を見てきたが、この王国ではどのような文化が花開き、そこで人々はどのような生活を営んでいたのであろうか。

自由で平等な社会

パガン王国の時代にしっかりと根付き、それ以来脈々と受け継がれてきた伝統的なミャンマーの社会は、個人の自由と平等を基本とした階級のない社会であることが、何よりも大きな特徴となっている。この特徴はインドがカースト制度による厳格な階級社会であるのとは著しい対照をなしており、アジアはもとより、世界でも他に類例を見ない程の特筆すべき特徴と言える。

そもそも仏教がカーストによる差別を前提としたバラモン教との対比によって成立し、この無階級平等制という特質ゆえに広まっていった歴史的経過から考えても、仏教国ミャンマーが無階級の平等な社会であるのは当然と言える。この点、日本には仏教は入ったものの、儒教や神道や武士道等、北東アジアないし日本独特の宗教、道徳、倫理が強く作用して、士農工商の身分制度ができたが、これに比べてもミャンマーは大きく異なっている。

稲作農耕民族であるミャンマー人の社会が基本的に平等社会であるのは、大地主ができないような社会的仕組みになっていることと関係している。土地は「自然の恵みによって与えられたもの」と観念され、平等に配分される。遺産相続においては、配偶者及び全ての息子、娘が同等の権利を持ち、これらの者の間で均等に分配される。死亡する人の意思で自由に配分することはできない。また、誰でも自分の努力で森林を切り開いたり、沼沢地を干拓して開墾した耕作地は所有することができる。この国が恵まれた自然条件により、新たな土地を開墾して所有地を得る余地が誰にでもある豊かな国であることが、このようなミャンマー特有の社会制度を可能にしてきた。現に今日でもなおミャンマーの耕地面積は国土総面積の僅か一三%に過ぎず、まだまだ開墾の余地は残っている。

共同体の意思決定は、一定年齢に達した者が男女の別なく全て参加する合議体（寄り合い）によって行われる。共同体の長である村長もここで選ばれる。歴史研究者の中には、「地方の村落の首長である村長は世襲制で継承された」と指摘する学者もいるが、これは次の村長にふさわしい同等の力量をそなえた者が複数いた場合、村人たちは現村長の息子にやらせるのが妥当と考えるケースが多く、結果として世襲制のような観を呈する場合が多かったというに過ぎないのであって、決して制度的に世襲制が一般化していたわけではない。

ビルマ族がエヤワディ（イラワジ）河畔に住みついて集合体が徐々に大きくなり、やがて国の体をなすようになってからも、王朝が成立して血筋による王位継承が体系化される以前の初期の段階では、国王は国全体の合議体で選ばれていた。

アノーラタ王が強大なパガンの王朝を開いた後ですら、既述の通り、第三代のチャンシッタ王は大臣たちによって選ばれて王位を継承した。後述する第一一代のナラティハパティ王に至っては、大臣たちの思惑により、本来王位を継承すべき長子を押しのけて側室の子であるこの人物が選ばれ、王位に就くこととなった。

残された碑文には、「王(King)」、「統治者(Ruler)」、「支配者(Lord)」、「首長(Headman)」といった表現がほとんど同義語として使われている。いずれも国という大集団のトップに立つ者という意味合いであり、王についてのミャンマー人の考え方は「王は君臨する権利を神から授けられた」のではなく、「選ばれて統治を委されている」という観念が基本になっているのである。

ミャンマーの社会には、世襲の貴族階級は存在しなかった。王の従臣たちの任期はその者を召し抱えた王一代限りとされ、次の王が再度同一人物を召し抱えることは勿論あるものの、そうでない限りは職を退いた。いわんや従臣の子孫が親の後を継いで従臣になるという世襲制は全く存在しなかった。従って王に仕える者たちが、日本の公家のような特別の社会階級を構成することはなかったのである。

王の従臣は（1）王権の代行者、つまり中央、地方の行政、司法、租税、国防、治安などの国政に直接従事する官僚、（2）侍従、女官、小姓、侍女、侍医などのお側衆および王宮の雑務従事者、（3）伺候する僧侶や占星術師を含む祭祀専門職などから成っていた。

この内（1）の官僚機構の最上位にあったのが首相に当たる宰相（アマートヤーまたはアマットゥ）であり、国王の下で国政全般を取り仕切る重臣であった。宰相は必ずしも一人ではなく、複数の場合もあった。宰相には国王の信頼の最も厚い者が任じられ、勢い国王の叔父、伯母の夫、王女の婿、皇太子の外舅など、王と親族や姻族の関係にある者が務めるケースが多かった。宰相になり得る範疇の者たちは、宰相と王族間だけでなく、宰相相互間でも姻戚関係を結ぶことによって絆を強化し、末代にわたって宰相を出せるように留意した。つまり身内から宰相を出した一族は、その他の宰相家系の者たちと一緒になって、王族を中心として閉鎖的な社会を形成しようとしたわけである。しかしこの人たちが貴族階級のような特殊の社会階層を形成していたわけではなく、彼らが姻戚関係によって強い絆を作ろうとしていた事実は、まさにそのような階層が存在していなかったことを示している。

やや世襲制に似た観を呈していたのは、（2）の内、王宮での雑役に類する役務に従事していた特定の職種の者たちであった。王宮の衛士、王の情報伝達員（飛脚に似た走り使い、メッセンジャー）、庭師、王宮への食材供給者といった職種である。王は彼らから受けるサービスの対価としてこの者たちに応分の土地を下賜し、生活に窮することがないよう配慮した。その代わりこの者たちは、明確に定められた条件のもとに一定の能力を備える限り、その子孫を親と同一の職種に従事させることができた。これは一見、世襲制のように見えるが、実際は衛士の息子は必ず衛士になるという程、固定的に世襲が制度化されていたわけではない。ただ多くの場合、衛士の息子は幼少の頃から父親の訓練を受け、経験も積んでいるので、父親の職種を受け継ぐことが多かったというに過ぎない。しかし息子が出仕し得る成人に達した時、本人の意思で王宮の役務以外の道を選ぶ自由は与えられていた。

宮廷内において国王周辺で用いられる言葉は、幾つか宮廷特有の用語はあるものの、基本的には国民一般と全く変わらないビルマ語であった。王様も百姓も同じ言葉をしゃべっており、特別の宮廷用語ができてくることはなかった。

自然の恵み豊かなこの国では、国王も村人も同じ食べ物を食べ、同じ建築材料で造られた家に住み、衣服すら概ね同じ材質の着物を纏っていた。宮廷に仕える者用にデザインされた特有の衣装と靴を除くと、王様の取り巻きも村人たちも衣食住の全てにわたり、基本的には同じもので生活していたのである。

この国に見られる注目すべき特徴として、法制度が比較的しっかりと整っていることが挙げられる。これはイギリスの植民地時代にイギリス流の法制度が整備されたお蔭であるとの指摘がよくなされる。確かにその点は否定できないが、植民地時代に先立ち、パガン王国にまで遡るミャンマー古来の法制度も立派に存在してきたのである。

ミャンマーの社会は平等社会として発展してきたので、その中で徐々に体系化されてきた法秩序においては、何人も法秩序を超越してその枠外に立ち、法の拘束を受けないということはあり得なかった。王も王に仕える者も、国民一般と同じ法に縛られてきたのである。

この国の法理論では法の淵源はもっぱら慣習法であり、体系化された慣習法は全て民事にかかわるもののみであった。民事については王が法を制定することも、王の枢密会議が立法を行うこともなかった。民事にかかわる最終審は一三世紀までは王が一人で行っていたが、その後王を長とする合議制で最終審が行われるようになった。しかしそうなった後も、この最終審の判事のみならず、王自身までもが訴えられ、被告となることはあり得たのである。現にずっと後の話になるが、一八一〇年、権勢を誇ったボドーパヤ王は土地収用の争いで訴えられ、王自身が被告となったのである。

他方、刑法に相当するものは体系化された法制としては存在せず、王が発する国内の平和に関する命令が即刑法となった。王は平和と秩序を維持する責任があり、民はそのための王の命令に従う義務があるとされた。従って、王の命令に背く者は「王の平和」を乱すが故に罰せられるのが当然の報いと考えられた。

このような王の命令はそれを発した王の一代限りのものとされ、法典として体系化されることはなかった。従って王が没するか、または退位すると、次の新王の平和に関する命令が出されるまで、刑事訴追を受けることはなく、民事訴訟により償いの支払いを命じられるのみであった。

核家族を基本とする個人主義的家族制度

ミャンマー人の家族に見られる大きな特徴は「個人主義」である。この国にはそもそも「家」という概念はなく、家庭に家父長的要素は見られず、家督相続という観念も存在しない。結婚とは「何々家」と「何々家」との婚儀なのではなく、男女二人の自由な意志に基づく契約なのである。

ミャンマー人の名前は「太郎」や「花子」に当たる名だけで、「鈴木」とか「山田」といった苗字がなく、したがって結婚して妻の苗字が夫の苗字に変わることはない。これも個人主義的発想の表れと言える。家族を成り立たせているのは、決して家系とか氏族といったものではなく、あくまでも一人一人の「個人」なのである。従って、この国では「生まれ」がその人物の社会的地位をきめるのでなく、あくまでも当人の能力と実際になし遂げた業績によって評価され、社会的地位がきまる。

「個人主義」的発想は、家族の形態から家族員相互間の関係だけでなく、財産の所有形態や遺産の相続権に至るまで、日常生活のあらゆる面に反映されている。

ミャンマー人の最も基本的な家族形態は夫婦二人の一世代家族、あるいは夫婦と未婚の子供の二世代家族（いわゆる核家族）である。やがて子供が成長して結婚すれば、子供夫婦に赤ん坊ができて三世代家族、さらにそれ以上の大家族に拡大する可能性はあり、現にこうした拡大家族も存在するが、その数はあまり多くない。結婚した子供は親元を離れて独立するケースの方が多いのである。この結果、この国の家族は大家族とはならずに、核家族が主流となっている。

そもそもミャンマーの家族制度は母系制か父系制かはっきりしておらず、こんなところにも、ミャンマーの社会が「個人主義」を基本とし、決して男性優位でないことを窺わせている。

結婚した子供が独立せずに親と同居する場合、新婚夫婦が新郎の家族と一緒に住むか、新婦の家族と一緒に住むかは一定しておらず、当事者二人とその両家族の間で話し合って、ケース・バイ・ケースに決めている。ビルマ族の間では、妻方に居住するケースの方が多いようで、過去に行われた調査では七割程度が妻方居住制をとっている。もし妻が一人娘であるような場合には、夫は妻の両親と暮らすことになるのが普通であり、これは一見「婿入り」のような形に見えるが、「家系」や「氏族」と無縁のミャンマーでは決して入り婿という意味合いはない。

以上のような家族形態は、ミャンマー人の中でも主としてビルマ族社会で見られるものであり、少数民族については必ずしも妥当しない。例えばチン族の社会では、夫方居住の父系制家族が原則であり、相続も男性中心が普通となっている。カチン族も父系制の社会で、彼らはビルマ族にはない苗字をもっており、子供は父方の姓を継ぐ。

女性の地位

ミャンマー人社会の根底にある「個人主義」は、男女同権という意識と密接に関連し合っている。この国ではパガン王国の時代から女性の地位は高く、決して男性の下位に置かれてはいなかった。記録によれば王宮における女性の高官はもとより、書記、秘書官などの官吏、女性の村長、銀行家、学者、修道女、工芸職人、楽士などの活躍ぶりが記されており、女性も社会生活におけるさまざまな活動に加わっていたことが分かる。寺院の寄進者にも女性の名前が多く見られるし、奴隷の所有主をめぐる訴訟の当事者にも女性が多かった。

このようにミャンマーの社会では決して男性優位ではなく、男女は平等である。これは法的にも明確に規定されており、パガン王国の時代から確立された伝統となって今日に至っている。

家庭では夫と妻とは対等の間柄にあり、どちらか一方が他方に従属するという関係ではない。

家庭内では、むしろ母親が重きをなす。独立した子が両親を訪ねる時には、先ず母親に挨拶をし、それから父親に挨拶する。母の方が自分を生んでくれたばかりか、成長する過程で世話になった度合いがはるかに大きいからなのであろう。一つの単語で両親を並べて言う場合、日本語では「父母」だが、ミャンマー語だと母を意味する「ミ」を父を意味する「バ」より先にもってきて「ミバ」と言う。この女性を先にもってくる言い方は「男女学生」が「チャウンドゥー・チャウンダー」（女子学生・男子学生）であり、「男女の村人」が「ユワドゥー・ユワダー」（女性の村人・男性の村人）となるのも同様である。家庭内で何か重要な相談事があると、おばあさんとか親の伯母さんといった年配の女性がいる場合には、その人たちの意見に耳を傾け、往々にして父親の意見よりも重視される。

夫婦は自分たちの財産に対する所有権も、離婚の権利も双方が対等にもっている。

義務についても同様である。日常の家庭生活での役割から子供の養育に至るまで、平等に義務を負担し合っている。

こうした男女の平等性は、子供についても同様であり、男の子だから、女の子だからといって区別されることはない。親の遺産の相続は男女の差なく全ての子が平等に受け継ぐことになっている。

婚姻の解消は夫の側からだけでなく、妻からも請求できる。しかし離婚になんらかの正当な理由がなければならず、配偶者に何の落ち度もないのに婚姻の解消を一方的に求めることはできない。

離婚を成立させる原因は多岐にわたるが、主なものとしては、(一)夫婦双方が納得ずくで合意した場合、(二)夫が出家した場合、(三)夫または妻の権利に対する不当な侵害或いは義務の放棄があった場合、などがある。

(一)の場合、そもそも結婚が当事者二人の自由な意志に基づく結びつきであり、そのバックに「何々家」といった「家」の観念が存在しないので、その解消も至極簡単である。二人の意志が合いさえすればよいのだから、このような協議離婚には、原則として何の手続きもいらない。あとは夫婦財産の配分といった問題を処理すればよいので、実際には地域社会の長老に証人として立ち会ってもらうことが多い。

(二)夫の出家というのは、ミャンマー特有の離婚原因となっている。この国の男性にとって、出家するということは、世俗的な繋がりを悉く断ち切ることを前提としており、名誉も地位も財産も、それに妻子までも一切捨てることを意味する。当然のことながら、残された妻には別の男性と再婚する権利が生じる。

(三)配偶者の権利に対する不当な侵害や義務の放棄には、虐待、不貞行為、遺棄、結婚詐欺などがある。

虐待には肉体的暴力行為ばかりでなく、精神的苦痛も含まれる。家計の浪費、無断外泊、同居忌避などがこれに当たる。肉体的暴力は夫婦喧嘩で一、二回殴られたといった程度では虐待とまでは言えないが、これがエスカレートして再々繰り返されれば、虐待となる。暴力行為の中でも「ビンタを張られる」のは、ミャンマー人にとっては丸太棒で殴られたり、刃物で傷つけられたりする以上に侮辱的な行為と受け止められ、離婚の理由になる。遺棄による離婚は、夫または妻が一定期間連絡を絶ち、扶養の義務を履行しない場合に成立する。結婚詐欺とは、一方の当事者が既婚者であるにもかかわらず、独身だとか、離婚したとか偽って結婚したような場合であって、詐欺にかかった他方の当事者は離婚解消の権利をもつ。

こうした男女の対等性は、家庭内だけでなく社会全体に共通している。ただし、実際の社会生活では男女それぞれの位置づけは異なり、いろいろな差異が見られる。これは決して男尊女卑ではなく、男女それぞれが社会で担う役割が異なっているということであり、いずれか一方が他方の上位に立つという上下関係を形づくるものではない。

既述の通り、家庭内では母親や年配の女性に重きが置かれる半面、社会生活ではもっぱら男の仕事とされているものがあり、こうした仕事は女性には相応しくない、すべきでないと考えられている。その最たるものが政治と軍事である。今日のミャンマーでも女性の政治家はほとんど見当たらないし、女性の政府高官も極めて稀である。軍隊にも医者とか通信技術者といった補助的な役職での少数の例外を除けば、女性はいない。

政治と軍事以外にも独占的に男の仕事となっている職種は幾つかあり、例えば操(あやつ)り人形師である。ミャンマーの伝統芸能の一つである操り人形は、今日でこそ時に女性の人形遣いも見られるが、本来はもっぱら男の仕事として受け継がれてきた。人形師は舞台の上部から人形を操る吊り糸を操作すると同時に、台詞(せりふ)を語り、唄を唄って劇を演ずるのであるが、女の役柄の台詞や唄であれば女の声を出すわけで、日本の歌舞伎や文楽の女形演者と似ている。

このように職業の面で男女の役割に違いがある他、実生活においてもいろいろと社会的な位置づけの差異がある。

まず仏教の教えでは、解脱して仏陀となった者が到達する涅槃に女性はいない。女性はいかに修行を積もうとも、女性から直接仏陀になることは不可能なのである。従って女性は功徳を積むことにより、先ず来世では男性に生まれ変わり、その上で仏陀を目指すことになる。寺院(パゴダ)では本尊が安置されている一番奥の一画には女性は立ち入り禁止となっているのが普通である。本尊近くの奥まった区画には僧侶が出入りすることが多いので、僧侶と女性が接することが起こらないようにする配慮からこうなったのである。体のどの部分であろうが、僧侶と女性が触れ合うと、たとえ故意ではなくて起きた偶発事であっても、僧侶、女性の双方にとって罪となる。両者とも仏陀の前に懺悔して、悔い改めなければならない。

食卓での優先順位は男性が先で、料理をサーブするのも先ず男性からである。男女が歩く時には、腕を組んだり手をつないだりはせず、女性がわずかに遅れて男性の後を行く。

ミャンマーの社会におけるこのような男女の役割や位置づけ及びそこから来る種々の社会習慣は、概ねパガン王国の時代に根付いたものが当然のこととして受け継がれてきており、これに疑問がさし挟まれることはない。このような差異が男尊女卑と受け止められることはなく、従って女性解放運動などは起こる気配すらない。

この国には「雌鳥（めんどり）が鳴いても夜は明けない」(Kye ma tun lo mo ma lyin) という諺がある。夜明けに鳴くのはどこの国でも雄鶏（おんどり）に決っている。ちなみにその鳴き声「コケコッコー」はミャンマー語だと「アゥ・イーイー・オゥ」となる。この至極当たり前のことを述べた諺は、「女性には向かない、もっぱら男性のやるべき仕事、男性が担うべき役割分担がある」ことを言わんとしている。決して男尊女卑を表しているのではなく、男女の位置づけの差異を述べているに過ぎない。日本の諺には「女賢（さか）しくして牛売り損なう」というのがあるが、これは男尊女卑の色彩が濃厚な日本の伝統社会から生まれたものであり、「なまじっか女性が出しゃばるべきでない局面で、賢こぶる女性が余計な口をさし挟むと、ろくな結果にならない」ことを言わんとしている。一見同様のことを述べているように見える二つの諺が、社会的背景の違いから、異なる意味合いで用いられているのは興味深い。

閑話休題

自由や平等という観念が、あたかもフランス革命に端を発してヨーロッパに広まった思想を、遅れていたアジアの国々がありがたく受け継いだものであるかの如く思いこんでいる人もいるが、これはとんでもない間違いであって、アジアでは夙にパガン王国において、個人主義に根ざした自由で平等な社会が実現されていたのである。ついでに述べると、アメリカが普通選挙を実施できたのは一九六四年の東京オリンピックの後であり、「アメリカが日本に民主主義を与えてくれた」などと考える向きは、おめでたい御仁と言う他ない。ベルギーやスイスが婦人参政権を認めたのも日本より後であり、女性の地位という点で比較すれば、ミャンマーより一千年も遅れていたことになる。

三種類の奴隷

この時代、パガン王国には独特の奴隷制度が存在していた。奴隷といっても主人が生殺与奪の権利をもつ西洋の奴隷とは全く異なり、奴隷は食事、衣服、医療の提供を受け、相応の扱いを受ける権利をもち、主人に対してこれを要求できた。このように奴隷の人権は尊重されていたわけであり、実際上は奴隷というよりも一種の年季奉公のようなものだったのである。奴隷に烙印が押されることなど、もとよりなかった。

奴隷には、(一)戦争で捕虜となった者、(二)借財を返済し得ない破産者、(三)寺院付きの「パゴダ奴隷」と僧院付きの「僧院奴隷」の三種類があった。

戦場で降参して捕虜になった者や債権者からの借金で首が回らなくなった者は奴隷となったが、いずれも奴隷の身分は一代限りにとどまり、子孫にまで累が及ぶことはなかった。つまり捕虜にせよ破産者にせよ、奴隷というステータスは非世襲だったのである。しかもこうした者たちは、金を払って自由を買い戻すことができたし、また他所の村に逃亡してしまうこともできた。自由を買い戻す対価は、当時奴隷の取引でつけられていた奴隷一人分の値段であり、わずか銅五ヴィスという決して高価なものではなかった。また逃亡奴隷は、契約違反や債務不履行といった民事上の責任追求は免れなかったが、刑事罰を科されることはなかった。残されている記録によると、奴隷をめぐる係争事案は多かったようであるが、全て「奴隷を横取りした」ことに対する申し立て、つまり元の主人から逃げ出して、新たな主人に仕える奴隷をめぐり、新たな主人に対して訴訟が起こされているものであり、奴隷本人を訴えているケースは見当たらない。

各寺院に所属した「パゴダ奴隷（paya kyun）」及び僧院に所属した「僧院奴隷（kyaun kyun）」の存在はこの国独特の制度である。

寺院にせよ僧院にせよ、これを維持管理し、機能させて行くには各種の要員を必要とする。こうした各種の役務に当たる要員が「パゴダ奴隷」や「僧院奴隷」で、彼らの職分は明確に規定されており、その職種としては（一）パゴダや僧院への直接的な奉仕者ばかりでなく、(二)農耕畜水産従事者、(三)技能職人、(四)芸能人の四種に大別され、多岐にわたっていた。

(一)の分野に属するのは、寺院や僧院の運営全般をとり仕切る総務的役割の者や記録をつける書記の他、花を飾ったり、蝋燭を替えたり、祭りの準備を整える者、清掃や僧衣の洗濯などを受け持つ雑役夫（婦）等々、寺院や僧院を運営し、存続させて行くのに欠かせない要員であった。

（二）には水田耕作者、菜園や果樹園の園丁、牛飼い、象飼い、狩人、漁夫などが含まれていた。当時、寺院や僧院には水田、畑、果樹園といった土地が在家信者によって寄進され、その規模は往々にしてかなり広大な面積に及んでいた。これらの土地は「パゴダ奴隷」や「僧院奴隷」によって耕作されたが、その所有権はもちろんのこと、収穫物もパゴダや僧院に帰属した。しかもこれらの所領は免税地であったので、パゴダや僧院は経済的に裕福となり、中には積極的に土地の購入に乗り出すところすら現れるようになった。

（三）技能職人としては、建物の営繕や増改築のための技術要員である大工、石工、画工などの他、鍛冶屋、陶工、ろくろ師、水差し作り、盆作り、金細工職、糸紡ぎ、機織り、縫い子、仕立て職などの製造職人が含まれていた。

（四）芸能人には、太鼓や小太鼓の打ち手、シンバル奏者、ラッパ吹き、歌手、踊り子などがいた。

こうした人たちは「奴隷（kyun）」という呼ばれ方はしていたものの、実態は奴隷には程遠い存在であり、「賤民」的性格はなく、老若男女の別を問わず、いずれも寄進者の意志ひとつで奴隷になった。中には寄進者が自分自身を、あるいは自分の妻子を「パゴダ奴隷」や「僧院奴隷」として寄進している例さえあった。

在家信者が直接涅槃に至る道の閉ざされた上座部（小乗）仏教では、在家である限り少しでも多く功徳を積んで、輪廻転生のサイクルでのよりよい生まれ変わりを来世に期すほかなかった。寺院や僧院での奉仕はまさに功徳と考えられ、人々は競って「パゴダ奴隷」や「僧院奴隷」を希望し、嬉々として奴隷になったのである。こうした奴隷になると彼らには、その生活を支えるために一定の土地が与えられたばかりか、食事も給されて待遇は悪くなかった。しかも税金が免除されるという特別のステータスを享受することも王から正式に認められていた。終身雇用が約束され、孫子の代まで職の心配のない「パゴダ奴隷」や「僧院奴隷」には、競ってなる者が多数に及んだ。とりわけ工芸職人や楽士などの職種では、希望者が多かった。

そして、この奴隷の場合には、子孫も代々このステータスを受け継ぎ、奴隷奉仕を続ける慣わしとなっていた。つまり世襲されるのが一般的だったのである。従ってこの「パゴダ奴隷」や「僧院奴隷」は、平等社会であるミャンマーでの唯一の例外として身分が固定化し、特別の社会階層を形成していた。

しかし全ての「パゴダ奴隷」や「僧院奴隷」が固定的身分であったかというと、必ずしもそうではなく、パガン王朝時代の記録には、王が雨安居の時期に限って○○僧院に「僧院奴隷」二百人を提供したといった記述も残されている。これは王が特定の祈願成就のためや何か祝賀の機会に、一種の喜捨として一定期間に限って、奴隷提供を行ったものと考えられ、奴隷になる人たちは一定期間の勤労奉仕のような受け止め方で、功徳を積みに出掛けたのである。そればかりか王が自分の子供たちを一定期間パゴダに奴隷として提供し、後にパゴダに身受け金を支払って、買い戻すということすら行われていた。

今日では寺院や僧院の管理運営は近代化されて、管理委員会(board of trustees)によって行われ、「パゴダ奴隷」や「僧院奴隷」の制度はもはや存在しない。管理委員会は運営、維持、管理、修繕、改善の一切をとり仕切り、日々のお賽銭をはじめ喜捨される金品の管理を含む経理も全て引き受ける重大な責任をもつ。そのメンバーは、人格高潔にして模範的信者と目される者の中から四、五年の任期で選任されるが、今日では政府(地方では政府の地方出先機関)がこれを指名している。管理委員になる人は就任するに当たって、一定額の供託金を納め、委員会の業務は不正が生じないように第三者機関の監査を受け、万一不正が発覚した場合には供託金が没収される。

労働奉仕的な種々の役務は管理委員会の下に多くの仏教奉仕団が組織され、奉仕団の人たちのボランティア活動で行われる。清掃奉仕団、供花奉仕団等々、分担する役割毎に、さらに清掃一つをとっても月曜日の受け持ち、火曜日の受け持ちと、曜日毎に分担するグループが設けられており、それぞれ細分化された仕事に当たっている。ある時、筆者はシュエダゴン・パゴダを訪れ、広々とした石畳の回廊を散策していると、後から横一列になって、各自箒(ほうき)を手にして石畳の床を掃き清めながら、どんどん参詣人を追い越して前に進む一団に出会ったことがある。そぞろ歩いている一般の参詣人と変わらない普段着姿の人たちであるが、彼らの統制のとれた能率的な仕事ぶりに感心した。これがまさに奉仕団の人たちだったのである。

それでは、今日ではかつての「パゴダ奴隷」や「僧院奴隷」が全く姿を消してしまったのかというと、唯一の例外として過去の名残をとどめているのがザガインの町の北の近郊にあるカウン・フムドー

(Kaung Hmudaw) パゴダの奴隷である。一六三六年にタロン (Thalon) 王によって建立されたこの寺院は、女性の乳房を思わせる半球形の独特な外観を呈しているので、俗に「乳房のパゴダ」と呼ばれている。昔からこのパゴダのための奴隷たちはパゴダの近くに土地を与えられ、そこに住みついた。彼らはセ・ティ (Se Ti) 村、スワン・チェ (Hswan Chet) 村、レ・フロ (Let Hlot) 村の三村を形成し、セ・ティ村の住民は音楽を奏でること、スワン・チェ村の住民は料理を作ること、レ・フロ村の住民は踊りを舞うことをそれぞれ職業とした。住民たちは代々自分たちの職業を忠実に受け継いできており、定められた職を離れると、癩病(らいびょう)になるという迷信が信じられてきた。

独立後のウ・ヌー政権の時代に奴隷制度を廃止するという政令が出され、全ての奴隷は形の上ではなくなった。しかしこれら三村の人たちはこの迷信もあって、今日でも実際上自分たちの職業を守り続けている。外部の人は、結婚相手としてはこれら三村の出身者を敬遠する。定められた職業に縛られることを嫌うからである。

以上に見たように、かつて西洋人が行った奴隷貿易での「奴隷」のように、人格を否定された「品物」として、虫けら同然に扱われた「奴隷」とは異なり、この国においては「奴隷」と称しても、賤民的なニュアンスはなかった。

しかしミャンマーの社会では、差別を受けるような賤民的存在は全くなかったかと言うと、例外があった。隠亡(おんぼう)、癩病患者、前科者などがそれぞれ特殊な賤民社会を構成していた。

隠亡は「サンダーラ」と呼ばれ、墓堀りや棺作りといった特殊な職業に従事し、一般の人々に嫌がられたので、彼らだけがまとまって別個の集落を作っていた。

癩病患者は忌み嫌われて疎外され、自分たちの集落で、孤立して生活を営んでいた。彼らの子供は成人しても外部の者と結婚することができなかったので、こうした集落は世襲されていった。

前科者は頬に環型の刺青、胸に罪名を記した刺青を施されたので、「パグエッ」（頬の環）と呼ばれ、牢番だとか死刑執行人といった仕事に従事させられた。彼らは一般の民家を訪ねるのは勿論のこと、町の中に足を踏み入れることさえ禁じられた。

過去に例外的に存在したこのような差別は、王朝時代の話であり、今日では全く存在せず、日本における「同和問題」のように、これが現在のミャンマーの社会に尾を引いていることもない。

産業と経済

パガン王国の経済基盤は農業と商業に置かれていた。農業では、鍬（くわ）、鋤（すき）、斧（おの）、つるはしといった簡単な農具のほか、木製の馬鍬（まぐわ）（牛馬に引かせて土壌を耕したり均（なら）したりするのに用いる農具で、長さ一メートル程度の横木に十本位の歯を取り付け、これに鳥居型の柄をつけたもの）を多用し、これを引かせる使役用の動物としては、牛、水牛、馬ばかりでなく、象も使われた。特に馬は耕作用と運搬用に重用され、パガンの人たちは巧みな馬術を心得ていた。パガン王国のインド国境に迫る領土拡張は騎馬戦力を主体に進められたことから、今日でもインドのマニプール地方では、馬のことを「ビルマの動物」と呼び習わしている。

主産品は米であったが、稲作は平野部における水稲のほか、丘陵斜面における陸稲生産も行われていた。平野部とりわけチャウセ（Kyaukse マンダレーの南部近郊）一帯では、高度に整備された灌漑用水路網が設けられており、その維持管理は王の責務とされていた。今日でさえ、ミャンマー全土の耕作地で灌漑設備が施されているのは、二割程度にとどまっていることを考えると、この時代に既に進んだ灌漑システムが存在したことは注目に値する。

灌漑用水路と並んで平野部の各所には池が掘られ、貯水の用途にとどまらず、魚やあひるを飼育したり、飛来する水鳥を捕獲したりして食料の確保にも役立てられた。

本来個人の尊厳と自由を重んじるミャンマーの社会において、規律を保たせるのは容易でなかったが、パガン王国の人々が、人のつながりと相互扶助の大切さを認識したのは、まず灌漑水路を掘り、これを維持していく共同作業を通じてその重要性を体得したことによるものであった。農耕民族に共通した連帯意識である。

次いで軍隊での経験を通して規律の重要さを学び、そして平和時には仏教への信仰によって自制心を身につけた。

こうして人々は個人間の連帯を基盤とする社会秩序を保持することの重要性について、誰もがこれを強く意識するようになったのである。

パガン王国では種々の器具を作るのに桑の木材を用いていたが、人々はピュー王国の人たちと同じく、殺生を禁じる仏教の教えを守って、蚕から絹糸をとる養蚕業には一切興味を示さなかった。

人々は殺生を嫌ったとはいえ、王国の安全と発展のために戦争をすることは躊躇しなかったし、また肉類を食することもある程度は行われ、猟師もいれば肉屋もあった。牛乳は大いに飲まれ、バターなどの乳製品も好んで消費された。

もっとも人々は肉食よりも魚を好み、小川や池が枯れる夏の時期に備えての保存食としては、魚のペーストが用意された。

あまり肥沃でない土地には、棕櫚、マンゴー、タマリンドなどの果樹が植えられた。中でも椰子の一種である棕櫚は珍重され、実からとれるジュースはそのまま飲むばかりでなく、砂糖をとることもでき、酒もこれから醸造した。さらにその葉は多くの用途に活用され、屋根を葺く材料に用いられたほか、これを編んで籠やバスケット、農作業用の幅広い縁の帽子から僧侶の団扇まで作られた。

お茶が広く飲まれ、茶の葉は漬物にして、油で揚げたにんにくと煎り胡麻と一緒に食された。言い伝えによると最初に茶の木を発見したのはアラウンシトゥー王であり、茶の葉の漬物は人々に好まれたばかりでなく、神仏もお供えとして喜ばれたとされている。

このように農業は盛んであったが、王国の経済に活況をもたらし、あのような数多の寺院を建立する財力をもたらしたのは、国内ばかりでなく、国外との商業活動であった。残されている年代記には「パガンの人たちは、説得力のある丁重な話しぶりで、言葉巧みに相手を言いくるめて商品を売りさばき、裕福になった」と記されている。寺院建立に要する膨大な経費をまかなうには、当時の農産物の価格を考えると、農業から得られる資金だけでは到底不十分で、商取引がもたらす富がふんだんに当てられたものと考えられる。

このように活発な商取引を円滑に行うために、当時既に銀行が存在していた。ただ不思議なことに、ピュー王国で盛んだった金貨や銀貨の鋳造は、パガン王国では行われていなかった。

王国における商取引の媒介役には、金、銀、銅及び宝石が用いられ、金一チャット＝銀一〇チャット、銀一チャット＝銅〇・五チャット、銀一・五チャット＝水銀一チャットと定められていた。普通に一番よく用いられたのは銀であった。ここで言う「チャット（kyat）」とは貨幣価値の単位ではなく、重量の単位であり、一チャットは百分の一ヴィス（viss：一ヴィスは約一・六三キログラム）である。このように、硬貨を用いず、金、銀、銅などの媒介物の重量によって取引が行われていたのであり、これは一種のバーター取引、つまり物々交換であったと考えられる。現に商品の代金を米や家畜で支払うといった具合に、物と物とを交換する取引も行われていた。労働者や職人の給料も現物支給のことが多かった。

生活に溶けこんだ仏教

パガンと言えばなんと言っても無数の寺院（パゴダ）が有名であり、壮麗な仏塔が林立するその景観は訪ねる人の心を打ち、ミャンマー随一の観光名所となっている。

当時パガンには現存する二千三百基よりも遥かに数多くの寺院が建立されたが、その多くは一二二五年の大火災による消失、一二八七年のフビライハンによる蒙古軍占領時の破壊、一二九九年のシャン族襲撃時の損傷などで失われてしまった。

寺院と並んで僧院も数多く存在していたが、これらの多くは木造であったために現存していない。僧院は僧侶たちの宿坊兼集会所である母屋のほかに、僧院長邸宅、読経・説法所、僧職授任式ホールといったさまざまな建物が立ち並ぶほか、在家信者が休日を過ごしたり、旅行者が泊ったりするために用意された休息所まで設けられていたところが多かった。こうして僧院は通りがかりの旅人に宿を提供すると同時に、そこの僧侶たちも自分が旅に出る際には、他所(よそ)の僧院の厄介になることができたわけであり、古来ミャンマーが如何に相互扶助を尊ぶ社会であったかを物語っている。

パガンの寺院や僧院の建立は、決して強制労働によってなされたものではない。建立の作業に携わること自体が功徳を積む行為と考えられ、人々は嬉々として労働に携わったのである。彼らが心をこめて仕事に当たるか否かが、建立の成否を左右したことは言うまでもなく、建立者は建築家や工芸職人から一般の労働者に至るすべての作業従事者に対して、応分の対価の支払いは勿論のこと、彼らの面倒を十分に見るよう努めた。そしてひとたび寺院が落成すると、建立者が一私人であっても、寺院は公共のものになったと見なされた。

これほど数多くの壮麗な寺院が建立されたことは、パガン王国が個人の自由と平等に徹した社会であったからこそ初めて可能となったのである。強制労働の産物でこれ程の文化遺産を残すことなど、できる道理がない。

寺院や僧院は社会生活の中心として機能し、農民、労働者、商人、職人などが群れをなしていたばかりでなく、紳士淑女の貴顕から外国人までが集まった。画家は楽しげに集まった人々の様子を壁に描き、これがフレスコ画として残されている。それによると当時の人たちの多くは、簡素な装いをしていた。男女ともに裾の長いスカート状の衣服が一般的であった。男性の多くは上着を着ずに、肩にスカーフのような布地を羽織っていた。女性は肌にぴったりとした胴衣をつけ、やはり男性と同じようにスカーフを纏（まと）っていた。紳士淑女の貴顕となると派手な色柄の胴衣を身につけ、淑女は金のブレスレットやペンダント、イヤリングなどで着飾っていた。

休日は宗教上の催事ばかりでなく、人々が楽しく過ごす団欒の日でもあり、寺院や僧院はその場としても繰り出す人々で賑わった。古くから伝わる諺に「お参りついでに亀の卵掘り」（Paya le hpu lei u le tu）というのがあるが、この諺は寺院が民衆の集う場所として、いかに重きをなしていたかをよく表している。今でこそ寺院の境内は石畳で固められ、周辺の土地もきちんと整備された所が多いが、昔は境内の地面は草木が生い茂った自然の土地であった。従ってこうした境内のそこかしこには亀が穴を掘って卵を産みつけていた。そこで寺院にお参りに行く時には、ついでに亀の卵も見つけて取ってくるということが盛んに行われた。殺生を禁ずる仏陀にお参りする折に、卵を掘り出して殺生するのだから、怪しからん行為を犯すことになるのだが、卵食いたさの誘惑には勝てなかったのである。信心深いミャンマー人にもこの諺のような側面があるのは微笑ましく、仏教が日常生活の中に溶けこんでいることをよく窺わせている。

王国の版図が広がり、国務が複雑化する前の王朝初期においては、王自らが人の集まるこのような場所にお出ましになり、人々に親しく接するばかりでなく税金集めも行った。

そこでは歌舞音曲もさかんに演じられた。男女の演奏家、歌手、踊り手が数多く繰り出したが、その内何人かは寺院付きの専属芸人であった。パガンの人たちが音楽を好んだことは、ある大臣が残した次のような祈願文にも窺える。いわく、「われは仏陀の涅槃の境地に至らんことを願っているが、そこに至る前には、毎朝太鼓と笛が奏でる音楽で目覚める喜びを味わい続けられんことを……」。人々の日常生活が喜びに満ちた平穏で安楽なものであった様子が想像される。

仏教は悲観的な宗教ではなく、偉大なパガン王国の時代、人々は輝かしい戦勝続きの現世にあっても決して奢ることなく仏教の教えを守り、未来について心安らかな展望を抱いていた。つまり現世で功徳を積み、輪廻転生のサイクルでよりよい来世を得て、行く行くは涅槃に至るとの確信が人々の心の支えになっていたのである。パガンのアーナンダ寺院にはチャンシッタ王とシン・アラハン大僧正を刻した作者不明の彫像が残されている。パガン王国を築き上げたこの二人は、仏陀の巨大な立像を仰ぎ見、仏陀への帰依を表して手を上へ差し向けた姿で、九百年以上もの間、心安らかにひざまずいているのである。

第三章

パガン王国の衰退と蒙古襲来

パガン王国は一二三四年に没したナドウンミャー王の後を受けて、息子のチャスワール（Kyaswar）が王位を継承した頃から衰退に向かい始めた。この衰退は別段外敵の攻撃を受けたり、内乱の勃発によるものではなく、巨大な王国がその活力を失い、衰微して行く自然の流れであった。王朝自体がもはや強力な指導者を生まなくなり、自分の指導力不足を高慢な振る舞いで覆い隠そうとする非力な王しか輩出しなくなってしまった。

1 チャスワール王（在位一二三四〜一二五〇年）

チャスワール王は決して悪くない王であり、仏教の経典に深い造詣をもっていた。しかしその治世は最初の頃こそ無難に過ぎたものの、それ以降は失策の連続となった。

彼は歴代の王たちが特定の寺院や僧院に下賜した土地を、再度召し上げるという措置を講じた。なぜそのようなことをしたか、その理由は記録に残されておらず、明らかでない。

それまでに豊穣な農地を寺院や僧院の維持のために惜しみなく与えてきた結果、王室の財政が窮屈になってきたためであろうと推測する学者もいる。確かに王室の金蔵（かねぐら）は、ナドウンミャー王の時代から空っぽになっていたのは事実である。しかし当時の土地の価格や農産物の値段は知れたものであり、財政窮乏をもたらした最大の原因は国内外の商取引が低調になってきたためだったのである。こう考えるとチャスワール王が土地を取り戻したところで、さほどの財政救済策になったとは思われない。

　この措置の真の狙いは、森に住んで呪(まじな)いもどきの術を身につける行者たち一派に打撃を与えることであったと考えられる。この一派は「森の住人」(forest-dwellers)と呼ばれ、本来森にこもって修行を重ねる隠遁僧だったが、民衆の間で評判が高まるにつれて、この時期になると町に出てきて大きな僧院に住むようになり、土地を買いあさって経済的に力をつけてきていた。当初この一派は清貧を旨としていたが、それも今やどこ吹く風、椰子酒を飲んで美食をするまでになっていた。王はこのような堕落した連中に活を入れようと、この措置を講じたのである。

　このような風潮を反映して、この時代には犯罪が増えてきていた。王はこれに対処するために窃盗や強盗の取り締まり強化を狙った布告も出した。

　こうして王は世の中のだらけきった風潮を引き締めようとしたのであったが、一部の僧侶たちを狙った綱紀粛正と犯罪防止のための政策はうまく行かなかった。「森の住人」たちの土地を取り上げた措置は民衆の間では至って不人気で、王は世論の圧力に押されて、一旦召し上げた土地をまた僧侶たちに返さざるを得なくなるという失態を演じた。

　王は新たな寺院の建立を思い立ち、工事を始めてはみたものの、工事の全体を取り仕切る有能な寺院建築の専門家が得られなかったことと、必要とされる各職種の労働者に相応の報酬を払えなかったため、工事はいつまでたっても完成しなかった。さりとて王は「我は生涯、功徳を積むことに専心する」と胸を張って公言してきた手前、人々に強制労働を強いるわけにもいかず、実行力の欠如をさらけ出すばかりであった。

失敗続きの国政に嫌気がさした王はついに仕事を放り出し、国務は補佐官や大臣たちに任せっぱなしで、自分は仏教関係の執筆と正統派の仏教会に限っての支援にのみ精を出すようになった。

こうなると「森の住人」たちはますます増長して、やりたい放題の行状となり、チャスワール王治世の末期には、信徒たちが「森の住人」たちに、酒も肉も大っぴらに提供するようになってしまった。これら常軌を逸した僧侶とその信徒たちは「大勝利の饗宴」と称する祝賀会を繰り返して催し、「勝利の酒」、「勝利の肉」と呼んで、大いに飲みかつ食らった。こうした大宴会は、特定の功徳が積まれたのを寿いで催すとの言いわけが一応なされていたが、名目などどうでもよく、ともかく飲めや歌えの宴会で羽目を外していたのである。

民衆はこのような風潮に不安をつのらせ、勢い「森の住人」たちの呪いに頼ったり、迷信に惑わされたりするようになった。

時あたかもアジア全域に目を転じると、中国の宋王朝は対外的には蒙古族の脅威に晒され、国内では経済の破綻に瀕しており、インドはイスラム教徒の侵略に喘ぎ、東南アジアではクメール帝国やジャワのケディリ王朝も終焉を迎えつつあるという状況で、アジアの国際貿易はすっかり停滞し、これがパガン王国にとっても大きな痛手となっていた。

2　短命のウザナ王（在位一二五〇〜一二五四年）と蒙古襲来に直面したナラティハパティ王（在位一二五四〜一二八七年）

チャスワール王の長子であるウザナ（Uzana）は一二五〇年に王位についた。ところが、ウザナ王は象狩に明け暮れ、酒を飲んで酔いつぶれることにしか関心をもたず、国務は主席大臣のヤザティンジャン（Yazathingyan）に任せきりという始末だった。そして、四年後の一二五四年に象狩に出掛けた先で、不慮の事故死を遂げてあっけなく他界した。

ウザナ王死亡の知らせがもたらされた時、その長男である王子は、万一の場合には自分が王位を継承するという心の準備はできていた。ところがこの王子は主席大臣ヤザティンジャンとの折り合いが悪く、両者の間柄は不和の関係にあった。

そこでヤザティンジャンは他の大臣たちを味方につけ、長男の王子ではなく、弟のナラティハパティ（Narathihapati）を王位継承者に選んでしまった。ナラティハパティは父のウザナ王がとある村の工芸職人の娘を側室として抱え、これに生ませた子であり、本来王位に就くべき人物ではなかった。それまで国務を任されて策謀に長けたヤザティンジャンは、ナラティハパティを王位に就ければ、背後で自分が言いなりに国務を動かせると踏んでこの策謀に出たのである。

しかし彼のこの思惑は外れてしまった。やがてこのナラティハパティ王は気が短く、尊大で、情け容赦のない若者であることが明らかになった。王は国務を王自身の手に取り戻し、老獪な主席大臣のヤザティンジャンを追放してしまった。

中央におけるこのような混乱の機に乗じて、タニンダーリとラカインで反乱が勃発した。ヤザティンジャンは呼び戻され、モン族とラカイン族による反乱の鎮圧に派遣される部隊の司令官に任命された。反乱はほどなく鎮圧されたが、ヤザティンジャンはパガンへの帰還途次に命を落としてしまった。ヤザティンジャンの働きぶりはすこぶる満足のいくものであり、そのお蔭でもはや反乱が起きる心配は遠のいたが、彼が不慮の死を遂げた結果、王の奔放な振る舞いに歯止めをかける人物がいなくなってしまった。

ナラティハパティ王は父親のウザナ王と異なり、仏教の振興には意を用い、その治世を通じてスリランカとの間で仏教使節や僧侶や巡礼者の交流を盛んに行った。しかし王が仏教に傾けた情熱は「偉大なる仏教王」という名声を得たいがためであり、決して彼自身が仏典に精通し、仏教への造詣が深かったわけではなく、王は王妃や側室たちと遊んで過ごすのに多くの時間を割いた。

王は巨大な寺院の建立に手をつけたが、王室財政が窮乏していたので、人々に強制労働を課した。王から過酷な労働を強いられた民衆は「寺院が竣工した暁に、王は死ぬ」と噂しあった。王は正統派仏教徒の道を踏み外した「森の住人」たちの取り締まりにも成功しなかった。

王宮内の様子はというと、王の取り巻きたちは内心ではこの王を尊敬するどころか、むしろ軽蔑の眼差しを向け、その統治には心もとなさを覚えていた。そして彼が村の工芸職人の孫という卑しい出自であり、本来王位に就くべき人物でないことを誰しも思い起こすのであった。

このような雰囲気の中で、側室の一人が彼に毒を盛って殺害しようとした陰謀が露見した。王は直ちにこの側室をあたかも野獣を懲らしめるように鉄の檻に入れて、そのまま火あぶりにしてしまった。殺生を一番嫌う仏教王国において、このような仕打ちは考えも及ばないことであり、人々に強い嫌悪感を与えた。

こうなると、このような王を戴くパガン王国には、ほころびが出てくる。徐々に現れつつあった凋落の兆しが一気に顕在化してきたのである。

ミャンマーとカンボジアが落ち目になってきたのと、宋王朝の中国が蒙古族の襲来に敗退を重ねている機に乗じて動き出したのはタイ族であった。パガン王国とクメール王国の傭兵になっていたタイ族が、自立の動きをし始めたのである。一二一五年にはミャンマー北部に侵入してきたタイ族が、そこに居座ってモガウン（Mogaung）王国という小さな国を建国していた。しかし彼らはまだ南方の王都パガンに向かう力はなく、西方に進撃し、一二二九年、インドのアッサム地方にアホム（Ahom）王国を築いた。

タイ族の他の一派はパガン王国の東部国境に沿ってタンルイン河を下り、一二二三年にムオン・ナイ（Muong Nai）王国を建国、その後メコン河中部平野を下って、さらに南下した。タイ族の傭兵たちは、このように他民族の支配を脱して、自分たちの王国を築く行動を起こしたが、パガン王国の軍事力は依然としてまだ容易には太刀打ちできそうもなかったので、まずは東に転じてクメール王国に矛先を向けた。一二五三年、クメールの王に仕え、王女と結婚していたシャン族の傭兵隊長が反乱を起こし、クメールの軍司令官を追い払って、スコータイ（Sukhotai）にタイの王朝を興した。ユネスコの世界遺産に指定されている文化を残したスコータイ王朝（一二五三～一三七八年）の始まりである。

この時期、アジア一帯に猛然と勢力を伸ばしてきたのは蒙古軍であった。フビライ・ハンに率いられた蒙古の軍勢は中国北部一帯を手中に収めた後、さらに勢いづいて雲南やハノイを占領し、南部に逃れた宋王朝の勢力を包囲して、圧迫する作戦に出ていた。

このような状況下、タイ族も北方から蒙古軍の圧力を受けた結果、新天地を求めてインドシナ半島全体に目を向けたのである。ただこの動きに唯一立ちはだかったのは、衰えを見せ始めたとはいえ、まだ健在のパガン王国であった。

タイ族の多くの者は自発的にせよ、強制されたにせよ、蒙古軍に加わっていた。彼らはこの経験を通じて、蒙古流の新たな戦術や戦法を習得した。こうして蒙古軍はタイ族も加えて再編成され、一二六〇年には南宋に対して、その息の根を止める最後の総攻撃を行ってこれを滅亡させ、首都上都（現在の開平）においてフビライが世祖として皇帝の座に就いた。蒙古の軍勢は、その後さらに南宋の残存勢力を一掃し、一二七一年には首都を大都（現在の北京）に移して、中国全土を支配下に治める元帝国（一二七一～一三六八年）を興した。

こうして元帝国の初代皇帝世祖となったフビライは、それまでの宋朝中国と同様に東南アジアの全ての国々が元を宗主国と認め、これに朝貢して付き従うことを望んだ。そこでフビライはアジアの国々がこの関係を実際の行動によって明確にするよう、力ずくで強制しようとした。フビライは宋の抵抗勢力をほぼ制圧した一二五七年から東南アジア各国の王に、王自らフビライのもとに出向いて恭順を誓うよう求める指令を次々に出した。

フビライから雲南の副王（viceroy：地方長官、現在の知事にあたる）のもとに、パガン王国にもこれを求めよとの指令が届いたのは一二七一年であった。

パガン王国は初代のアノーラタ王以来、未だかつて中国に朝貢したことはなかった。王国がそれまでに何回か中国の都に出した使節は、独立主権国家からの賓客としてもてなされ、丁重に受け入れられてきた。こうした経緯（いきさつ）を熟知している雲南の副王はフビライからの指令に困惑し、どう処理したらよいか熟慮に時間をかけて大いに迷った。しかし迷っていた副王は、パガン王国の北辺に跋扈するタイ族の首魁たちに「今こそビルマ族の王に屈辱を嘗めさせるべきだ」とけしかけられ、遂に意を決した。

こうして雲南の副王は、フビライの中国への朝貢を要求する使節をパガン王国に派遣した。ナラティハパティ王は、そのような途方もない要求を携えて来訪した使節とは謁見すら拒否して、これを追い返してしまった。王国内の人々は王のこの態度を賞賛し、その対処ぶりに賛同した。

二年後にフビライ本人からの親書を携えた使節が再来した。この使節はフビライの名代であるということで、あたかもフビライ本人であるかの如く尊大に振る舞い、王の謁見の際、自分の履物を脱ぐことを拒否した。王は即座にこの使節を逮捕し、数日後に使節とその随員を処刑してしまった。大臣たちは使節の身の安全は冒さないという国際慣例を説いて、処刑すべきでないと王に進言したが、王は「使節が目に余る不埒な行動をした場合には、この不可侵の原則は適用されない」として処刑を断行した。

この当時のフビライの使節は、確かに各地で尊大な振る舞いをして相手国の怒りを買っていた。カンボジアでも朝貢を求めてやってきた使節と随員全員が処刑され、ジャワでもフビライの使節は手荒な扱いを受けた。日本でも文永の役（一二七四年）の後、訪日した使節を北条時宗が処刑し、やがて弘安の役（一二八一年）になったことはよく知られている。

後世の歴史家の中には、ナラティハパティ王のこの断固たる措置が、結局パガン王国の滅亡につながったのだから、この際王はフビライの要求に屈した方が賢明だったのではないかと批判する者もいる。しかし王のこの行動を理解するには、ナラティハパティ王が困難な立場に立たされていた、当時の国内情勢を考慮に入れる必要がある。

この時代、パガン王朝の威光は既に失墜しつつあり、このような状況のもとでフビライの要求を受け入れるならば、それはあたかもパガン王国がフビライに屈して独立を失うのと同然と見なされ、王国内各所で間違いなく反乱が起きると思われるほど切迫した雰囲気にあった。それにもし状況がこれほど切迫していなかったとしても、そもそもナラティハパティ王は、東南アジアの冠たる仏教王国と自認するパガン王国を蒙古族とタイ族による蹂躙から守るのは自分の使命と感じていたのである。

フビライは新たな征服地を自国の領土として安定させるのに忙しく、その後しばらくはパガン王国にさらなる働きかけをしてくることはなかった。

しかしこの間にパガン王国を悩ませたのは、タイ族の動きであった。雲南に隣接したタイ族の小国カウンガイ（Kaungai）は、早々とフビライにべったりと臣従する政策をとった。これを知ったパガン王国は、このような行動をとった国を放置するわけには行かず、懲らしめねばならないと感じた。パガン王国としては、国境周辺の小国が次々にフビライに屈することとなれば、パガン王国は中国との間の緩衝国を失い、蒙古軍と直接対峙することになる。王はそのような事態は好ましくないと考えて、自国の意向を行動で示そうとしたのである。カウンガイはまさにこのような緩衝国として、パガン王国が重視していたのである。

そこでパガン軍は一二七七年、現在は中国領の一部となっているカウンガイに侵攻した。当然のこととして、フビライは侵攻してきたパガン軍を早急に撃退するよう命令を下し、これを受けて雲南の副王は一万二千騎の蒙古騎馬軍を派遣した。対するパガン軍は、少数の騎兵と二千頭の象を伴った歩兵六万人の軍勢で対峙した。ビルマ族はパガン王朝の盛んな時代を通じて常にそうであったように象部隊に望みを託し、その絶大な破壊力を頼みとして敵を粉砕しようとしたのである。

古来、洋の東西を問わず、戦闘で驚異的な威力を発揮したのは象部隊であった。アレクサンダー大王の東征に際してのペルシャでも、古代ローマとの三次にわたるポエニ戦役を戦ったカルタゴでも、象は今日の戦車のように使われて絶大な威力を発揮した。ミャンマーでもパガン王朝以来、秘密戦法としての象部隊は鍛錬を重ね、戦に勝つための最も有力な手立てとして育成されてきたのである。

パガン軍は優れた弓兵を擁しており、彼らは弓術にかけては自信をもっていた。しかし、遊牧騎馬民族である蒙古族の弓術が、東南アジアの水準をさらに一段と上回るものであることは知られていなかった。緒戦においてはパガン軍の期待通り、蒙古軍は象部隊の猛攻の前にたじろいだ。しかしその後蒙古軍の司令官は熟慮して策を練り、慎重に会戦の場所を選ぶことにした。突進してくるミャンマー側の象部隊に対して、蒙古側の騎兵たちは退却すると見せかけて巧みに近くの森の中に逃げこみ、そこに象部隊を誘導した。騎兵たちは馬から降り、森の茂みに身を隠して待機し、象部隊が近づいたところで一斉に矢を放った。しかも矢を向けたのは歩兵や象に乗った兵士ではなく、象そのものに狙いを定めたのである。雨あられと飛来する矢の攻撃を受けた象は痛みに耐え切れず、反転して、後に続く自軍の歩兵を薙ぎ倒す勢いで逆戻りし始めた。そこで蒙古側はうっそうと生い茂る竹やぶに一斉に火を放った。象は猛火を恐れ、さらに燃える竹がはぜる音に驚かされて、手馴れた象使いも全く制御できなくなる程、狂乱してパニック状態に陥った。この頃合を見計らって蒙古軍の騎兵は素早く馬に乗り、混乱に陥ったパガン軍の兵士たちが体勢を立て直す前に追撃を開始し、片っ端からこれをなぎ倒した。パガン軍は壊走した。

雲南の副王自らが指揮するフビライ側の本隊は敗走するパガン軍を追撃し、パガン王国の領内に攻め入って国境周辺の数箇所の城砦を壊滅させた。しかし蒙古軍はエヤワディ河北辺の気候が耐え難いほどの猛暑であったため、それ以上深入りすることなく、雲南へと引き揚げた。

この敗北にも拘らず、パガン王国ではナラティハパティ王自身も国民も、フビライの元（中国）に降伏することなど夢にも考えなかった。翌年の一二七八年には新たな司令官のもとに軍を再編成して、国境近くに設けたガザウンジャン（Ngazaunggyan）とカウンジン（Kaungzin）の二つの城砦にこれを送りこみ、防衛体制を固めた。

しかし元の中国軍は次なる攻撃の準備に時間を要し、本格的な攻撃に出ることなく五年が経過した。

この間ナラティハパティ王は三人の王子を王国南部に派遣し、モン族が反乱を起こさないように工作すると共に、万一王都パガンが蹂躙されるような事態になっても王国の南部は安泰で、ここを反撃の足場とすることができるように必要な手を打った。

フビライの軍勢が動かなかったこの五年間にも、元に臣従していたタイ族はせわしなく活動し、パガン領に攻め入ろうとするタイ族とパガン軍との間で小競り合いが頻発した。自衛のためにタイ族を追撃するパガン軍が中国領内まで攻め入ることもあった。

一二八三年、満を持していたフビライの元はタイ族の傭兵で膨れ上がった大軍をパガン王国に侵攻させ、圧倒的な強さを見せた。一万名の兵士で守備を固めていたガザウンジャンとカウンジンの城砦は落とされ、守備兵たちは情け容赦なく侵略軍の刃にかかった。二つの城砦の司令官は連携をとりながら、壊滅状態に陥った残存兵士を撤収させ、苦労の末パガンに撤退して反攻を期そうとした。しかしこの撤収作戦の過程で、二人のうち上位の総司令官は戦死した。

ところが肝心のパガンでは、事もあろうにナラティハパティ王が臆病風を吹かせ、パガンを後にしてあたふたとエヤワディ河を下り、長男の王子がいるパテイン（Pathein）に逃走してしまった。以来、年代記にはナラティハパティ王は「支那人から逃げた王」と記されることになるのである。

王が逃亡したという知らせと総司令官の戦死は撤収中のパガン軍に衝撃を与え、今や撤収部隊は恐怖にかられた烏合の衆と化し、パガンへの道は広く開かれることになってしまった。

しかし元の軍勢は敗走するパガン軍を追撃して、南に深入りすることはしなかった。エヤワディ河一帯の気候が余りにも高温で多湿だったことと、元側の損耗もパガン側より軽微だったとは言え、かなりの死傷者を出していたからである。そもそも彼らは自分たちの本拠である雲南の基地からは遠くに来ており、さらに南に向けての進撃を強行すれば、側面からのミャンマー人ゲリラの攻撃に晒されることになる危険も気遣ったのである。

そこで元の中国はナラティハパティ王に降服を促そうと、再度パガンに使節を派遣したが、もはや王はパガンには居らず、使節はその目的を果たせなかった。

この間パガン軍の司令官たちは、王都パガンが王からも見捨てられたとはいえ、国境守備に残る唯一の城塞であるタガウン（Tagaung）に残存する兵士を集めて防備を固めた。タガウンは今日ではマンダレー州の最北端に位置しており、そのさらに北にカチン州があって、やっと中国との国境となるのであるから、国境守備の城塞とは言え、かなり国境からは王国内部に入ったところに位置している。つまりパガンからエヤワディ河を北へ遡った河岸に位置するタガウンは、パガンからの直線距離で二九〇キロに過ぎない。従ってタガウンで防備を固めたということは、国境近くの領土のかなりの部分は切り捨て、敵軍に蹂躙されても仕方がないと諦めたことを意味していた。

こうしてパガン王国側は防備体勢の立て直しに可能な限りの努力をしたものの、タガウンの守備隊には武器や装備が不足しており、兵士の士気も意気軒昂というわけにはいかなかった。

一二八四年、元の中国軍は中央からの指令は受けなかったものの、もはや情勢は有利に傾いたと見て猛攻を仕掛け、タガウンはあっという間に落とされた。しかし中国軍はこの時もモンスーンの到来による悪天候に阻まれて、パガンまでの進軍は見合わせた。こうして北部一帯を手中に収めた中国は、ここを自国領に編入して緬州（Chiang-Mien）と名づけ、タガウンを州都とした。

ナティハパティ王はフビライの使節が折角パガンに来訪したにも拘らず、自分がパガンに不在であったために目的を果たせずに終わったことを知り、大僧正シン・ディタルパルモウッカ（Shin Ditharparmoukka）を使節としてフビライのもとに派遣した。王が使節にいかなる訓令を託したのかは記録が残されておらず、不明であるが、多分ナラティハパティ王は「王国が元朝中国への臣従国になる」との意向を表明しつつ、「自分がパガンに戻り、そのために所用の体制を整えるので、しばし猶予を願いたい」との要請をしたのではないかと考えられる。しかし使節の大僧正は自分の判断で、「フビライの広大な元帝国に比べればパガンは矮小な王国に過ぎないので、どうかフビライの占領軍は撤収してほしい」と願い出たと伝えられている。何はともあれ使節は丁重な接遇を受け、無事に王国南部まで戻ってきた。

いずれにせよフビライの軍勢はタガウンにとどまり、さらに南方に進撃することなく三年が経過した。

一二八七年、ナラティハパティ王は長男の王子のいるパテイン（Pathein）を後にし、エヤワディ河を遡って、次男の王子ティハトゥ（Thihathu）の駐在地であるピエ（Pyay）に向かった。王の船がピエに近づくや、この地方の総督の任にあった次男ティハトゥ王子の命を受けて武装兵士の一隊が王の船を取り囲み、王に毒薬を呑むよう強要し、さもなければ刀で命を頂戴すると告げた。王は「来世で生まれ変わってきた時には、もう子供を持ちませんように」との祈りを呟きつつ毒をあおったと伝えられる。王を殺した次男のティハトゥ王子は、急遽エヤワディ河を下ってパテインに赴き、病床にあった長兄に刀で切りつけ、彼を殺害した。

こうした殺害を繰り返した後、ティハトゥはヤンゴン近郊のダラ（Dalla）に向かった。そこには三男のチョスワール（Kyawswar）王子が総督として駐在していたのである。しかし彼がやってきた時、ダラにはそれまでにティハトゥが犯してきた殺害の知らせが既に届いていた。彼を乗せた船がいよいよダラに近づくと、三男を警護するモン族の守備兵が、次男に向かって大声を発し、彼を侮辱する言葉を投げかけて挑発した。これを耳にして激怒したティハトゥは、その守備兵めがけて矢を放ち、これを射殺そうと石弓を引いた。石弓とは中国の戦で古くからよく用いられた大きな弓で、弩（英語ではcrossbow）とも言われ、ばね仕掛けで射る強力な弓である。しかし怒り狂っていたティハトゥは石弓を操作する手元が狂い、自分自身を射抜いて命を落としてしまった。まさに天罰が下ったとしか言いようがない。

　こうして三人いた王子の中で、ダラの総督だった三男のチョスワールのみが生き残り、新たな王として王国の南部を治める意志を明らかにした。（ただし正式に王位継承者と認められるのは、後述の通り二年後の一二八九年となる。）モン族は王となる意向を示したチョスワールへの忠誠を誓い、彼に従う態度をとった。

3 チョスワール王（在位一二八九〜一二九八年）

　ナラティハパティ王の死後、間もない頃から元朝中国軍はエヤワディ河平野を南下して、徐々に占領地域を広げる動きを見せ始めた。その際中国軍はパガン王国の正規軍からはさしたる抵抗を受けることもなかったが、ミャンマー人の愛国者たちが展開するゲリラ攻撃にはしばしば悩まされ、これによって手痛い打撃を蒙った。フビライは元朝中国の外洋への出口を南方にも開きたいとの願望を募らせ、エヤワディ河を擁するパガン王国を是が非でも押さえたいとの思いに駆られていた。そこでフビライはタガウンに配備されている軍の指揮をとらせるために、自分の孫息子を司令官としてここに送りこんだ。

　こうしてフビライの孫息子である司令官が指揮する軍勢は南下の歩を速め、一二八七年、ついにパガンに到達した。パガンを制圧した元朝軍はそれまで蒙ってきたゲリラ攻撃による損耗の報復として、兵士たちにパガンでの略奪を許した。寺院や僧院に無数にあった金や銀の建具や装飾は無残に取り外され、持ち去られた。こうして略奪をほしいままにした後、侵略者たちは町を炎上させた。逃げ遅れたパガンの住民は、老若男女、僧侶、子どもの別なく命を落とした。

元朝中国はパガン王国の中央部を自国に編入して、新たな州とする方針であった。しかし侵略者たちは、厳しい気候条件とさらなるゲリラ攻撃の心配から、奪い取った財宝を馬に満載して、早々にパガンから引き揚げた。彼らは帰着したタガウンから「ミャンマー中部を中緬（Chung-Mien）と命名し、ミャンマーにおける中国の二番目の州とする」との声明を出したが、これは名目的なものにとどまり、パガンに守備隊を駐屯させることはせず、実際に中部を統治することもなかった。

以上の経過は中国に残されている資料に基づくものであり、パガン王国側にはパガン陥落の詳細についての記録は残されていない。シャンの三兄弟（後述）が一二九三年に記した銘文によると、自分たちは中国軍を打ち負かしたとなっている。これから推察すると、フビライの軍勢はパガン攻略は果たしたものの、その後はゲリラ攻撃に悩まされ続け、ミャンマー中部からは撤収せざるを得なくなったものと考えられる。

何はともあれ一二八七年のパガン陥落は、それがきっかけとなってラカインでも、バゴーでも、メナム河流域の様々なモン族の共同体でも、パガン王国に反旗を翻し、独立を宣言する事態を引き起こした。しかしモン族の叛徒たちはパガン王国を完全に敵視したわけではなく、ダラ総督から形の上でミャンマー南部全域の支配者となったチョスワールがパガンに帰還することは容認し、これを見過ごした。

このような状況のもとに、パガン陥落の痛手を受けた後の二年間は、パガン王朝は王位継承者を誰にするかを正式には決めかねて混沌とした状態に置かれていた。ようやく一二八九年になって、前王である故ナラティハパティのソー王妃とパガンでの殺戮を免れて生き残った何名か大臣たちは、チョスワールを新たな王に選んだ。しかし新王チョスワールの地位は極めて脆弱なものであった。

4 シャンの三兄弟とパガン王朝の終焉

ここで浮上してきたのがシャン族の三兄弟であった。彼らはチョスワールを自分たちの上に立つ君主とは見做さず、とるに足らない存在でしかないと見くびり、新王に反発する姿勢をとった。

彼らが力をつけてきたのはかなり古く、ナラティハパティ王の時代に遡る。ある時シャン高原に割拠するシャン族の土侯のうち、ある土侯の弟がなんらかの事情でパガンに亡命してきたことがあった。この者はパガンの王に忠誠を誓って亡命を受け入れてもらい、チャウセ（Kyaukse：マンダレーの南四八キロメートルにある地方都市）に居住する許しが与えられた。その後彼はビルマ人銀行家の娘と結婚し、チャウセ近郊にあるミンサイン（Myinsaing）という小さな町に居を定め、やがて二人の間には三人の息子と一人の娘が生まれた。さらに時が流れて子どもが成長すると、彼は三人の息子を連れて王のもとに足を運び、王への忠誠の証としてこの三人を王に仕えさせ、お役に立たせていただきたいと願い出た。三人はシャン族とビルマ族の混血だが、一般のシャン族同様、敬虔な仏教徒であったばかりでなく、優れた戦士であった。

王はこの申し出を喜んで受け入れ、三人を軍隊に取りたてた。そして数年後には彼らの軍人としての優れた資質が認められ、三人が一緒になってミンサイン駐屯部隊の共同司令官に任命された。さらに王は自分の次男であるティハトゥ王子の結婚相手として、三兄弟の妹を迎え入れた。後にピエの総督となるこのティハトゥこそ、やがて自分を殺害するめぐり合わせになるのは運命の皮肉と言うしかない。

その後フビライの中国軍の侵攻を受ける困難な時代になると、三兄弟は「自分たちはミャンマー人だ」という自覚をもって、フビライ軍に対しても、これに追従するシャン族に対しても、目覚しい活躍ぶりを見せて善戦した。

ナラティハパティ王がパガンから逃走した後、三兄弟はミンサインの城塞を強化し、徐々にチャウセ周辺一帯の地域に睨みをきかせるようになった。この地域一帯は地味が肥えており、パガン王国の穀倉地帯であったが、この時期には戦乱によって耕作されずに放置され、すっかり荒廃していた。三兄弟は兵員の数こそ多くないが、中国軍へのゲリラ攻撃で実戦経験を積んだ百戦錬磨の軍隊を擁していた。三兄弟が一二九三年に自分たちの碑文に記している通り、中国軍がパガンから撤収したのも、三兄弟の働きによるところが大であったのである。

他方チョスワール王には王に従う軍勢は皆無に近かった。このような状態に置かれている王としては、三兄弟に力になってもらい、事実上彼らがこの地域に君臨するのを認める以外に選択の余地はなかった。そこで王は三兄弟の長兄をミンサインの副王（viceroy：現在の知事にあたる）、次男をメッカラ（Mekkara）の副王、三男をピンレ（Pinle）の副王に任命した。この三箇所は狭小な地域であったが、この時期にはチョスワール王自身が限られた地域しか統治していなかったのであり、この任命はむしろ「副王」という称号を与えたことに意味があった。

こうなると今やチョスワール王は、実際上は名前だけの王でしかなく、実権は三兄弟に移っていった。王と三兄弟の間には種々確執が絶えなかったが、結局のところ王は三兄弟の言い分を呑まざるを得ない立場に置かれるようになり、言ってみれば傀儡王になり下がってしまったのである。

追い詰められた王は自分の王としての立場もおぼつかなくなる不安にかられ、一二九七年一月、息子の皇太子を元朝中国の拠点であるタガウンに派遣し、臣従する意向を伝えると共に、自分を王として認めてもらいたいと願い出た。王のこの行動にはシャンの三兄弟のみならず、ソー皇太后（Saw：故ナラティハパティ前王の王妃）も、これを売国行為として非難し、怒りをあらわにした。

三兄弟が怒った背景には、王が中国の後ろ盾を得れば自分たちの権力がそれだけ制約されるのではないかという懸念があったことは否定できない。しかしこうした個人的打算はさておき、彼等は心底からの愛国者だったのである。彼らはフビライの軍勢がそれまでに繰り返してきた略奪や残虐行為には我慢がならず、また彼らはパガンを占領したフビライの軍勢を自分たち三人が先頭に立って追い出すのに苦労した記憶も深く心にとどめていた。

二ヶ月後の三月に中国からの返事がきた。その内容は「フビライはチョスワールをミャンマーの王として認め、三兄弟には中国のかなり位の高い称号を与え、中緬州として形の上で中国領に編入した中部ミャンマーを廃止する」というものであった。このように中国の返事は極めて迅速になされ、しかもそれは妥協的な内容であった。特に中緬州を廃止するということは、形式上だけであったにせよ、それまで中国のものとしていた領土を返還するという非常に宥和的な措置であった。このことから三兄弟は、フビライの中国がミャンマー人相手のさらなる紛争を避けたいとの意向であるに違いないと確信した。こうして中国の態度を見極めた三兄弟と皇太后はチョスワール王の打倒を画策し、自分たちの足固めを一段と進める行動にとりかかった。

同じ年の一二月、三兄弟は自分たちがミンサインに建てた僧院の寄贈式典に王のお出ましを仰いだ。王は今や自分には中国の後ろ盾があるので、この誘いは三兄弟が自分に恭順の意を表し、和解を求める幕開けに違いないと勘違いした。皇太后も王にそう思わせるように仕向ける手を打った。こうして見当違いの思いこみに陥った王は、寄贈式典を自分が取り仕切ろうと、愚かにもミンサインに出掛けていった。

やがて式典が終わるや否や、王は身柄を拘束されて王位を奪われ、ただちに出家させられた。そしてたった今、自分が行ったばかりの僧院にとどまり、そこの僧侶となるよう強制されたのである。

他方これと並行してパガンにおいては、皇太后と大臣たちがチョスワールの息子であるソー・ニット(Saw Hnit)をチョスワールに替えて王位につけた。

チョスワール王廃位というこの知らせは、翌一二九八年の六月に中国側にもたらされた。この知らせを携えて中国側にご注進に及んだのは、中国の資料によれば、チョスワールのもう一人の息子だとされているが、ミャンマーの年代記には、ソー・ニット自身が中国側に事態を知らせに走り、チョスワールの復位を取り計らって欲しいと願い出たと記されている。そうだとすればソー・ニットが身の保全を図るために二股をかけたとも考えられるし、あるいは三兄弟が意図的にソー・ニットをこのような行動に走らせ、彼を不人気な王に貶(おとし)めようとしたのだとも考えられる。

何はともあれ、中国は再度ミャンマー中部に侵攻する準備にとりかかることになった。中国としては、自国が王として認めた人物が無理やり廃位させられたのであるから、体面上もなんらかの行動をとらざるを得なくなったのである。

三兄弟は予想される事態の進展に備えて、チョスワールを殺害すると共に、先手を打って中国領となっているミャンマー北部を攻撃し、北部の二都市を占領した。

チョスワール殺害の知らせを受けた中国は、一三〇〇年六月、ミャンマーの王族で彼らの手中にあったクマラ・カッサパ(Kumara Kassapa)を新たなミャンマーの王とした。

一三〇一年一月、フビライの元朝中国軍はミャンマー中部に侵攻した。しかし前回とは異なって今回の中国軍は士気が上がらず、ビルマ族及びシャン族が繰り広げるゲリラ攻撃によって多大の損失を蒙った。それでも元朝中国軍はなんとかミンサインに到達し、この城塞都市を包囲した。しかし三兄弟はミンサインの城塞の防備を十分に強化し、長期にわたる包囲にも備えていたので、包囲にはよく持ちこたえた。

こうして包囲は長期にわたり、元朝中国軍はゲリラによる損耗と厳しい気候条件の中で、苦難を強いられていたが、元朝中国の軍司令官はついに根負けして撤収したいと思うようになった。しかし撤収するには、なぜそうしたのか言い訳を探す必要があった。

まさにこの時、三兄弟から包囲軍側に対して、金品で司令官を篭絡して撤収させようとする働きかけがあった。軍司令官にとってこれは渡りに舟であった。彼は申し出のあった金を受け取り、「三兄弟から貢物（みつぎもの）を贈られた」との説明を大義名分として撤収することにした。「貢物を寄越したということは臣従の意思表示であり、これは降参してきたのと同然である」という理屈で乗り切ろうとしたのである。

中国軍はミンサインの包囲を解いてタガウンへの撤収を開始し、三兄弟は勝利の祝宴を張った。元朝中国軍はタガウンに撤収後、軍司令官とその副官はフビライの命により、直ちに処刑された。元朝中国軍がミンサインを包囲していた間、無防備だったパガンにおいては、クマラ・カッサパが自作自演でパガン王国の王に即位する式典を行っていたが、彼も撤収する元朝中国軍と一緒にタガウンに逃げ帰ってしまった。

元朝中国はこの失態を糊塗して面目を保とうと、ソー・ニットをミャンマーの正統な王として認めた。しかし民衆の間では、もはやソー・ニットの動向に関心を寄せる者は誰一人いなかった。統治の実権が三兄弟の手中にあることは、誰の目にも明らかだったのである。三兄弟はソー・ニットを拘束して王位を剥奪する必要すら感じず、特になにもしなかった。

一三〇三年、元朝中国はタガウンを州都とする緬州を廃止し、ミャンマー北部からも全面的に撤退した。

三兄弟の中では末弟のティハトゥ（Thihathu）が一番有能で行動的であり、野心家でもあった。当初三兄弟は共に力を合わせて奮闘していたが、徐々にティハトゥが頭角を現し、彼は一二九五年には二人の兄をさしおいて、「白象の卿」(Lord of the White Elephant) の称号を受け、翌年には「大卿」(Great Lord）の称号を手にしていた。

中国のミャンマーからの全面撤退後、ソー・ニット王の存在は全く有名無実で、無視されてきたが、一三〇九年、ティハトゥは自らの采配で自分自身が王位についた。こうしてティハトゥはミャンマーの王として君臨する野心をもっていたことを顕わにしたのである。その後兄の一人が病死すると、彼は残るもう一人の兄を毒殺してしまった。

ソー・ニットはミャンマー全土の支配者となるには、エヤワディ河沿岸、それもエヤワディ河とチンドウィン河の合流点付近に首都を置くのが好ましいと考えた。パガンはまさにこうした条件をほぼ満たした適地であったが、パガンにいるソー皇太后は自分の力で再びパガンに昔の栄華をとり戻したいとの夢を抱き続け、そのための工作にも思いを巡らしていた。そんな思いを胸に秘めた皇太后としては、ティハトゥが本拠としてパガンに落ち着くのを好まなかった。ティハトゥとしては、ソー・ニットを無視することはできても、ソー皇太后の存在は考慮せざるを得ず、結局パガンを諦めてピンヤ（Pinya）を本拠とすることにし、ここに黄金に輝く宮殿を造営した。

もともと自分の出自について負い目を感じていたティハトゥとしては、自分がパガンの偉大な王たちの後継者として受け入れられることをなによりも願っていた。かつて一二九七年に三兄弟がチョスワール王を廃位させ、その後殺害に及んだ時、未亡人となったチョスワール王の王妃は既に王の子を身ごもっていたが、ティハトゥは彼女を自分の配偶者として迎え入れ、これによって自分の威信を高めようとした。

やがてピンヤに造営した新宮殿が竣工する段になると、ティハトゥはパガンにいるソー皇太后に敬意を表す丁重な書状を送り「新宮殿竣工の儀式をとり行ってもらいたいので、ピンヤまでお出ましいただきたい」と願い出た。これに対し、当初ソー皇太后は、ティハトゥをやや見下したような、そっけない返事で、彼の申し出を断った。しかしこれに懲りず、ティハトゥはへりくだった姿勢で、お出ましを懇請する書状を繰り返して出し、ついにソー皇太后の承諾を得ることに成功した。いかに実権を手にした者であれ、やはり統治者としての自己の正統性を示すことには気を使い、これに一番こだわっていたのである。

こうしてソー皇太后はピンヤに足を運び、パガン王朝伝統の壮麗な様式に従って、新宮殿の竣工を祝い、ティハトゥをそこの主とする儀式を執り行った。そこでソー皇太后は、偉大なるパガン王朝はここに終息したと告げ、ティハトゥがパガン王朝を受け継ぐミャンマーの正統な王であると宣言した。こうして開祖アノーラタ王が一〇四四年に興したパガン王朝は、三世紀近く続いた歴史の幕を閉じ、一三一二年、名実共に終焉を迎えたのである。

フビライの元朝中国による蒙古襲来の脅威が去った後、インドシナ半島の大部分はタイ族系の王たちの支配下に置かれていた。ミャンマーへの愛国心に燃えたティハトゥとしては、ミャンマー南部をモン族やタイ族からとり戻したいという気持ちはもっていたが、もはや実力を伴わず、ミャンマーの南部、南西部のラカイン、そしてメナム河一帯の地域（現在のタイ）はもはや自分の力の及ばないところとして諦めざるを得なかった。

年老いたティハトゥ王には、もはや若い頃の野心も情熱も失せていた。彼は国力の伸張を図って、版図を回復し、いわんやさらに拡張するなどという野望は持たず、ミャンマーの中・北部に縮小した国土の現状を受け入れ、周辺各国の統治者と平和共存していく政策に転じざるを得なかった。彼がピンヤに建立した新たな寺院の開山式には、同盟国の君主として、チェンマイ、スコータイ、リンズィンといったメナム河流域一帯のタイ系諸王やラカインの王が招かれ、同盟の絆を強めた。

こうしてティハトゥ王はその出自にも拘らず、ようやくミャンマーの民衆からパガン王朝の正統な後継者として受け入れられるようになった。ティハトゥ王はチャンシッタ王の前例に倣い、自身の子に王位を継承させるのではなく、亡きチョスワール王の王妃を貰い受けて自分の王妃とした時点で、彼女が身ごもっていたチョスワールの子を皇太子にすると宣言した。

ティハトゥ王のこの意思表示は、シャン族の一部の反感を買う結果を招いた。一番反発したのは、当然のことながらティハトゥ王自身の息子たちであった。

こうして一三一五年、ティハトゥの長男ソーユン（Sawyun）がエヤワディ河の対岸(右岸)に位置するサガインに、ティハトゥ王の向こうを張って別個の王国を興した。

ソーユンがこのような分派行動に走った背景には、彼が「森の住人」を頼りにできたことも見逃せない。パガン王国が衰退に向かい始めたチョスワール王（在位一二三四～一二五〇年）の時代から徐々に力をつけてきた僧侶の一派「森の住人」は、パガン王国の最末期に混乱が続いた中で一段と勢力を増し、彼らが擁する武装した僧兵の数も増大してきた。この一派の僧侶たちはますます酒を好み、肉を食するようになっていたが、他方で彼らは民衆が戦乱によって窮状に陥るとその救済に乗り出し、僧侶たち自ら自分たちの所領を開墾して農作物を収穫し、人々を助けた。

サガインに集結したソーユンの勢力は、ティハトゥ王の側に攻撃を仕掛けて小競り合いになることが頻発し、サガイン側が優勢になる場面がしばしば見られた。このような折、勝利の祝宴で痛飲した僧侶の中には、酔いつぶれて自力での歩行がままならず、籠に乗せられて僧院に戻るという醜態を演じる者も少なくなかった。

もっともサガインに王国を興したソーユンは、一応のジェスチャーとして父親であるティハトゥ王に忠誠を誓い、形の上ではピンヤの王国を宗主国とする体裁を整えていた。ティハトゥ王は、自分の死後にはピンヤとサガインが厳しく対立することとなる心配を拭えなかったものの、一応この状態に満足して我慢するしかなく、軍を繰り出して息子に懲罰を与えることは差し控えた。

それと言うのも、ビルマ族がモー・シャンと呼んでいたシャン系部族の勢力が、北方より脅威を与えていたのである。モー・シャンは発展段階の遅れた部族で、文化面でも劣り、仏教徒ではなかった。彼らはミャンマーばかりでなく、元朝中国の雲南方面にすら、勢力拡大の可能性を虎視眈々と窺っていた。この勢力は、フビライの中国が東南アジアに猛威を振るうのを奇禍として北方よりミャンマーに侵入し、ティハトゥ王が少しでも付け入る弱みを見せるや、エヤワディ河一帯の平原に進出する構えを保ち続けていた。

やがてティハトゥ王が一三二四年に没すると、サガイン王国はピンヤ王国を宗主国とは見なさぬようになり、この両王国の間で散発的に軍事衝突が起きるようになった。

5　群雄割拠する不安定な過渡期

こうした不安定な情勢が暫く続いた後、ティハトゥの後を継いだピンヤの王は、一三六四年に素晴らしい方策を思いついた。モー・シャンの勢力と同盟して両者が手を携え、サガイン王国に攻撃を仕掛けるというアイデアである。やがて同盟が締結され、モー・シャン勢はサガインを攻撃し始めたが、ピンヤ軍は遠方からモー・シャン軍の様子を見守るばかりで一向に攻撃には加わらず、腰抜けぶりを露呈した。

ピンヤ軍のこの無様な体たらくに激怒したモー・シャン軍は、サガイン軍を破ってサガインでの略奪を存分に働くや、ピンヤに矛先を向け、ピンヤ軍を難なく叩いてピンヤも攻略した。

こうしてミャンマーの北・中部は全面的にモー・シャンの手に落ちた。今や彼らは、メナム河流域一帯の同胞と手を携えてここを制圧し、インドシナ半島のほぼ全領域はモー・シャン族とタイ族の勢力が支配することになった。

しかしモー・シャンは短期間ミャンマーを占領した後、ミャンマーの北域に位置する彼等の本拠に引き揚げて行った。本拠での足固めをより確固としたものにするために、去らざるを得なくなったのである。

このような状況の中にあって、ミャンマーでは突如としてタドミンビャー（Thadominbya）と名乗る新たなシャン族の指導者が頭角を現した。彼は三兄弟とも、パガン王国の王家とも血の繋がりがあったが、「我は古くタガウンを本拠とする太陽神の末裔なり」と主張した。そして彼はサガインもピンヤも捨てて新たな本拠地を設営し、これをアヴァ（Ava）と名付けた。ここはかつてティハトゥが本拠にしようと目をつけたが、パガン王朝のソー皇太后がそこに凶兆が現れるように仕組み、ティハトゥにここを諦めさせた経緯（いきさつ）があるいわくつきの場所であった。こうして一三六四年、タドミンビャーはアヴァを本拠とした強大な王国を興し、ミャンマーの北部全域を再び一つの王国に再統一した。しかしこの王国も、モン族の多い南部やラカイン族の南西部にまで支配を及ぼすことはできず、これらの地域はそれぞれ独自の動きをした。

タドミンビャー王の治世については次の第四章で述べるが、その前にミャンマーの南部や南西部の様子について見てみよう。

混迷が続いた南部に出現したビンニャ・ウー（在位一三五三〜一三八五年）

パガン王朝が終焉に近づいてきた頃から、ミャンマーの南部一帯ではモン族の動静に進展が見られた。

パガン王国のナラティハパティ王が即位（一二五四年）した際に勃発したタニンダーリ（南東部最先端）の反乱において、叛徒側で際立った活躍をしていたのはマガドゥ（Magadu）と称するシャン族の傭兵であった。マガドゥは、タトン（Thaton）でタイ人の父親とモン人の母親から生まれた青年であった。

反乱は鎮圧され、マガドゥはスコータイに逃れ、そこでこの王国の軍隊に入隊した。時のスコータイ王は王国を建国した開祖の息子で、武勇の誉れ高いラマ・カムヘン（Rama Khamheng）王だった。王国の軍隊に加わったマガドゥはそれまでの実績が認められ、象部隊の隊長に起用された。そしてやがて彼は王女の心を射止め、王女との結婚が許されることとなった。

一二八〇年、第一次の蒙古襲来でパガン王国が手痛い敗北を喫したとの知らせを受けるや、マガドゥは妻となった王女を象の背に乗せて遠路マルタバンまで旅し、マルタバンの総督を説き伏せて反乱を起こさせようと試みた。

しかし総督は彼の説得に耳を貸さず、反乱に立ち上がる気配を見せなかった。この総督はモン族ではあったが、パガン王国への忠誠を守ることで知られた人物だったのである。そこで思い余ったマガドゥは総督を殺害し、自らをワレル（Wareru）と称して、マルタバンの王であると宣言した。「ワレル」は「天から舞い降りてきた王」という意味である。

一方、一二八七年のフビライの軍勢によるパガン陥落の際、バゴーに駐在していたモン族の総督は自らをタラビャ（Tarabya）と称して「我は王になった」と述べ、パガン王国からの分離・独立を宣言した。ワレルはタラビャの動きを認めると共に、これと同盟を結び、シャン兄弟の次男が率いるパガン軍に対して力を合わせて闘い、パガン軍を撤退させた。こうしてワレルとタラビャはミャンマー南部全域を制圧して支配下に収めたが、その後この二人の間に亀裂が生じて武力衝突が起こり、その際にタラビャは捕らえられ、処刑されてしまった。

三兄弟の末弟のティハトゥがパガン王朝の後継者になろうと夢見たのと同様、ワレルはアノーラタ王に征服される以前の時期にミャンマー南部を治めていたモン族の王たちの後継者になろうとした。そこでワレルはマルタバンを首都としてミャンマー南部一帯をラマンナ（Ramanna）王国と称し、自分がその国王になるとの宣言を行った。ワレルはこれを行うに先立ち、義父に当たるスコータイの王に恭順の意を表した上で自分の行動の意義を説き、スコータイ王に背後から攻撃されることがないよう手を打った。一二九四年、ワレルにはスコータイ王からラマンナ王国を承認するとのメッセージと共に、贈り物として白象が届けられた。この動きを耳にしたシャン三兄弟のパガン軍はマルタバンを攻撃する遠征を行ったが、反撃に遭って撤退を余儀なくされた。さらにワレルはフビライの元朝中国に手を打って、王としての承認をとりつけた。

こうしてワレルはミャンマーの南部一帯にモン族の王国を興してモン族の統一を図ろうとしたのだが、彼の動きはモン族の一般民衆からは支持されなかった。民衆は彼が政権を簒奪したと受け止め、王としての彼の正統性について納得しなかったのである。そして一二九六年、ワレルはタラビャの孫によって暗殺されてしまった。モン族の一般民衆はこの殺害を正義の鉄槌が下ったと受けとめて喜んだ。

しかしタラビャ一族はワレルの殺害には成功したものの、自分たち一族の間で内紛が続き、この一族がワレルに代わって支配を固めることはできなかった。こうしてミャンマー南部の政治情勢は混乱状態が続き、一向に安定しなかった。

この事態を受けてタイ族のスコータイ政権は、航行ルートの中継点として重きをなすマルタバン一帯を制圧しようとしてマルタバンへの攻撃を繰り返し、混乱に拍車をかけた。

ところがそうこうする内に、その後タイ族自体の内部でも権力争いが激化し、一三五〇年に王族の分派がメナム河下流の平野部に支配を広げ、アユタヤに新たな王国を興した。そして足元を固めたアユタヤ王国はチェンマイ王国と連合し、一三五六年、ミャンマー南部のモン族支配地域に攻撃を仕掛けてきた。

この時タイ連合軍の攻撃を受けて立ったのはモン族の新たな指導者ビンニャ・ウー（Binnya U）であった。当時ミャンマー南部では気骨のあるリーダーとしてビンニャ・ウーが頭角を現し、王となってこの一帯を治めていた。彼が率いるモン族の軍勢はタイ連合軍を全面的に押し返すことはできずにタニンダーリは失ったが、ビンニャ・ウーは首都をバゴーに移して、モン族の王国の基盤を強固にするよう努力を傾けた。その後もタイ族の襲撃は繰り返されたが、彼はこれをことごとく撃退し、モン族の愛国心を高揚させて団結を固めた。モン族の心のよりどころとなるシュエダゴン・パゴダの修復も、彼の手でなされた。

ラカインの勢力

パガン王国の崩壊に伴って自立性を強め、独自の動きをするようになったもう一つの勢力は南西部のラカインに誕生した。

この地域はインドのムガール帝国方面（現在のバングラデシュ方面）から来るイスラム教徒の攻勢に晒されやすいため、これに備えることに精力を注がなければならず、しかもラカインの勢力の内部でも内紛が絶えなかったので、ミャンマーの中央部や南部の政争からは距離を置いてきた。

ラカインの勢力はシャン族からの防衛を図るためにティハトゥと同盟していた。しかし、そのティハトゥが没した後、ピンヤとサガインが対立するようになると、ラカイン勢はラカイン山脈を越えて、ビルマ族の領内にしばしば襲撃を仕掛けてくるようになった。一三三三年には、ラカイン勢がピエのエヤワディ河対岸にあるタイェットミョー（Thayetmyo）まで侵攻し、この町の総督を捕虜にして連れ去るという事件まで起こした。

その後アヴァにタドミンビャーが王国を開いて以降は、彼らがビルマ族の領内に侵攻することはなくなった。

6 蒙古襲来後の東南アジア情勢

東南アジアへの蒙古襲来はこの地域の勢力地図に大きな変化をもたらした。

そもそもフビライの元帝国は、宋王朝の中国を壊滅させるためにその背後に回って東南アジアを押さえ、宋朝中国を包囲してじわじわと締め付けを強めながら挟撃していく戦略をとっていた。こうして一二五七年にハノイを攻略し、その後一二八一～八七年にミャンマー侵攻にとりかかったのであった。しかしフビライの軍勢はベトナムでも、ミャンマーでも、現地住民側からの激しい抵抗に遭い、挟撃作戦は思うように進展しなかった。

ミャンマーにおけるシャン三兄弟の執拗な抵抗がなかったならば、ミャンマー全土がフビライの元朝中国の支配に屈し、南部のモン族とて抵抗できずに、マルタバンの港にはフビライの軍艦が停泊することになっていたであろう。

結局フビライの元朝中国はインドシナ半島の沿岸部をひとまず諦め、これを迂回してマラッカ海峡からジャワ島方面に鉾先(ほこさき)を向けたが、これも期待したような成果は得られずに終わった。

そこでフビライの元朝中国は、南方を直接支配する目論見が挫折した後には、東南アジアをばらばらな小国に分断して相互に対立させる方針に転じ、強大な国家の存在を許さないことに重きを置くようになった。そしてミャンマーとクメールという当時の大国であった二つの王国を破滅させることを何よりも望んだ。クメール王国の方はフビライの狙い通り完全に消滅することとなったが、ミャンマーの方はやがて新たな形で再起することになったのである。

大陸部のインドシナ半島では、フビライ勢撤収後もそれと同盟したタイ族の勢力が恒常的に居座ったため、その後二〇〇年にわたって新たなパワー・バランスが根付かずに不安定な状況が続いた。

タイ族の勢力も、当初は侵入してくるフビライ軍に抵抗する姿勢を示していた。しかしやがて彼らは抗し難いと見るや、一転してフビライ軍に加勢するようになったのである。タイ族は持ち前の外交センスを働かせ、東南アジアで唯一フビライの元朝中国の宗主権を認め、これに付き従う道を嬉々として選んだ。一二九一〜一三〇〇年のわずか一〇年間に、スコータイのラマ・カムヘン (Rama Khamheng) 王は二度にわたって自ら元朝中国にはるばる出向き、フビライ皇帝に直接恭順の誓いを表明し、これとは別に五回も朝貢使節を派遣したのである。

一三一七年にラマ・カムヘン王が没するや、スコータイとその同盟国だったチェンマイの間に不和が生じ、チェンマイは元朝中国への追随に徹してきたスコータイとは異なる立場をとるようになった。これは東南アジアにとって、せめてもの好ましい状況の変化であった。さもなければスコータイのタイ族勢が元朝中国のバック・アップを背景に、東南アジアの大陸部全体を席巻することになっていたかも知れなかったのである。

ミャンマーにおいては、混乱は一三六五年に一応収まり、その主要部分にはアヴァとラカインとバゴーをそれぞれ本拠とする三王国が並立し、ミャンマー北端はモー・シャンが支配し、シャン高原にはビルマ化したシャン族による小土侯国が分立するという状態になった。アヴァの王国は建前としてはビルマ族の王国とされたが、王家はビルマ化したシャン族が握り、軍隊も統治機構もシャン族で占められていた。

ミャンマーの南東に誕生したアユタヤを本拠とするタイ族の王国は「シャム王国」として知られるようになり、ビルマ族とモン族の手からタニンダーリ全域を奪い取っていた。

他方海洋部のインドネシア方面では、フビライの軍勢が撤収した後には、イスラム勢力の増大に助けられて、さほどの混乱を見ることなく新たなパワー・バランスが生まれた。

第四章

タウングー王朝成立までの経過期間

―アヴァ対バゴーの対立―

蒙古襲来を阻止した英雄であるティハトゥが、パガン王朝の後継者として広く認められた後にも、ビルマ族高官の一部にはこの野心家で粗野な人物のもとで働くのを好まないとして、ティハトゥと袂(たもと)を分かつ者が続出した。そしてこのような者たちが向かった先は、マンダレーとヤンゴンの中間に位置するシッタン（Sittoung）河畔の城塞都市タウングー（Taungoo）であった。

タウングーに集まった勢力は当初は低姿勢の態度をとり、時として受ける野盗の襲撃にも野盗側の要求を受け入れ、その言いなりになることすらあったが、他方でシャン族やモン族からはできる限り距離を置くように心がけていた。そしてこのような臥薪嘗胆の末、やがて好機が到来すれば、シャン族に対してもモン族に対しても戦いを挑もうとの思いを心に秘めて、彼らは秘かに着々と準備を進めていた。

ティハトゥの死後、サガインとピンヤが干戈(かんか)を交えるようになると、シャン族の血筋を引く支配者に失望したビルマ族は、一段と大挙してタウングーに移り住むようになった。これに加えて、サガインもピンヤもますます頻繁にモー・シャンによる襲撃と略奪に晒されるようになった。

こうしてタドミンビャーがアヴァに独自の王国を興した頃になると、タウングーの勢力は強大になり、その頭目はあたかも専制君主の王になったかのように振舞い、王の象徴となる白い傘を誇らしげに差しかけさせるまでになった。

1　タドミンビャー王（在位一三六四～六八年）

アヴァに新たな王国を興したタドミンビャー王はシャン族の出自であったが、その志はアヴァをパガンの再現のような立派な都に整備し、パガン王朝時代のようにビルマ族とモン族とシャン族が分け隔てなく互いに手を携えて一つの統合国家を建設することであり、それが彼の夢であった。

彼は先ず法秩序の回復に取り組み、堕落していた仏教僧侶の綱紀粛正を断行し、仏教会の浄化を行った。一般民衆の多くは襲撃してくるモー・シャンの略奪から守るために、大切な財宝を僧院に預けていたが、僧侶の中にはこのような財宝を横領、着服する不心得者があとを絶たなかった。王はこのようなケースが発覚すると、悪事を働いた僧侶を王宮の謁見の間に招致し、王が自ら刀を手にしてその首を刎ねて断固とした処罰を行った。謁見の間の床には穴が開けられており、首を刎ねられた僧侶の遺体は、この穴から下に蹴落とされた。この厳しい処置の効果はてきめんで、僧侶たちを震え上がらせ、悪徳坊主はいなくなった。

タドミンビャー王は、このように堕落した僧侶を厳しく罰した反面、そうでない仏教僧には手厚い保護を与え、出家僧ばかりでなく一般の在家信者にも釈尊の教えを拳拳服膺（けんけんふくよう）するよう、大いに奨励した。

タドミンビャー王にとって、対立する民族間の融和を図る上で妨げとなるのはタウングーの存在であった。そこで王は「タウングーに集った者たちは謀反人である」と宣言し、繰り返しこれに襲撃を加え、ついにタウングーは恭順の意を表明させられた。

王はタウングーには圧力をかけたが、アヴァにおいては王に仕えるビルマ族を大切にしたばかりか、王に反抗する姿勢のビルマ族すら寛大に扱った。こんなエピソードが残されている。

ある時、シャン族を狙って略奪を働き、盗んだ物を貧者に施すことで知れわたっていたビルマ族の盗賊団の首魁ガテピャー（Ngatetpya）が捕らえられ、王の面前に連れてこられた。言ってみれば「ミャンマー版ねずみ小僧」である。悪びれもなく王の前に引き出されたこの者に対し、王は「悪党よ、汝に与える罰は死罪しかないが、お前が貧者に施しをしてきた善行に免じ、特別の恩寵として、刀による斬首、槍による突き殺しの刑、象に踏み殺される刑のどれにするかを選ばせて遣わす」と宣した。これに対しガテピャーは王の言葉を無視して答えず、「自分の望みは、シャン随一の美人である王妃を頂戴することである」と大声で叫んだ。辺りを憚らぬこの態度に王は立腹することなく、逆に「我は汝の豪放磊落な性格が気に入ったので、その命を奪うのはいかにも惜しい」と述べ、死罪を免ずることにした。王の寛大な取り計らいに感激したガテピャーは王に仕える道を選び、その後有能な武将として手柄をたてた。

こうして善政で知られたタドミンビャー王は、不幸にして在位僅か四年にして一三六八年、惜しまれつつ他界してしまった。

2 スワ・ソーケ王（在位一三六八～一四〇一年）

タドミンビャー王には王位を継がせる子供がいなかった。ガテピャーが口走った美人の王妃は自分が王位を継ごうとして動いたが、大臣たちはこれを阻止し、継承者にはシャン族の女性と結婚したビルマ族のヤメティン卿（Lord of Yamethin）を選んだ。ヤメティン卿はその勇猛果敢な性格と誠実さで知られた人物であり、ビルマ族からもシャン族からも尊敬を集めていた。王位の継承者としては最適任者であることは衆目の一致するところだったのである。しかしヤメティン卿は「自分は武将であり、宮廷での生活には馴染めない」として王位継承を謝絶した。彼が王位に就くことを断った真の理由は、ビルマ族である自分が王となれば、傭兵を抱えて割拠しているシャン族の土侯たちを束ねて統一国家をまとめていくのが困難になると考えたからであった。その代わり、ヤメティン卿は自分の義理の弟（シャン族である妻の弟）に当たるスワ・ソーケ（Swa Sawke）を推し、大臣たちはこの推挙を受け入れて、スワ・ソーケを新たな王に選んだ。

この選択は至極妥当なものであった。民衆の信望を集めていたヤメティン卿がスワ・ソーケを推したということに加え、スワ・ソーケ自身がビルマ族からも支持されていた。それと言うのも、彼はパガン王朝の血筋を引いていたばかりか、シャン三兄弟とも縁続きだったのである。

既述の通り、父王のナラティハパティに毒をあおることを強いたピエの総督は、シャン兄弟の妹と結婚していた次男のティハトゥ王子であった。そしてこの夫婦から生まれた娘は、後にパガン王朝末代の王となったソー・ニットの弟（タイエットミョー＝Thayetmyoの総督）と結婚していた。そしてさらに、この結婚からスワ・ソーケが誕生したのである。

こうしてスワ・ソーケはナラティハパティ王の曾孫（ひまご）であり、チョスワール王の孫であり、ソー・ニット王の甥（おい）であると同時に、シャン三兄弟からすれば、姪（めい）の子に当たるのであった。

このようにスワ・ソーケは、シャン族の血筋は四分の一であったが、シャン族の名前を与えられ、幼少の頃からシャン族として養育されてきた。ラカイン勢によるタイェットミョー襲撃の際には、そこの総督だった父親の道連れとなって一家もろとも息子のスワ・ソーケもラカインに連れ去られてしまった。こうして彼はラカインの王宮で、小公子として少年期を過ごし、宮廷内のみならずラカインの民衆の間でも、傑出した人物としてその名が知られるようになっていた。やがて一家が解放されてミャンマーに帰還すると、彼はピンヤの王に仕え、軍人としても官吏としても頭角を現した。しかもラカイン滞在中には、ラカインで屈指の高僧から教えを受けていたので、彼は学識においても秀でていた。

スワ・ソーケ王の治世は三三年間の長きにわたったが、その初期においては北方の脅威が重圧となっていたため、それに備える必要があり、その結果として南方の各勢力に対しては宥和的な政策をとった。

北方の中国においては一三六八年に朱元璋が明を興し、元朝は倒れてその一派は蒙古高原に退いたので、蒙古襲来の恐れはなくなった。しかしモー・シャン勢がミャンマー領内に侵入してくる動きは依然として止まず、警戒を怠るわけにはいかなかった。このような状況のもとで、それ以外の周辺各国とはぜひとも良好な関係を保つ必要に迫られたのである。

一三七一年、バゴーを本拠とするビンニャ・ウーから一通の書簡がスワ・ソーケ王のもとに送られてきた。この書簡は会合したいとの友好的な内容であり、いわば両国間の首脳会談の提案である。スワ・ソーケ王は喜んでこの提案に応じ、両国間の国境まで足を運んでビンニャ・ウーと面会し、互いに贈物を交換すると共に、両国間の国境線を画定した。

スワ・ソーケ王の威信は上がり、やがてラカインからは使節がやってきて「ラカイン王が世継ぎを残さずに急逝した後、空席となっている王座にスワ・ソーケ王の血筋の人物を送りこんで王位を継承してもらいたい」と要望してきた。スワ・ソーケ王はこれに応え、自分の叔父に当たる人物を遣わした。チェンマイからも友好的関係を確かなものとするための使節が来訪した。

この間、スワ・ソーケ王は北方への警戒を怠らず、万全の対策をとり続けた結果、一三七一年に一旦はモー・シャンを臣従させることに成功したが、一三七三年なると彼らはまた態度を変えて、再びミャンマー領を攻撃してくるようになった。

その後一三八一年、明の中国が雲南を完全に制圧するようになると、明もその国境を侵す不安要素となっているモー・シャンに注意を払い、これへの備えに意を用いるようになった。中国の歴史書には、スワ・ソーケ王が雲南に支援を要請越し、明の中国はこの要請に応じると共に、スワ・ソーケ王をアヴァの総督として（つまり暗黙にミャンマーを中国に従属する国とみなし、その首長として）正式に認めたと記されている。

　しかしミャンマー側の年代記には、中国に支援を求めたという記述は見当たらない。従って中国の歴史書の記述は事実とは思われず、仮に雲南になんらかのアプローチがなされていたとしても、明朝中国との良好な関係を維持し、モー・シャンに対してなんらかの共同行動を提案したに過ぎなかったものと思われる。

　何はともあれ、モー・シャンは引き続きミャンマー領に侵入しては荒らしまわることを一向に止めなかった。スワ・ソーケ王の軍勢はその後もこれによく対処し、一三九三年にはモー・シャン側に壊滅的な打撃を与えてこれを追い払った。そしてこれ以降は、モー・シャンがミャンマー領を侵すことはなくなった。


　一方でタウングーの王はアヴァの勢力増大に懸念をもった。タウングーの王は若い頃バゴーにおいてモン族から教育と訓練を受けて育ったので、スワ・ソーケよりはモン族の方に信頼を置いていた。

　これに対し、スワ・ソーケ王は疑念を抱いて警戒心を強め、先手を打って出る決意を固めた。そこで王はピエの総督である自分の兄に頼み、偽りの口実を設けてタウングーの王をピエに誘い出すよう画策した。タウングーの王はこの誘いを「ピエの総督がスワ・ソーケ王に対する反乱を企て、それにタウングーの力を借りたい」との相談のために違いないと思いこみ、まんまと誘いに乗ってしまった。こうしてタウングーの王はボディーガードに守られながらピエに向かったが、待ち伏せに遭ってあえなく殺されてしまった。

この謀略はそれまで信義に篤い王として知られてきたスワ・ソーケ王には似つかわしくないやり方だったので、人々を驚かせた。その結果、国内外において「この王はただ単に、モン族を含む全ての敵を攻撃する好機を待っているに過ぎないのではないか」との猜疑心を生むことになった。

実はスワ・ソーケ王も本心としては、前王のタドミンビャー王が考えたのと同様に、各民族の統合を図ってアヴァをミャンマー全体の首都にすることを夢見ていたのであるが、この本心に対して猜疑心がもたれるようになったのである。

バゴーにおいては一三八五年にビンニャ・ウー王が他界し、その息子であるラザダリット（Razadarit）王子が王位継承者として選ばれた。しかし亡くなった王の姉が、弟のミャウンミャー卿（Lord of Myaungmya）の支持をとりつけて、自分が王位に就こうと画策し、これを阻止しようとするラザダリット側が兵を動かし始めるという事態が起こった。この内紛に際し、ミャウンミャー卿はスワ・ソーケ王に次のような書状を送ってきた。

「偉大なるスワ・ソーケ王へ

父王ビンニャ・ウーが存命中は賊臣（不忠な臣）であった息子が、今やラザダリットとの称号を名乗って、偉大なる父王の玉座を我が物にしようとしている。彼がこの企みを成就しない内に、貴王がバゴーを陸海両方面から攻撃していただきたい。貴王に仕える自分はパテインとミャウンミャーを押さえており、バゴーには海から侵攻する。貴王が勝利せる暁には、得られるあらゆる財宝はすべて貴王のものとしていただきたく、貴王に仕える自分には年金のみを賜れば十分である。」

スワ・ソーケ王へのこの書状は、四〇年にわたってアヴァとバゴーの間で戦われる戦争の発端となった。一三八六年、スワ・ソーケ王は自ら軍勢を率いて出陣し、エヤワディ河を下ってバゴーへの攻撃を仕掛けたが、敵の固い防御の前に撤収を余儀なくされた。その翌年も王は攻撃を繰り返したが、ラザダリット側は再びこれを押し戻したばかりか、叔父のミャウンミャー卿に鉾先を向けて反撃を加え、壮絶な闘いの末、ミャウンミャー卿を戦死させた。卿の息子と二人の義理の息子はこの難局からなんとか逃げ延び、スワ・ソーケ王に仕官した。

一三八八年、ラザダリットはミャンマー領内に侵攻し、スワ・ソーケ王と干戈を交えた。一進一退の戦闘はなかなか決着がつかず、結局ラザダリットは、もしスワ・ソーケ王が両王国間の平和回復に同意するのであれば、ミャンマー領から撤収するという和議を提示した。

この提案を受けたスワ・ソーケ王の側は、実はラカインとの関係でも心配の種を抱えていた。スワ・ソーケ王がラカインの王座に送りこんだ叔父は、ラカインの民衆の間でも高い声望を得ていたが、彼も世継ぎを残さずに他界し、再度スワ・ソーケ王は血筋の人物をラカインの玉座に送りこんでいただきたいとの要請を受けていた。これに応えて、王は自身の息子である王子を遣わしたが、この王子は暴君となってひんしゅくを買うような暴挙を繰り返し、ラカインから追い返されてしまった。この事態は必然的にアヴァとラカインの関係を悪化させ、両国間に緊張状態をもたらす結果になっていた。従ってスワ・ソーケ王としては、バゴーと事を構えるに当たっては、ラカイン勢から側面に攻撃を仕掛けられる危険も考慮せざるを得ない状況に置かれていたのである。

このような事情があったので、スワ・ソーケ王はラザダリットの和平提案を受けざるを得なかった。こうしてアヴァは、スワ・ソーケ王が他界する一四〇一年まで、近隣諸国との平和を保つこととなった。

パガン王朝の崩壊後、在位の短命な王たちが次々と目まぐるしく入れ替わってきたが、スワ・ソーケ王は三三年間王座にとどまり、人々が渇望していた政治的安定をミャンマーの中北部にもたらすことができた。王の治世には戦争がなかったわけではないが、平和な時期の方が遥かに長かったので、王は民生安定のための施策の一環として灌漑網の修復事業にもとり組み、そのお蔭で人々は蒙古襲来によって荒廃した農地を再び開墾することができるようになり、民心は安定した。

スワ・ソーケ王は息子を世継ぎに指名し、王座に向けての帝王学を十分に学ばせて大切に養育してきた。しかし期待されたこの王子は、スワ・ソーケ王の没後ほどなくして、事もあろうに養育に携わってきた師の手で暗殺されてしまった。

この事件は再び権力闘争の時代に入る幕開けかと懸念された。宮廷内にいる他の王子の間には派閥ができていて内紛は避け難く、現に散発的な衝突が起こりはじめていた。

このような危機的な事態を前にして、大臣たちは何としても権力争いの内輪もめによる政権の不安定化と弱体化は避けたいと念じていた。そこで大臣たちが目をつけたのは、かつてスワ・ソーケ王が地方に遠征した際、村娘との間になした庶子であるミンカウン（Minkhaung）であった。こうして宮廷の外にいたミンカウンが王位継承者に選ばれたのである。

3 ミンカウン王（在位一四〇一～一四二二年）

アヴァ政権のこのような状況を見据えて、早速ミャンマー領に侵攻してきたのはラカイン勢であった。これに対して、王位に就いたばかりのミンカウン王の対処ぶりは素早く、あざやかであった。ミンカウン王はいち早く遠征軍を派遣して敵軍を押し返したばかりか、さらに軍を進めてラカインを制圧し、王を放逐して新たに自分の義理の息子をラカインの王座に据えた。放逐された王はベンガル（現在のバングラデシュ）に逃れて、そこのイスラム教徒の王を頼りとし、皇太子は庇護を求めてラザダリットのもとに走った。

ラザダリット王は、この事態をラカインと同盟する好機到来と考えた。そこで王はアヴァに抵抗し続けていたラカイン勢を支援しようと、大艦隊を仕立ててエヤワディ河を遡上した。

一方のミンカウン王は、これを迎え撃つ準備が未だ十分には整っていなかったので、配下の軍勢に河沿いの城塞都市への撤収を命じ、ラザダリットの艦隊は難なく遡上することができた。

艦隊はまずピエの攻略を試みたが、固い守りの前に攻撃は成功せず、結局艦隊はピエを断念してアヴァを目指しての遡上を続けた。ただしその際、艦隊はピエの南方数キロにある町にラザダリットの娘婿を司令官とする部隊を残して行った。これは万一撤収となった時、撤収を妨害されないように、義理の息子によってピエへの睨みをきかすとの配慮に基づく措置だったのである。

ところが、ピエの総督は逆にこの義理の息子が率いる残留部隊に攻撃を仕掛け、その妻であるラザダリットの娘を捕虜にしてしまった。

ここにおいてミンカウン王は、敵と直接干戈を交えて双方に多数の犠牲者を出す事態を避ける方策はないものかと思案した結果、著名な高僧に動いてもらうこととし、この高僧にアヴァの近郊まで迫ってきた艦隊を率いるラザダリット王との面会に出向くよう依頼した。こうして話し合いが実現することとなり、その席でラザダリット王は娘を相手側にとられているという弱みもあり、高僧へのお布施という名目で和平に合意せざるを得なかった。こうしてラザダリット王も面目を失わない形で事態を収拾するというミンカウン王の思惑は、筋書き通りに事が運んだのである。

ラザダリット王は撤収し、ピエの近郊で敗北を喫した義理の息子と再会するや、即座にこの息子に死を与えて処罰を行った。

アヴァ側に押さえられていたラザダリット王の娘であるが、ミンカウン王は夫を失って寡婦となったこの娘を、やがては自分の王妃に迎える心積もりで丁重に遇し、ラザダリット側への返還には応じなかった。

これを知って激怒したラザダリット王は再度エヤワディ河を遡上し、ピエを攻略する準備を進めた。他方のミンカウン王はシャン高原から徴募した軍隊を陸路ピエに派遣し、敵の攻撃に備えて防備を固めさせた。ピエの攻略は困難と見たラザダリット王は、派遣軍をアヴァに向けて遡上させ、河岸に点在するアヴァ側の穀物倉庫を焼き払ったり、兵站用舟艇を襲ったりしてアヴァを挑発した。

ところがラザダリット王が寵愛していた二人の側室姉妹の父親はアヴァ側の捕虜となっており、この二人は父親の身を案じて、王の前で泣き暮れていた。ラザダリット王はこの二人の側室の嘆きに心を痛め、アヴァ側との全面対決には二の足を踏んでいた。

こうして両者の睨み合いが続く中、ミンカウン王の側も和平を望む気持ちに傾いていた。そこで二人の王はピエの由緒ある寺院で会うこととなり、かつてパガン王国のチャンシッタ王がビルマ族とモン族を守る戦いで勝利したことを記した碑文の前で、和平を誓い合った。両者の話し合いの席上、ミンカウン王は自分の妹をラザダリット王に王妃として嫁がせることとし、その返礼としてラザダリット王はパテインの関税収入と港湾使用料収入をミンカウン王に譲ることとした。

ただ、この和平合意によって、パテインの住民はラザダリットの官吏とミンカウン王の徴税官の両者の指示に従わなくてはならなくなり、実施面においては多くの不都合を伴わざるを得ない結果となった。

アヴァとバゴーの四〇年にわたる戦争の大きな原因の一つが、アヴァ王国にとって、海港の確保がぜひとも必要となっていた点にあったことは確かで、右の合意内容からもこの事情は明らかに読み取れる。中国もアヴァ王国も外国貿易のための海への出口を南に求めていたのであり、ミャンマーの北辺の情勢には依然として不安定要素があったとはいえ、この和平合意が、大きな安定要素になったことは疑いない。

一四〇六年、ミンカウン王は長子であるミンイェ・チョスワール（Minye Kyawswar）を皇太子に指名した。

ところがこれを知ったラザダリット王にとっては、この新皇太子について気掛かりになることがあった。ラザダリット王は一七年前に自分自身の息子が謀反を企てているとの知らせを耳にし、この息子を処刑してしまった。この過去のできごとはいつまで経っても王の頭を離れなかった。

処刑された息子にとっては叔父にあたるミャウンミャー卿は、この当時すっかりビルマ族の側にあり、この叔父が若い王子を反乱に立ち上がるように煽っていたのである。そこでラザダリット王は刺客を放って、息子を処刑したのだが、息子は命を奪われると観念した時、しばしの猶予を願い出てこう誓った。「もし自分の胸の内に、または言葉に、または行為において真に謀反の罪があるのならば、自分は地獄の業火によって一千回焼かれるであろう。しかしもし自分が潔白の身であるならば、来世にはアヴァの王に生まれ変わり、モン族に天罰を下すであろう。」

この経緯（いきさつ）から、アヴァの次の世継ぎは復讐を誓いつつ殺されたラザダリットの息子の生まれ変わりであるとの世評がさかんに噂されるようになっていた。

そしてこのことがあった一年後に、ミンカウン王の正室からミンイェ・チョスワールが生まれたのである。この王子は幼少の頃から武術を身につけ、一四歳になると部隊長になり、一六歳で皇太子に指名された時には立派な司令官としての力量を備えていた。


ミンカウン王の弟とその配下にある軍人たちはこの皇太子指名を不服とし、この弟と王との一対一の決闘を挑んできた。しかし王は弟が太刀打ちできるような相手ではなく、この果し合いの勝敗は明らかだった。敗れた弟は命までは奪われずに許されたが、アヴァを後にしてバゴーに向かい、ラザダリット王に仕官を願い出た。

ラザダリット王としては、この申し出を受けると、必然的にアヴァに対する宣戦布告と同様の結果を招くことは分かっていた。しかしラザダリット王は、一般に流布されていた「アヴァの世継ぎはラザダリット王に殺された息子の生まれ変わりだ」との世評を信じないわけにはいかず、アヴァとの対決は致し方ないとの思いになっていた。そこで王は、この弟が申し入れてきた仕官の願いを受け入れた。


いよいよアヴァとバゴーの間の戦争は必至と思われた。しかしここでラザダリット王がまず戦端を開いたのは、直接アヴァに向かってではなかった。

彼の軍勢はラカインに侵攻し、王座に就いていたミンカウン王の義理の息子（娘婿）を殺害し、一四〇三年以来バゴーに亡命していたラカインの皇太子を王座に就けた。夫を殺されて寡婦となったミンカウン王の娘はバゴーに連れてこられ、ラザダリット王の側室にさせられてしまった。

このような挑発を受けたミンカウン王は、もとより黙ってこれを見過ごすわけにはいかなかった。しかし彼は北方のモー・シャンへの対策に追われ、すぐには行動を起こせない事情に置かれていた。

一四〇七年、満を持していたミンカウン王は、ようやく機が熟したと判断し、水陸両方面からモン族の領内に攻撃を仕掛けた。しかしアヴァ側は緒戦ではかなりの戦果を挙げたものの、結局は押し戻されてしまった。

翌一四〇八年には、アヴァは北方のセンウェイ(Hsenwei)を根城とするモー・シャンの土侯(ソーボワ)(Sawbwaはシャン語で部族集団の首長を意味する)への対策に忙殺され、モン族への攻撃には手がまわらなかった。ミンカウン王が一四〇六年に北方のシャン系部族を討った仕返しとして、モー・シャンの土侯がアヴァに攻撃を仕掛けてきたのである。皇太子であるミンイェ・チョスワールはこの土侯との一騎打ちで相手を討ち負かし、本拠のセンウェイに迫ったが、中国からの援軍が到着したため、これを攻め落としあぐねていた。

まさにこの時、センウェイを包囲していたミンイェ・チョスワールのもとに、モン族がピエに向けて軍を進めているとの知らせが入り、彼は急遽アヴァに戻らざるを得なくなった。

翌一四〇九年、ミンカウン王は再度南に向けて出撃し、双方とも王自らが率いるアヴァとバゴーの大軍同士が激突した。しかしこの会戦でも雌雄を決するには至らなかった。

一四一〇年、ミンイェ・チョスワールが率いるアヴァの軍勢はエヤワディ・デルタまで攻め入ったが、又もやそこからは押し戻されてしまった。そこでアヴァ軍はラカインに鉾先を向けることにし、ラカインでは難なく勝利を収めてラザダリット王の庇護のもとに復位していた王を再度追い払った。王座から引きずり降ろされた王はベンガル（現在のバングラデシュ）に逃げた。そこでミンイェ・チョスワールはラカインをアヴァ王国に併合することにし、ラカインを二つの州に分割してそれぞれに総督を置き、自国に編入した。

一四一二年、モン族は再びピエへの攻撃に打って出た。対するアヴァ側はミンカウン王に率いられた軍勢が水上から、ミンイェ・チョスワールに率いられた軍勢が陸上から応戦した。アヴァ軍はバゴー側に甚大な被害を与え、特に陸側から攻めたミンイェ・チョスワールはあと一歩で完勝というところまできていたが、この時センウェイの新たな土侯がアヴァに向かっているとの知らせが入り、急遽アヴァに引き返さざるを得なくなった。モー・シャン族はミンイェ・チョスワールが戻って来ると知るや、それだけで恐れをなして引き揚げてしまった。

一四一三年にはモー・シャン族の二人の土侯からの攻撃があり、ミンイェ・チョスワールはこの二人をそれぞれの本拠となっている町まで押し返し、そこを落として略奪した。二人の土侯は命からがら中国に逃げのび、見捨てられたその家族は捕虜になってアヴァに連行された。

一四一四年、ミンイェ・チョスワールは再度南方に進撃した。彼は一連の戦闘で勝利を収め、ラザダリット王が最も頼りにしていた武将を捕虜にしてアヴァに連れ帰った。

ところがその後、明朝の中国軍がミャンマー領に侵攻してきてアヴァの近郊にまで迫り、アヴァに収容中のモー・シャン族土侯の家族を解放するよう要求してきた。ミンカウン王がこれを拒否すると、中国の軍司令官は双方それぞれが擁する最強の戦士に一対一の決闘を行わせ、それによって決着をつけたいと申しこんできた。ミンイェ・チョスワールが連れ帰ったモン族の武将は、自分がアヴァの名誉にかけて決闘に挑みたいと申し出た。こうして行われた決闘でモンの武将は相手を倒し、中国側の最強戦士は命を落とした。そしてこのモン族の武将はミンカウン王に取り立てられ、手厚く遇されることになった。

もっともこの叙述はミャンマーの年代記によるものであり、中国の歴史書には最強戦士による決闘の話もなく、中国側はミンカウン王による北方のシャン土侯国への侵攻を厳しく咎めたとしか記されていない。

こうして頼りにしていた武将を失ったラザダリット王はマルタバンに逃げ延びた。ミンイェ・チョスワールはどうやって最終的にこれを撃滅するか、思いをめぐらせながらマルタバンに向かった。

心はやるミンイェ・チョスワールはさらなる勝利を重ねながら、モン軍を追撃して行ったが、その過程で迂闊にも敵側の布陣の奥へと深入りしてしまった。そこで彼が乗っていた象が一斉に放たれた敵の矢をまともに受けて深手を負い、乗っていたミンイェ・チョスワールは、苦しみに喘ぐ象から振り落とされた上、象の下敷きになって脚に大怪我を負ってしまった。動けなくなったミンイェ・チョスワールは捕らえられ、ラザダリット王の前に引き出された。王は「王子よ、わが息子よ、もし汝が我のもとに下り、我に仕えることを約束するならば、汝の傷を癒して進ぜよう」と語りかけた。王が「わが息子よ」と呼びかけたのは、王がミンイェ・チョスワールを自分の息子の生まれ変わりと信じる世評を真に受けていたことを示している。これを聞いたミンイェ・チョスワールは「王よ、自分は生涯を通じてモン族との戦に明け暮れてきた。自分は敵から与えられる薬や食物を受け取るよりは死を選ぶ」と答え、やがて息絶えた。モン族の年代記では、彼は受けた傷が原因で死んだとされているが、ビルマ族の年代記には、ラザダリット王の手で処刑されたと記されている。

ミンイェ・チョスワールの死はビルマ族ばかりでなく、モン族からも惜しまれた。ビルマ族とモン族は、もはや干戈を交える気力を失ってしまい、この後は双方とも気乗りのしない、形だけの戦闘を二度交えただけであった。

一四一六年、モン族は小規模の遠征軍をタウングーに派遣した。アヴァ王国はタウングーの勢力を非友好的と見なしていたが、それでもモン族の支配下に置かれるのを、拱手傍観して見過ごすわけにはいかなかった。そこで、新たに皇太子に指名されたミンイェ・チョスワールの弟ティハトゥ（Thihathu）が出陣し、モン族を追い払った。

翌一四一七年、新皇太子ティハトゥは南方に向けて遠征し、電撃的にダゴン港（現在のヤンゴン港）を押さえ、数週間にわたってここを占領した。これがビルマ族とモン族の間の最後の衝突となり、この四年後にミンカウン王は没し、その一年後にはラザダリット王も世を去った。

4 ティハトゥ王（在位一四二二〜一四二六年）

アヴァにおいては、ティハトゥ皇太子が波乱なく王座についた。

ところが他方のバゴーでは、皇太子による王位継承に対して、皇太子の二人の弟がそれぞれ別個に反乱を起こして立ち上がり、その内の一人がティハトゥ王の介入を求めるという事態になった。ティハトゥ王の軍勢が介入してきたことは、南部デルタ地域の情勢に大きな混乱をもたらした。

結局反乱を起こした二人の内、兄の方はマルタバンに逃亡し、弟は反乱の矛を収めて兄である新王に恭順の意を表すると同時に、皇太子（次の王位継承者）に指名され、事態は収拾した。

このように混乱が一応めでたく収まったのには、ティハトゥ王の采配が功を奏し、彼の尽力によるところが大きかったので、モン族の王とその弟二人は、彼らの唯一の妹であるシン・ソー・ブー夫人（Lady Shin Saw Bu）をティハトゥ王の側室に差し出したいと申し入れてきた。彼女は二人の子をもつ寡婦であったが、二九歳の若さであり、上品な美貌の女性であった。ティハトゥ王はこの申し出を受け入れ、側室ではなく王妃として迎え入れた。

ティハトゥ王は血気さかんな兄のミンイェ・チョスワールと異なり、温厚な性格で冷静な行動に徹し、モン族を敵視せずにバゴーとの宥和を図りつつ、友好関係の構築に力を注いだ。

ティハトゥ王が恐れたのは北方のモー・シャンのみならず、東のシャン高原に割拠するシャン族の土侯たちであり、彼らもアヴァ政権の転覆を狙っていた。

果たせるかな、一四二五年、シャン族の土侯の一人がアヴァの領内に侵攻してきた。これを迎え撃つために出陣したティハトゥ王は敵の矢によって深手を負い、在位わずか四年にして他界してしまった。

さらにそこで王位に就いた彼の息子は、王妃として迎えていたシャン族出身の王妃シン・ボーマイ(Shin Bohmai)によって三ヶ月後に毒殺された。

5 ビルマ族王朝の再興

シン・ボーマイは自分の愛人であるシャン族の有力者を王位に就けたが、これを黙って見過ごしてはいられず、行動を起こしたビルマ族の愛国者がいた。ビルマ族の高貴な血筋を引くモーニインタド(Mohnyinthado)である。

モーニインタドは決然と立ち上がって、シン・ボーマイが王座に据えたシャン族の王を追い払い、自分がとって替って王になった。しかし彼はシャン族の支持をとりつけるためには、シン・ボーマイの処遇が鍵になることを熟知していた。モーニインタド王には既にビルマ族の妻がいて子もできていたが、ここで彼は考えを巡らせ、シン・ボーマイをも受け入れることにし、彼女を副王妃（junior queen）として迎え入れた。

彼はこうしてシャン族を慰撫する対策を打ちつつ、アヴァを拠点としたビルマ族王朝の再興を図り、各地方のビルマ族を糾合しようと努力を傾けた。

ここにおいて、タドミンビャー王がアヴァを開いて以来続いてきたシャン族とビルマ族双方の血を受け継ぐ王朝は断絶し、新たにビルマ族の王朝が再興されることになった。

しかしタウングーのビルマ族は、アヴァの王など単にシャン族の傀儡に過ぎないとして見下し、鼻であしらう始末であった。これに加えて、アヴァで王の配下にあるシャン族の官吏たちも、ビルマ族である王に心底忠誠を誓うことはなかった。

このような逆風の中ではあったが、モーニインタド王が一四二七年にアヴァでの再現を図って興したビルマ族の王朝は、一四四〇年に彼が没した後も、ミンイェチョースワ王（Minyekyawswa：在位一四四〇～一四四三年　副王妃シン・ボーマイではなく、ビルマ族である正室からの子）、ナラパティ王（Narapati：在位一四四三～六九年）、ティハトゥーラ王（Thihathura：在位一四六九～八一年）、ミンカウン王（Minkhaung：在位一四八一～一五〇二年）、シュエナンチョーシン王（Shwenankyawtshin：在位一五〇二～二七年）と、なんとか一五二七年までの百年にわたり、その命脈を保つことができた。

しかしこの百年間は絶えざる困難に見舞われ、その勢威は下降線を辿り続けた。ラカインは再び独立し、ピエまでがアヴァと袂を分かつこととなり、シャン族の土侯たちは頻繁に北からも東からも侵略を繰り返してきた。

ところがアヴァにとってのこれらの敵対勢力は互いの連携を欠いていたので、ある領袖がアヴァを攻める時には、他の領袖がアヴァの援護に回るといった状態が続き、これがアヴァに幸いした。

これに加えてアヴァに幸いしたもう一つの要因は、かつてミンイェ・チョスワールが多数のシャン族の傭兵を抱えて鉄壁の戦闘集団として育成した軍隊が、その後もビルマ族の武将による統率のもとに厳格な規律に徹した伝統を守りつつ健在だったことであった。これもアヴァのビルマ族王朝が生き長らえるのに大いに貢献したことは疑いない。

6 北方の情勢とアヴァのビルマ族王朝の末路

ここで目を北に転じると、中国、特に雲南の中国人は東南アジアとの取引のために、ミャンマーを経由する貿易路の開拓には、相変わらず強い関心を寄せていた。しかしこの時期、彼らはこれを実現するために敢えて行動を起こす様子は見せなくなっていた。

このような中国の消極的姿勢とアヴァの勢力減退は、モー・シャンの土侯トハンボワ（Thohanbwa）

に、暴れまわる自由を許す結果をもたらした。彼らは一四四一年には、アヴァの領内に侵攻すると同時に、トハンボワ自身が率いる主力軍が雲南に攻め入るという同時二面作戦すら敢行した。

中国は三次にわたってトハンボワに襲撃されたのを受け、明朝中国軍の総司令官自らが率いる強力な大軍勢を差し向けて反撃に転じた。この攻勢にたじろいで撤収してきたトハンボワはミャンマー軍に捕えられ、アヴァに送られてきた。

やがて明軍はモー・シャン軍に完勝し、これを受けて中国はアヴァにトハンボワの引渡しを要求してきた。

しかしアヴァは中国のこの要求を拒絶した。これに反発した明軍はアヴァに向けて進軍してきたが、アヴァ軍はこれを阻止し、明軍に多大な損害を蒙らせて撤退を余儀なくさせた。

一四四六年、明軍は一段と準備を整えた上で再度ミャンマー領内に侵攻し、アヴァを包囲するに至った。流石のアヴァも今回は苦境に陥った。この国難に王が心を傷めているのを察知したトハンボワは、潔く自害した。王にとっては、これは局面打開の救いとなる好都合な事態であり、王は早速トハンボワの遺体を中国側に差し出した。

王の考えでは「死体はもはや生きている亡命者」ではないので、これを引き渡したところで、中国側の要求に屈したことにはならないという理屈であった。しかし、中国としては、この行為はアヴァが明朝中国の宗主権を認めた証左だと受け止めて満足し、明軍は包囲を解いて撤収した。

その後、明朝中国は鳴りを潜め、南方への貿易路開拓への彼らの関心も薄れたかに見えた。

こうした状況が長らく続いた後、一五〇七年になると再びモー・シャンがアヴァに手痛い襲撃を加えてきた。これを受けたアヴァは苦境に陥り、タウングーからの救援に望みを繋ぎつつ、領土の一部をモー・シャンに割譲して時間稼ぎをせざるを得なくなった。

タウングーは援軍の派遣を再三拒絶したが、アヴァは「自分たちビルマ族の王朝を支援してもらいたい」とタウングーの王の民族意識に訴えて救援を懇請し続けた。アヴァの王はタウングー王ミンチェエンヨー（Minkyeenyo）に対して、豊穣なチャウセ（Kyaukse）地域を持参金として持たせた上で、自分の姪を差し出すことまで敢えて申し出てきた。ミンチェエンヨー王はこの申し出に応じて快くこの姪を嫁にし、チャウセ地域も喜んで受け取ったが、アヴァに救援の手を差し伸べることはしなかった。結局アヴァは独力で窮状を脱するしかなかった。

一五二四年、モーニイン（Mohnyin）の土侯に率いられたモー・シャン勢がアヴァに攻撃を仕掛けてきた。アヴァ側は手痛い打撃を受け、国境守備に当たっていた幾つかの城塞が占領された。こうなるとモー・シャンたちの舟艇が、わが物顔をしてエヤワディ河を意のままに往来するようになり、アヴァの住民は苦々しい思いでこれを見守るばかりであった。

一五二七年にはモーニインの軍勢が再び襲来し、アヴァの王が戦死する激しい戦闘を繰り広げた末、アヴァを攻め落として略奪をほしいままにした。

ここに百年の命脈を保ってきたアヴァのビルマ族王朝はついに終焉を迎えたのである。

ビルマ族の首都としてのアヴァに思いをかけ、それまでこの都に留まり続けてきたビルマ族の多くはタウングーに逃げ延びた。


ビルマ族王朝の滅亡後、アヴァの王になったのはモーニインの土侯の息子トハンボワ（Thohanbwa）であった。これは、一四四六年に自害したトハンボワとは同名の別人である。

アヴァをシャン族の都にすると決意したトハンボワは、ビルマ族を徹底的に迫害する政策をとった。仏教寺院は破壊され、寺院の財宝は接収された。ビルマ人僧侶は宮殿に集められ、生きたまま火あぶりにして殺害された。数多くの図書館も貴重な写本の蔵書と共に焼き払われてしまった。

しかしトハンボワにとって、ビルマ族の官吏を一切起用せずに王国を治めるのは、やはり難しかった。そこで彼はビルマ族の大臣ミンジ・ヤンナウン（Mingyi Yannaung）は手元に残し、任務を続けさせた。この大臣は自分に与えられた権限をフルに活用してビルマ族の保護に努め、彼らがタウングーに亡命する便宜をとりはかった。

ミンジ・ヤンナウン大臣は、その後長年にわたってトハンボワの信頼を繋ぎとめながら機を窺い、遂に一五四三年、トハンボワの殺害を果たした。彼は王位に就くよう懇請されたが、「ビルマ族の仇が討たれた今、自分に与えられた任務は終わった」と述べてこれを固辞し、出家僧となって姿を消した。アヴァに残っていたビルマ族の官吏は数少なく、結局シャン族の土侯の一人が王に選ばれた。しかしこの時期になるとアヴァはもはや王国と言える実態ではなく、土侯国の一つになり下がっていた。

7 開花した文芸

アヴァの時代は戦乱や内乱が続いた時期ではあったが、ミャンマーの歴史においてかつてなかったほど文芸の花開いた時期であり、ビルマ文学の黄金期となった。

パガン王朝を受け継ぐ王として王座についたシャン兄弟の末弟ティハトゥは、ビルマ族の文化や生活様式に心酔し、これをこよなく愛していた。彼はパガン王国の後継者と認められることを願って、王国内全域において、ビルマ族の伝統を守ることを奨励した。シャン族の王に仕えることに抵抗を感じながらも、故郷を離れてタウングーに向かう気になれなかったビルマ族の人々は、仏道に帰依したり、文芸に専心することで、この時代のストレスから逃避した。パガン時代の碑文は事実を伝える散文的な叙述であったが、アヴァ時代になると、詩情豊かな叙情的銘文が数多く残されている。

パガンの先達たちがやったように、詩文を石碑に刻印して残すほどの富も名声ももたないビルマ族の識者たちは、尖筆を用いて椰子の葉に詩を書き記すようになった。そして、これは日常語である口語体による文学の誕生を促すことになった。ミンカウン王の時代には特に詩の創作活動が盛んとなり、仏教にかかわる詩作のほかに、叙事詩と子守唄が流行り、さかんにその創作が行われた。子守唄は主に宮廷での生活を題材にした長編の抒情詩であり、叙事詩の方は、栄光ある戦を讃えた勇ましい作品ばかりでなく、戦がもたらす苦悩や悲しみを描いた詩も多く創られた。

シャン族系の王朝が終焉を迎え、アヴァが衰退に向かうようになっても、アヴァにはビルマ族の王朝が続いているかのような愛着がもたれ、ビルマ族の識者はアヴァを後にしてタウングーに向かうことはしなかった。これが仏教を題材として、後世に残る多くの詩を生むこととなった。とりわけ著名な詩人として知られているのは、シン・マハ・ティラ・ウンタ（Shin Maha Thila Wuntha）と、シン・マハ・ラッタ・ターラ（Shin Maha Ratta Thara）の二人の僧侶であり、彼らはパーリ語を完全にマスターしてはいたものの、詩作にはビルマ語を用い、数多くの傑作を残した。前者はありふれた農村の出身で、遠くの村にある僧院に通って学識を身につけ、詩作の才能を顕した。他方、宮廷吏の御曹司として生まれた後者は、やがて彼自身が宮廷に伺候する過程で詩人として大成し、後に出家した。アヴァの歴代の王は文人を手厚く支援し、王の身辺には常に多数の男女の詩人が控えていた。

8 ラカインとバゴーの繁栄

アヴァが衰退に向かうにつれて、ラカインとバゴーは繁栄を謳歌した。

アヴァとバゴーが戦乱に明け暮れている間、東南アジアの島々や海沿いの地域では、蒙古襲来で下火になっていた国際貿易が再び盛んになった。イスラム教の都市に変貌したマラッカは東南アジアにおける貿易の中心地となり、急速に発展した。このような国際貿易の再興が、その拠点となる貿易港を擁するラカインとバゴーの繁栄を促したことは言うまでもない。

ラカインでは衰退したアヴァからの圧力を受けることがなくなったので、アヴァの介入で追放されていた王子が、イスラム化したベンガルの地（現在のバングラデシュ）での長期にわたる亡命から帰還して王座に復帰した。彼は亡命中に受けた恩義に報いようとしてイスラム教をラカインにもたらし、アラビア文字を刻印した硬貨を導入した。その後継者として王座についた彼の弟は、アリ・カーン（Ali Khan）というイスラムの称号を名乗り、アヴァと正式に講和条約を締結した。ベンガルやマラッカとの貿易の拠点として地の利を得たラカインはその後発展して国力をつけ、一四五九年にはチッタゴン港（現バングラデシュのベンガル湾北端の港）を占領するまでになった。

バゴーにおいては、シン・ソー・ブー（Shin Saw Bu）夫人の帰還によって、王朝は強い支えを得ることになった。

アヴァの王に嫁いで王妃となっていた彼女は、夫のティハトゥ王が在位わずか四年にして殺害されると、後継者の王たちによって幽閉同然の状態に置かれていた。モン族がアヴァに敵対行動を起こさぬようにするには、彼女はかけがえのない人質と考えられたのである。美貌に恵まれた彼女は決して軽佻浮薄な尻軽女性でなかったため、後継者の王たちは誰一人彼女を王妃として迎え入れることはなかった。彼女は経典の勉学に没頭し、アヴァにある大きな仏教施設で修学中だった二人のモン族の僧侶から教えを受けることが許されていた。ある時この二人は帆船を盗み出し、シン・ソー・ブー夫人を乗せてエヤワディ河を下り、逃亡した。これに気付いたアヴァの王は軍船を繰り出してこれを追跡したが、逃亡者たちはすんでのところで追っ手から逃げおおせ、無事バゴーに帰還した。

彼女は弟である王から温かな歓迎を受け、その後彼女の兄弟や甥たちの間で起きる王座をめぐっての諍（いさか）いにおいては、常に冷静な調停者としての役割を演じる大御所的な存在になった。彼女は王座の背後で采配を揮（ふる）う力をもち、その思いやりのある心優しい人となりによって民衆に慕われた。彼女には最初の結婚によってできた息子が一人おり、やがて彼が即位し、その後何人かの甥が即位しては短命にして死亡するという不幸が続いた後、彼女自身が懇請されて王座につき、一四五三〜一四七二年の間在位した。王女、王妃、二人の王の姉、二人の王の伯母、王の母、として過ごしてきた彼女が、今や自ら王座に就いたのである。

王座についたシン・ソー・ブーは平和政策を堅持し、バゴーを国際貿易の拠点であるばかりでなく、かつてのパガンのような仏教の中心地とすることを夢見ていた。彼女はアヴァと良好な関係を保つ努力を払い、アヴァが直面する種々の問題に理解を示し、アヴァの歴代の王が仏教を本来の純粋な形で振興しようと努力するのを支援した。しかし「森の住人」派の僧侶は依然として強い影響力をもっており、またタイ族の民衆の間では、魔術や呪術がさかんに行われていたので、純粋仏教の振興は容易ではなかった。

平和外交を推進するシン・ソー・ブー女王とその兄弟たちが外国貿易を盛んにしたのは、主としてマラッカとの取引が中心であった。それと言うのも、メナム河流域のタイ族たちとの間柄では、バゴーは種々の難題を抱えていた。

力をつけて再び独立したスコータイとチェンマイは同盟を結び、シャム王国はこの両国の連合軍から頻繁に攻撃を受けるようになっていた。そればかりか、イスラム教を受け入れたマラッカがマレー半島の南部からタイ族の住民を追放したので、その受け入れもシャム王にとって頭の痛い問題となっていた。シャムはこのような状況に置かれていたので、東南アジアとの貿易で栄えるバゴー王国に羨望の目を向けつつも、これに攻撃を仕掛ける余力はもてなかった。

バゴー王国が扼（やく）しているマルタバンは、王国と東南アジアのイスラム教諸国との貿易の窓口としての重要な都市になっていた。バゴー自体はまだ海に繋がってはいたものの、その港はバゴー河がもたらす泥土によってどんどん浅くなりつつあったので、マルタバンの重要性はかけがえのないものとなっていた。これに加えて、ラカインやベンガルとの貿易にはパテイン港が重要度を増しており、またヤンゴンに隣接したシリアム港も急速に発展してきていた。

バゴー王国は未曾有の繁栄を謳歌し、シュエダゴン・パゴダはシン・ソー・ブー女王自身及び彼女の弟からの莫大な喜捨を得て、九〇メートルの高さを誇るように改修され、基底から頂上まで一面の金箔が貼りめぐらされた。シン・ソー・ブー女王はスリランカとの間で、さかんに仏教使節団を交換した。また、自国の港を他国の船舶にも広く開放したので、アヴァ王国もその恩恵を受け、スリランカとの間で同様の仏教使節団の往来をさかんに行った。

彼女はかつて自分をアヴァから救出してくれた二人の僧侶を師として仰ぎ、常に身辺に置いた。彼女は信心深く、貞淑な女性として人々の尊敬を集めていたが、それでも噂好きの民衆はこの二人の僧侶が彼女の愛人ではないかと囁いた。しかしこの風評がかえって彼女の人気を高めた。

やがて、年老いてきた彼女は退位を考えるようになった。しかし一族の身内には、王位を継ぐに適した男子は見当たらなかった。自分の娘はあまりにも根がやさしい女性で、王座には向いていなかった。そこで彼女が思いついたのはこの二人の僧侶、ダンマゼディ（Dhammazedi）とダンマパラ（Dhammapala）である。ところがこの二人は同年輩で僧侶としての階級も同一であり、豊かな学識と篤い信仰心においても同等ということで、いずれを王位につけるか甲乙つけ難く、彼女は選択に迷った。そこで彼女は大きな托鉢の椀を二つ用意させ、一方には美味な食事の供え物、他方には王家伝来の財宝娘と結婚して王座につくよう懇請され、女王のこの要望を断るわけには行かなかった。

の方であった。こうして選ばれたダンマゼディは出家の身分から還俗し、シン・ソー・ブー女王の一人ぶ中で、二人に供え物を渡す儀式を行った。そこで王家伝来の財宝入りの椀を選んだのはダンマゼディやり方を用いたのである。こうしてある日、彼女は王宮の謁見の間において集められた宮中高官が居並を入れて蓋を閉め、これを二人の僧に選んでもらうことにした。いわばくじ引きできめるという公平な

在位が一四七二年から一四九二年に及んだダンマゼディ王の時代は、ミャンマーでモン族が最も栄えた黄金期を画することになった。それまでの人生の大部分を僧院での修行に明け暮れてきたダンマゼディだったが、彼は王になると統治者として優れた手腕を発揮し、在位期間を通して王国では徹底した法秩序が保たれた。彼は博学の僧侶に依頼して「ワレル法典」(Code of Wareru)をビルマ語に翻訳する作業を進め、アヴァの王たちもこれを活用できるようにした。ダンマゼディ王自身、ビルマ族の慣習法に係わる訴訟で重要な判決を下し、それを判決集として刊行した。彼は狭隘な人種偏見を排し、モン族とビルマ族とは共通の宗教とパガンの栄光を受け継ぐ共通の遺産という絆で固く結ばれていると考え、この両民族を一切差別せず、その融和を図ることに専心した。

ダンマゼディ王の最大の業績はミャンマーのみならず、東南アジア大陸部全域において上座部(小乗)仏教の再興をなしとげたことであった。

彼はかつてかのチャンシッタ王が行ったように、インドのブッダガヤに使節団を派遣した。

さらに王はスリランカのキャンディ王朝にも二二名の僧侶からなる使節団を派遣した。僧侶たちは船体を黄金に塗り、絹の帆を揚げた二艘の舟に分乗し、仏歯寺に奉納する供物とスリランカの王に献上する高価な贈り物を携えて、スリランカに赴いた。一行は派遣の目的を十分に果たして成果を上げ、スリランカ側から贈られた仏陀の遺品を含むさまざまな贈呈品を携えて帰還した。

その後ダンマゼディ王はスリランカのカラヤニ叙任式場（Kalayani Ordination Hall）に範をとった同様の式場をバゴーに建設し、自国領にとどまらず、ラカイン、アヴァ、タウングー、シャン土侯諸国、スコータイ、チェンマイ、シャムからカンボジアに至る広範な地域から僧侶を招き、叙任式を行なった。こうして、非正統宗派に属していたすべてのえせ僧侶たちは世論の圧力を受け、改めて叙任を受けて正統派に復帰するか、あるいはそれまでの宗派を離脱して還俗するかのいずれかの道をとらざるを得ないようになった。

東南アジアの仏教諸国の王たちは、ダンマゼディ王が上座部仏教界浄化のために、なしとげた尽力を一様に賞賛した。

傾きかけたアヴァの命運は、もう先が見えるところまできているように思われた。しかし人々は、さしもの栄華を誇ってきたバゴー王国すら、間もなく滅亡する運命にあるとは思いもしていなかった。

アヴァ周辺のシャン土侯諸国は内輪もめで互いに争いが絶えない状態を続けていたが、ダンマゼディ王はこうした争いからは距離を置き、係わり合いをもつことはなく超然としていた。

このような状況の中で、目に見えて力をつけてきたのがタウングーであった。そもそもタウングーは、建国当初からアヴァはもとより、モン族やシャン族やシャムからも襲撃される危険を想定し、住民をこれに備えさせてきた軍事国家だった。しかしタウングーは国内の商取引の恩恵を受けるのに必要なエヤワディ河への出口も、国際貿易には不可欠な海への出口ももっていなかった。そして今や、彼らはモン族の目を奪うばかりの繁栄を目の当たりにして、自分たちもこの繁栄を享受したいと考えるようになっていた。

この時期、西からやって来る商人たちは香辛料、香料、絹、宝石などのアジアの物産に狂奔するようになり、今や東南アジア貿易はそれまで夢想もしなかったほどの活況を呈するようになっていた。一五世紀末から一六世紀初頭にかけて、ヴェニスやジェノヴァやボローニャの商人がアヴァやバゴーやラカインを訪れ、盛んに取引を始めるようになった。彼らのある者は、バゴーを訪れ、その華麗な都市のたたずまいに息を呑み、貴顕が身につけたルビーの首飾りの見事さに驚いたとの記録も残されている。英仏などの西洋列強が帝国主義の覇権を求めて進出してくる前の、まだ白人たちがさほど優越意識を持っていなかった頃の話しである。彼らはまた、バゴーの王がシェラック（shellac 塗料の一種）、香木、絹、ルビーなどの輸出関税収入で巨万の富を築いているとの記述も残している。

イタリアの商人と中東のイスラム商人たちは、やがてローマ・カトリックを奉じるポルトガルの商人にとって代わられた。彼らはローマ・カトリックの布教と東南アジア貿易の乗っ取りを策し、アフリカ大陸を迂回してアジアに至る新たな海路を開き、遠路はるばる進出してきた。彼らは単なる商人ではなく、神に仕えると同時に富を得る欲望に駆られた兵（つわもの）たちであった。

一五一〇年、彼らはインド亜大陸西岸のゴアを占領し、ここに城塞都市を築き上げた。こうしてゴアは彼らの通商帝国の拠点となり、ポルトガルと東南アジアを結ぶ長大な交易路を守る足場となった。さらにポルトガルは翌一五一一年には、マラッカを占領した。ポルトガル人は回教徒を敵視したが、仏教徒には寛容な態度を示し、マラッカからはシャムにもバゴーにも使節団を派遣し、今後継続的に貿易の取引を行うことを約束した。マラッカからの使節とバゴーの王との会見は成果を生み、一五一九年にはポルトガルがマルタバンに貿易事務所を開設した。

こうしてその後一五年間、バゴー王国の国際貿易はさらに飛躍的な発展を遂げることになり、タウングーのビルマ族は、もはやこれを拱手傍観したまま見過ごして遅れをとるわけには行かず、バゴーの繁栄に打撃を与える行動に出ざるを得なくなったのである。

第五章

ビルマ族の第二帝国
タウングー王朝

タウングーを拠点にしたビルマ族の勢力は、パガン王国の滅亡からまる二世紀の間、モン族からも、シャン族からも、タイ族からも、成り上がりの弱小王国に過ぎないとみなされてきた。現にタウングーの支配領域は、痩せた土地柄で資源にも恵まれない狭小な地域に過ぎず、エヤワディ河への出口も海への出口もなく、しかも四方八方から攻撃を受けやすい位置にあった。

しかしビルマ族にとって、タウングーは単に蛮族の攻撃から逃げ延びる亡命先であるばかりでなく、蒙古襲来で失われた自分たちビルマ族の帝国再興への希望を託す地であった。

アヴァが落ち目になるまでの長い間、タウングーは攻撃を仕掛けられては勇敢に防戦し、合わせて巧妙な外交を展開することでなんとか生き延びてきたが、実際上タウングー王国と自称しても、王は名目だけの存在に過ぎないような実態であった。この国は戦に敗(やぶ)れると相手国の従属下に置かれることに甘んじ、時間かせぎをしては、再起の道を見出した。こうしてタウングーは、アヴァのシャン族にも、バゴーのモン族にも、アユタヤのタイ族にも従属させられては、一時期を置いて再び独立を宣言するということを繰り返してきた。

1 ミンチェエンヨー王（在位一四八六～一五三一年）

タウングー王朝の初代の王として一四八六年に即位したミンチェエンヨー（Minkyeenyo）は、町にぐるりと囲む城壁を巡らせ、タウングーの防備を格段に向上させた。彼は辣腕の王として知られ、アヴァもバゴーもチェンマイも彼を独立主権国家の王として承認することで、ミンチェエンヨーを味方につけようと競い合った。

アヴァの王は、自分の姪に当たる王女を豊穣なチャウセ地域という持参金つきで差し出し、ミンチェエンヨー王がこれをもらい受けたことは既に述べたが、このことはミンチェエンヨー王の威信を高めたばかりでなく、タウングー王国の経済基盤を強化した。

一五二七年、アヴァはモー・シャン族の猛撃を受けて落城し、首魁のトハンボワはアヴァ在住のビルマ族を手当たり次第殺戮したが、この知らせを受けたミンチェエンヨー王はアヴァに居座ったトハンボワへの復讐を誓い、アヴァを攻撃する準備にとりかかった。しかし王はこの誓いを達成することなく、一五三一年に他界した。

2　タビンシュエティ王（在位一五三一～一五五一年）

王位継承者として残された王子はこの時まだ一四歳の少年であったが、既にその名声は広く知れわたっていた。

一五一六年にこの王子が誕生した時、出産はまだ夜が明けない真っ暗な刻限であったが、出産した瞬間、王室の武器庫に保管されている刀剣も槍も一斉に光り輝いた。この不思議な現象を目の当たりにした者たちは「これは誕生した王子がアヴァのミンイェ・チョスワールのような偉大な武人になるという予兆に違いない」と確信した。偉大な人物となる予兆のもとに授かった王子を誇らしく感じた父王は、この子をタビンシュエティ（Tabinshwehti）「唯一無類の黄金の傘」と命名した。ここで言う「傘」は、仏塔（パゴダ）の頂上につける宝石をちりばめた尖塔飾りを意味している。

こうして父王のミンチェエンヨーの善政が高く評価されていたことに加え、この王子こそ偉大な王となる人物に違いないとの言い伝えを誰しも信じていたので、タビンシュエティ王子が王座に就き、軍の総司令官になることに異論の声は全く上がらなかった。

ところがビルマ族の男子は成人となるための通過儀礼として、出家見習い僧になる得度式を行わねばならない。しかしタビンシュエティ王子はこれをまだ済ませていなかったので、王座に就くに当たっては、その前にこれを行う必要があった。彼はこの儀式はミャンマーの四大寺院（パゴダ）、すなわちパガンのシュエジゴン、ピエのシュエサンドー、ヤンゴンのシュエダゴン、バゴーのシュエモードーのどれかで行うと心に決めていた。当時の政治状況からすればいずれも困難を伴う中で、彼が選んだのはタウングーから二〇〇キロと離れていないシュエモードーであった。

彼は配下の騎兵の中から最も優れた五〇〇騎を選抜し、これを従えて自ら先頭に立ち、夜を徹して敵地に向けて疾駆した。そしてこの一団は、明け方前にバゴーの城門のすぐ外側にあるシュエモードー寺院（パゴダ）に到着した。

城門内のモン族は「この五〇〇騎の一団はバゴー襲撃軍の前衛に違いない」と考え、急遽城門を固く閉ざして様子を窺った。やがて彼らは来襲したのは五〇〇騎のみにとどまり、全員が寺院の中にいることを知り、城外に出て寺院を取り囲んだ。

寺院では得度式がほとんど終わりに近づいていたが、その時点で見張りの兵が「モン族たちがやって来る」と叫んだ。しかしタビンシュエティ王子は落ち着き払って「モン族などより得度式の方が大切だから、式を滞り(とどこお)なく済ませていただきたい」と述べ、無事得度式を終わらせた。そして式が終わるや彼は再び五〇〇騎の先頭に立ち、包囲するモン族の兵士をかいくぐって帰途についた。豪胆なことで知れわたっていたタビンシュエティ王子を目の当たりにしたモン族の兵士たちは、その勢いに圧倒されて茫然と立ちすくみ、立ち去る五〇〇騎に手出しをする者はいなかった。

こうしてタウングーに無事帰還を果たしたタビンシュエティ王子は、滞りなく王位に就いた。この一件は津々浦々語りつがれてまたたく間に広がり、ビルマ族の心を奮い立たせる一方、シャン族やモン族を怖気づかせることになった。

タビンシュエティ王の側近には、常にシン・イェトゥット（Shin Yetut）という名の若い貴公子がおり、このバゴー遠征の際にもこの人物はタビンシュエティ王子の傍らに騎乗していた。彼はタビンシュエティ王より幾つか年上というだけの若い武人だったが、既に実戦経験を積み重ね、その勇猛果敢な戦いぶりと剛毅な性格で知られていた。そして彼はタビンシュエティが王となってからも、終始この若い王の身辺にいて王の相談相手となり、王にいろいろな進言を行った。

そうこうする内にシン・イェトゥットは王の妹と相思相愛の恋に陥り、このことが露見してしまった。武人と王の近親者との恋愛は、当時の法律では「反逆罪」とされていたのである。軍を動かせる立場にある武人が王への対抗意識をもった親族と結びつくと、謀反に走る危険があり得たので、こうした規定が設けられたのであった。

宮廷の人々は、かつてこれと同じようなことが起こって、パガン王国の開祖アノーラタ王とチャンシッタとが不仲になった史実も思い浮かべながら、一体これはどうなることかと固唾(かたず)を呑んで事の成り行きを見守り、中にはシン・イェトゥットに「いっそ反乱に立ち上がったらどうか」と囁く者まで現れる始末となった。

こうした中で当のシン・イェトゥットは「若い男女が恋に陥るのは罪ではないが、君主への忠誠を誓った武人にとって、その誓いに背くのは許さるべきことではないので、自分は縛につく」と公言した。

王は大臣たちを集めて慎重に協議を重ねた結果、「シン・イェトゥットにはチョーティン・ノーラタ(Kyawhtin Nawrahta)という王族の称号を与え、王の妹との結婚を許す」との決定を下した。この措置によって王の人気は人々の間で一段と高まり、また義理の兄弟となったチョーティン・ノーラタは史上他に類例を見ない程、王への忠誠に励むこととなった。

こうして数年後に起きた戦では、チョーティン・ノーラタの軍事的手腕と恐れを知らない果敢な行動により、タウングー側に大勝利をもたらす結果となった。そこで王は彼に「王の兄」を意味するバインナウン（Bayinnaung）という新たな称号を下賜した。

タビンシュエティ王はモン族を征服し、彼らの港のいくつかを支配下に収めて国際貿易がもたらす莫大な収益の恩典に預かるという構想を心に描き、なるべく早くこれを実現させたいと考えていた。それと言うのも王国の国庫はポルトガル人傭兵への支払いで逼迫しており、財政収入の確保は喫緊の課題となっていた。この時代バゴーやマルタバンのような城壁に守られた都市を攻略するには、それに不可欠な大砲やマスカット銃を持ちこみ、これを操作するポルトガル人傭兵が無くてはならない存在だったのである。

王はアヴァのシャン族たちについては、彼らが常に内輪もめを起こしており、一丸となって行動することはなかったので、恐れるに足らずと見ていた。

ピエの王はビルマ族とシャン族の混血であったが、モン族とは互いに王同士が義兄弟の関係にあり、同盟を結んでいたので、今やアヴァからは独立していた。しかしタビンシュエティ王はモン族への攻撃を行うに当たり、ピエの軍勢が敢えて自分たちの城壁から繰り出して背後を突いてくることはあるまいと踏んでいた。

こうしてタビンシュエティ王はこの後四年間にわたり、エヤワディ河デルタの一帯を徐々に制圧する行動にとりかかり、まずはパテイン港を押さえることができた。これは王にとって、国際貿易の道を開いたばかりでなく、バゴーとマルタバンに海側から圧力をかける拠点となった。

一五三四年、機が熟したと見た王はバゴーの攻略にとりかかったが、手間取っている内に雨季が始まってしまい、撤収を余儀なくされた。翌一五三五年と一五三六年にも、王はバゴーへの襲撃を繰り返したが、再三押し戻されてしまった。

バゴーの王タカユッピ（Takayutpi：在位一五二六〜三九年）は、多くの業績を残したダンマゼディ王の孫ではあったが、祖父王とは似ても似つかぬ弱々しい性格で、自分に自信をもてず、人には疑い深かった。タウングーの内外において、タビンシュエティ王の名声が高まってきたことで一段と自信を失ったタカユッピ王は、自分の大臣たちに疑いの眼差（まなざ）しを向けるようになった。中でも最も有能な大臣二人に王の疑いがかけられることとなったが、事もあろうにこの二人は王を幼少時代から教育してきた師であり、大臣たちの中でも王への忠誠心が一番強く、献身的な人物だったのである。王の疑心暗鬼がほとんど病的なまでになっていたことを物語っている。

バゴーのこのような内情を察知したタビンシュエティ王は一計を案じ、自分からこの二人の大臣宛に書状をしたため、これを届けさせる密使を送り込んだ。書状はあたかも二人の大臣からの申し出に答えるかの如き文面で、「我は貴殿たちの申し出を喜んで受ける。貴殿たちに手助けされて勝利した暁には、望み通りの褒賞を与えることを約束する」と記されて、王自ら署名したものであった。放たれた密使はタビンシュエティ王の指示通り、わざとバゴーの守備兵に捕まり、持参していた書状は取り上げられて直ちにタカユッピ王に届けられた。これを一読した王は逆上し、調査すら行わずに、即刻二人の大臣を処刑した。敵側の画策にまんまと乗せられたタカユッピ王のこの浅はかな振る舞いは、モン族たちに深刻な心理的影響を及ぼし、今やバゴーの命運は尽きつつあるような観を呈した。

この後タビンシュエティ王はさらに二年をかけて自国軍の強化を図った上で、一五三八年、バゴーに進軍した。タビンシュエティ王の接近を知って、怖気づいたモン族の王は、自軍を引き連れてピエにいる義理の弟のもとに逃げ延びた。こうしてタビンシュエティ王は難なくバゴーを手中に収めることができた。モン族の軍も、もはや一枚岩ではなく、ピエを目指す王に従わなかった一部はマルタバンに逃れた。

ここでタウングー側は、息もつかせずに次の行動を起こした。軍船の一団を率いたタビンシュエティ王はピエを目指してエヤワディ河を遡上する一方、バインナウンは小規模の軍団を率いて陸路ピエに向けて進軍した。タウングー側の軍勢はピエとバゴーが一緒になった軍勢に比べると数において少なく、未だ十分にはポルトガル人の傭兵を雇い入れていなかったので、武装の点でも劣っていた。しかし、厳しい訓練を重ねてきたタウングー軍は鉄の規律を誇り、その戦意は高揚していた。タウングー側が狙ったのは、モン族軍がピエの城壁内に逃げこんでしまう前に、彼らと交戦することであった。

ピエ・バゴー連合のモン族軍は、タビンシュエティ王の到着を待ち受けて戦を挑む構えで、エヤワディ河沿岸を陸路、下流の方向に進軍してきた。折しも小規模の部隊を率いたバインナウンはちょうどその対岸に到達したので、渡河して攻撃を仕掛けることにした。まさに日が暮れて、辺り一面が暗闇に覆われる刻限であった。

モン族軍は得られる限りの船を押さえてしまっていたので、バインナウンは気付かれぬよう、暗闇の中を急ごしらえの筏で渡河し、対岸に着くや敵が押さえていた船を全部破壊してしまった。一人の部下が「もし戦に負けた際の撤収はどうするのですか」と問いかけたのに対し、バインナウンは平然として、「われわれには勝利するか、死ぬかのどちらしかないのだから、撤収のことなど考える必要はない」と答えた。

その時タビンシュエティ王からの伝令がやってきた。伝令は「王が率いる主力軍が到着するまで、敵との交戦を避けて待機せよ」との王の指令をもたらしたのである。これを受けたバインナウンは、「われわれは既に交戦を始めたばかりでなく、敵を打ち負かして壊走させたと王に伝えてもらいたい」との伝言を伝令に託した。これを耳にした部下たちがあっけにとられているのを見て、彼はこう言って微笑んだ。「われわれが勝利すれば、王がわれわれをお咎めになることはない。もし負ければわれわれは死に、もはやこの世にいないのだから、王はやはりわれわれをお咎めになることはできない。」

こうしてバインナウンは直ちにピエとバゴーの連合軍に猛攻を加え、指揮するバインナウンのもとに一糸の乱れもなく鮮やかな戦闘を繰り広げ、タビンシュエティ王が主力軍とともに到着した時には完勝していた。王はバインナウンを賞賛し、直ちにエヤワディ河をピエに向かって遡上し、ピエ、バゴー、アヴァ三者の連合艦隊を撃滅した。アヴァは自分たちがタビンシュエティ王の次なる攻撃目標となるに違いないと感じ、ピエを支援するために艦隊を派遣していたのである。

タビンシュエティ王はこの戦闘でピエ攻略までには至らなかったものの、大打撃を受けたピエ軍には、もはや彼らの側から攻撃を仕掛けてくる気力もなくなったと見て、一旦自軍をバゴーに撤収させ、バゴーを本拠にして、ここからモン族への睨みをきかせることにした。王はこれまで敵側だった全てのモン族将兵に「投降に応じた者には恩赦を与える」と呼びかけ、実際に投降してきた者には過去の一切の行動に赦しを与えたばかりか、それまでの処遇と変わりなく再起用した。こうしてタビンシュエティ王は、パガンの王たちの先例を踏襲し、ビルマ族とモン族の宥和を図り、両者が共存する統一国家をつくり上げようとしたのである。

このような情勢の進展の前に、絶えず内部分裂を続けてきたシャン族は、タビンシュエティ王に対抗するには力を合わせなければならないことをようやく悟った。そしてシャン族の全ての土侯たちが連合し、大軍を率いてピエの救援にやってきた。彼らはまずエヤワディ・デルタ方面に侵攻し、それまで支配していたモン族の復権を図り、モン族の王に恩を売ろうとしたのである。

シャン族の土侯たちのこの企てはまんざら的外れでもなかったのであるが、不幸にして恩を売ろうとした当のタカユッピ王は、狩猟に出掛けた際に起きた事故で落命してしまった。王の死に落胆したピエのモン族たちは、シャン族に恩を売られてその支配下に置かれるよりは、タビンシュエティ王の軍門に降る方が、まだしも良かろうという気持ちになり、タビンシュエティ王からの、恩赦つき投降の呼びかけに応じることにした。モン族のこの態度の変化に、当てが外れたシャン族たちは、すごすごとシャン高原に引き返して行った。

タビンシュエティ王は、かねてより寛大な扱いを約束して投降を呼びかけていた。そうしたところにモン族の王が不慮の死を遂げ、今回の投降となったのであった。そしてこうなった以上、タビンシュエティ王としては、マルタバンもすんなりと降服してくるものと期待していた。

ところが死亡したモン族の王の義弟に当たるマルタバンの総督は、今や自分がモン族の王になったと宣言して、タビンシュエティ王への対決姿勢を顕わにした。彼はマルタバンに来港しているポルトガル船と自分が雇い入れたポルトガル人傭兵の力で、タビンシュエティ王をマルタバンには寄せつけない自信を持っていたのである。事実、防備を固くしたマルタバンは非常に強い立場を誇っており、タビンシュエティ王とのこうした経緯がなくても、やがてはバゴーからの分離独立を宣言する意向であったと思われる。現にバゴーのモン族王が落命する前の時期、マルタバンはバゴーにはなんらの支援も行わなかったし、バゴーの王はマルタバンの総督を信頼していなかった。既に述べた通り、バゴーの王が逃亡先としてマルタバンではなく、ピエを選んだことからもこのことは明らかであった。

マルタバン総督のこのような対決姿勢はタビンシュエティ王の逆鱗に触れ、王はマルタバン攻略の準備にとりかかった。このような情勢になると誰もが「勝ち馬に賭けたい」という気持ちになり、これに加えてビルマ族が支払う高額の給料に惹かれて、ポルトガル人の傭兵たちは大挙してタビンシュエティ王の軍隊と雇用契約を結ぶようになった。

やがて万全の準備を整えた王の軍隊は攻撃を開始し、マルタバンを包囲した。

ところがマルタバンの町は高台にあるため、攻撃する側は城壁からのポルトガル人傭兵による銃撃の標的になった。また港に停泊する七艘のポルトガル船からの発砲にも晒されて大きな被害を受け、攻略は一筋縄では行かなかった。こうして包囲を受けたマルタバンは、七ヶ月間にわたって抵抗を続け、篭城に耐えつつなんとか持ちこたえた。

しかしマルタバンの抵抗もこれが限界であった。総督は「自分がマルタバン総督の地位に留まることを許され、その代わり年三万ヴィスの銀とその他の高価な贈呈品を年貢としてタウングーに納める」との条件による降伏を申し出てきた。これに対してタビンシュエティ王はこの申し出を拒絶し、「我が提示した恩赦つきの投降に応じなかった以上、今さら条件をつけてくるのはもってのほかだ」として無条件降伏を要求した。そこで総督は「自分と家族がその財宝共々マルタバンから安全に退去すること」のみを要請してきたが、王はこれも許さなかった。

進退窮まった総督は最後の期待をかけて、なりふり構わずゴアのポルトガル副王（vice-roy：植民地駐在の総代表でゴアの知事に当たる）と連絡をとり、「自分の莫大な財宝の半分を差し出した上で、ポルトガルの属国になりたいので助けてほしい」と嘆願した。連絡を受けたポルトガル副王はこの申し出に興味はもったものの、タビンシュエティ王からの報復攻撃も恐ろしく、態度を決めかねていた。

そうこうする内に一五四一年、タビンシュエティ王はマルタバンに最後の猛攻を仕掛けた。まず燃え盛る筏（いかだ）を河から流して、港内に停泊中のポルトガルの船もモン族の船も炎上させ、次に竹で組み上げた櫓（やぐら）を載せた筏を浮かべ、櫓に上ったマスケット銃の射手がマルタバンの市内に向けて一斉に射撃を加えた。こうしてマルタバンは落城し、王はマルタバンが溜めこんでいた莫大な財宝を戦利品として手にすることができた。王は予め示した恩赦という寛大な措置に応じなかった以上、なんら情けをかけるには及ばないと判断し、総督とその全家族及び総督側に付いて頑強に抵抗してきた者たち全てを処刑するように命令した。

モーラミャインやその他近隣のモン族住民は、マルタバンの成り行きを目の当たりにして相次いでタビンシュエティ王に降伏し、過去の振る舞いについては恩赦が与えられた。

あとに唯一残ったモン族の拠点はピエであったが、このような事態の進展にも拘わらず、この町は難攻不落の城壁とシャン族の援軍を頼みにして頑強な抵抗の姿勢を崩さなかった。

一五四二年、タビンシュエティ王は水陸両方面からピエに進軍した。この時期になるとピエ在住のビルマ族は、ほとんど全員タビンシュエティ王の側に逃亡していたので、残る住民の大多数はモン族とシャン族のみになっていた。

ピエにおいては、一五三九年に事故死したタカユッピ王の後を襲った王が一応は君臨している形になっており、タビンシュエティ王の攻撃にどう抵抗するか頭を痛めていた。そしてこの王はラカイン勢の救援に望みをかけて、自分の妹をラカイン王に王妃として嫁がせていた。ラカインは多くのポルトガル人傭兵を擁する強大な海軍力で強国に伸し上がっており、今や対抗勢力であるマルタバンが落とされたので、ミャンマーの南部一帯に勢力を広げてこれを牛耳ろうと目論んでいた。

そこでラカインはピエの救援要請に応え、アン峠（Ann pass）を越えて陸軍を派兵すると同時に、海路海軍を派遣した。陸路のラカイン軍はアン峠を越えてピエの対岸に向かうところで、バインナウンが率いる軍勢と遭遇し、完膚なきまで撃滅させられた。一方の海軍はパテインに侵攻したところで、陸軍惨敗の知らせを受け、急遽引き揚げてしまった。

タビンシュエティ王はピエを攻略し、マルタバンの場合と同様に、ピエの王と配下の抵抗者を処刑した。

他方のバインナウンは北に転進し、ピエの救援に向かおうとしていたシャンの軍勢を叩いて、これを敗走させた。シャンの土侯たちの軍はアヴァに集結して体制を建て直し、バインナウンとの遭遇を避けて、今度は船でエヤワディ河を下り、ピエに向かおうとした。しかし船団はタビンシュエティ王がポルトガルから調達した大砲の格好の攻撃目標となり、再度の敗退を余儀なくされた。

こうしてシャン勢を完全に食い止めたタビンシュエティ王は、パガンに入城し、かつてパガン王国の偉大な王たちが行ったのと同じやり方を踏襲して、戴冠式を挙行した。

そして王は再びバゴーに戻り、ここではモン族の王たちのしきたりに則って、再度戴冠式を行った。王はモン族の王女を迎えて王妃とし、王自身もモン族のヘアー・スタイルに髪型を結った。そればかりか、王宮及び軍隊の要職にもモン族の人材を多数起用した。

その後ラカインでは王が没し、その息子が王位を継承していたが、没した王の弟（王位を継承した新王の叔父）はこれに不満を抱き、新王に対決するというお家騒動が持ち上がっていた。そして没した王の弟の側からタビンシュエティ王に、ラカインへの侵攻を要請する働きかけがあり、これを受けてタビンシュエティ王は、王位継承をめぐるトラブルの渦中にあるラカインへの介入に乗り出した。

タビンシュエティ王はモン族の軍を率いて海路ラカインに向かい、バインナウンはビルマ族よりなる軍とともに陸路進軍した。陸海二手に分かれての進軍はサンドゥエ（Sandoway）で合流し、没した王の弟であるサンドゥエ総督に歓迎された。

そこからはタビンシュエティ王とバインナウンは一緒になり、ラカインの首都モロハウン（Morohaung：現在のムラウーMrauk-U）目指して北進した。しかしモロハウンの防備は固く、攻撃する側は城塞の外壁を崩すところまでいったが、首都を陥落するまでには至らず、攻めあぐねていた。こうした状況の中で、城内のラカイン王は水門を開いて城外に洪水を起こし、ミャンマー軍は一時、高地への撤収を余儀なくされた。

タビンシュエティ王は長期にわたって包囲を続ける用意をしておらず、しかも本国においては、タイ勢が動いてくる危険が気遣われた。それと言うのも、本来タイ族はシャン族と同じ民族であることからシャン族には同情的であり、シャン勢がタビンシュエティ王に完膚なきまで痛めつけられたとの知らせを受けたタイ族が、タニンダーリ方面に攻撃を仕掛けてくる模様との情報が入っていたのである。

そこでタビンシュエティ王は、急遽ラカインの新王と叔父のサンドゥエ総督との和解をとりもち、なんとか面目を施して、権威を失墜することなく、バゴーに引き揚げた。

これまでの時期、タビンシュエティ王に幸いしたのは、タイ族たちが絶えず仲間同士で争っており、興隆してきたビルマ族の王国にはあまり注意を向けなかったことであった。

アユタヤのシャム王国は、自国でも王位継承の問題を抱えていたのに加え、隣接するチェンマイとラオスにも支配力を広げようとして攻勢に出ており、この両国内での王位継承にからんだ権力闘争に介入し、盛んに干渉していた。

自国の足もとに不安の種があるのに隣国への内政干渉に力を注いでいたシャム王は、王妃に毒を盛られて殺害され、さらにこの王妃は自分の腹を痛めた王子が王位を継承するや、これをも殺してしまった。その後しばらく血で血を洗う内紛が続いた末、遂にこの王妃の情夫が王となったものの、これまた殺害され、結局最初に毒を盛られて殺された王の実弟が王座に就いていた。

この新王は王国内での自分の威信を高め、政権基盤を磐石にしようとして、ミャンマーとの国境方面への攻撃を盛んに仕掛けてきた。当時シャム王国は多数のポルトガル人傭兵を抱えており、タビンシュエティ王に勝てる成算ありとの自信をもっていたのである。

一方のタビンシュエティ王は敢えて戦を好む暴君ではなく、それまで続けてきた戦による疲れもあって平和志向の気持ちが強くなっており、年来の大構想であるビルマ族、モン族、シャン族の融和を図って一つの王国に纏め上げるという事業を、なんとか平和裡に成就させたいと願っていた。そして新たに支配下に収めたシャン族の地域の平穏を保つためにも、シャム王国から、国境地帯への攻撃を行わぬよう確約をとりつけようとした。

そこで王はシャム王に対して、今後は国境攻撃を行わないと誓約した上で、白い象を献じるよう要求した。これはビルマ族の外交手法であり、暗に名目上であれ朝貢国になれとの最後通告だったのである。シャム王国は、もとより名目的にせよ、ミャンマーの属国となるなど論外と考え、タビンシュエティ王の要求を断固拒絶した。

そこで一五四八年、タビンシュエティ王はマルタバンから山岳地帯の峠を越えて、シャム王国に侵攻した。王の軍勢はアユタヤを目指した長い行軍の道すがら、絶えずタイ族のゲリラ攻撃に晒された。そのために、行軍するミャンマー軍はゲリラへの対処に手間取って時間がかかってしまい、その結果シャム側には、既に守りを固めていたアユタヤの防備を一段と強化する時間的余裕を与えてしまった。

そうしたこともあり、アユタヤ城の攻略は一筋縄では行かなかった。タビンシュエティ王が抱えていた四〇〇名のポルトガル人傭兵は王への忠誠を誓っていたが、アユタヤ城には千人のポルトガル人傭兵がおり、同じくシャム王に忠誠を誓っていたのである。

そこでタビンシュエティ王は包囲作戦を考えたが、有効な包囲を行うには率いてきた軍勢では不十分であった。王はこうした状況の中で、このまま包囲作戦を強行するとさらに損耗を重ねる結果を招き、得策でないとの判断し、一旦兵を引くことにして秩序だった撤収を開始した。

撤収を察知したシャム側は大胆な行動に出た。勝利にこだわっていたシャム王自らが攻撃の先頭を切って、城外に出陣してきたのである。これを受けて立ったミャンマー軍は善戦して、アユタヤ側に甚大な損害を与え、王の息子、王の弟、及び王の義理の息子を捕虜にしてしまった。シャム王は、和平を求めざるを得ない事態を自ら招いてしまったのである。

タビンシュエティ王は象二頭を含む高価な献上品を受領し、「今後毎年、象三〇頭、一定額の貢納金並びに何箇所かの関税収入を献納する」との約束をさせて、和平に応じることにした。

タビンシュエティ王は無慈悲な武将ではなく、敵に対してすらきちっと礼節をわきまえた人物であった。彼は捕虜にした王族たちを手厚く遇したし、このようなかけがえのない捕虜を人質にしているからと言って、相手側に不名誉となるような和平条件を押し付けることもしなかった。献上品は捕虜にした王族の身代金であると同時に、ミャンマーへの朝貢献上品という二重の意味合いを持つものであった。

こうしてミャンマーはシャム王国に勝利し、その後暫くは、シャムがミャンマー配下のシャン土侯国に介入してくることもなくなった。

これまでの人生二〇年間は戦に明け暮れてきたタビンシュエティ王であったが、彼も今や三二歳になっていた。ここにおいて、王は父王が心に描いていたミャンマーを一つの王国に再統一するという夢を思い起こしていた。ラカインとシャンもビルマ族と良好な間柄となり、パガン王国の開祖アノーラタ王の統一王国再現とまでは行かないにせよ、一応自分がなしとげた業績に満足できると思うようになっていた。王国もそれを構成する各民族も、戦で受けた傷を癒す時期にきていると考えるようになっていた。

しかし臣下のモン族で血の気の多い連中の中には、タビンシュエティ王のこのような平和志向は、王が弱気になったからではないかと間違った受け止め方をする者もいた。モン族はタビンシュエティ王による善政の恩典に預かっていたにも拘わらず、王がモン族の王国を滅亡させたのは許せないと感じていた者は、依然として少なくなかった。

タビンシュエティ王は、人生で初めてくつろいでのんびりと過ごすことができるようになり、気のおけないポルトガル人の友人と長期にわたる狩猟の旅に出掛けるようになった。このポルトガル人は、ミャンマーのいろいろな果実からワインを醸造する達人であり、彼と親交を結んだタビンシュエティ王はたちまちその感化を受け、新種のワインに異常な興味を抱く酒豪になっていた。

こうなると変な噂が広まる。王が酒浸りになり、もはや王国を治める能力を失ったようだと囁かれるようになったのである。大臣たちはこっそりと集って協議し、全員が一致して玉座をバインナウンに譲るべしとする決定を行った。この決定を知らされたバインナウンは、王位を受け継ぐのは辞退したが、その代わりタビンシュエティ王を、王国への義務感に燃えたかつての王に立ち戻らせるように努力すると約束した。バインナウンは、件（くだん）のポルトガル人の友人に多額の金銭を与えて、国外に退去するように仕向け、なんとかこの人物を王から引き離すことに成功した。しかしこの事態は一種の醜聞（スキャンダル）として噂されるようになり、すでに悪い結果をもたらす種を撒いてしまっていたのである。

一五三九年に事故死したバゴーの最後のモン族王タカユッピには腹違いの弟がおり、この人物はヤンゴン近郊のシリアム(Syriam)で出家僧になっていたが、この男が還俗して反乱に立ち上がったのである。

これを鎮圧するため、バインナウンはバゴーを後にしてシリアムに向かった。その際バゴーに残る王には、身辺警護のために屈強なボディーガードをつけた。

ところが、バインナウンの不在中、シッタン（Sittang）の総督（モン族）がやってきて王を象狩に誘い出した。タビンシュエティ王は象狩には目がなく、それへの招待という誘惑には勝てず、これを断れなかった。タウングー駐在の副王（viceroy）であるバインナウンの弟を呼び戻してバゴーの守備を命じた上で、自分はこの誘いに応じて象狩にでかけた。こうして象狩の遠出に出掛けたある晩、就寝中のタビンシュエティ王はシッタン総督に襲われ、殺害されてしまった。

3 バインナウン王（在位一五五一〜一五八一年）

王殺害の下手人であるシッタン総督は、今やバゴーは独立の王国であり、自分が王であるとの宣言を行った。しかしモン族の大臣たちはシッタン総督が王になるのを認めず、シリアムで立ち上がった叛徒の首魁（故タカユッピ王の腹違いの弟）を王位に就けた。

バゴーの守備を命じられていたバインナウンの弟は、王殺害の知らせを受けるや、タウングーに戻り、自分が王になると宣言した。ピエの副王（viceroy）も独立宣言を行った。

こうした異変を受けてバインナウンはバゴーに戻ってきたが、彼の前に城門は閉ざされていた。しかし城内のモン族で、城外のバインナウンに攻撃を加えようと出陣してくる者は誰もいなかった。

そこでバインナウンはタウングーに行軍したが、ここでは自分の弟が王になると宣言した直後であり、やはり彼の前に城門は閉ざされた。

このようにバインナウンは、よって立つ城塞都市を一つももたず、八方ふさがりの窮地に立たされたが、配下の軍は規律を乱すことなく、バインナウンへの忠誠心は全く揺らがなかった。

叛徒であるモン族の間には権力闘争が絶えず、ごたごたした状態が続いた。そして、ついにタビンシュエティ王に手を下したシッタン総督が、シリアムの叛徒の首魁だった自称新王に殺害されるや、シッタンの一派とシリアムの一派との対立は決定的になった。

新たに自分が王になったと宣言をした者たちの誰一人として、バインナウンと干戈（かんか）を交えようと出撃する人物がいなかったことは、バインナウンの存在感が他の誰よりも勝（まさ）っていたことを雄弁に物語っていた。いずれにせよ、バインナウンがこれらの反乱王のいずれかに付き従うことだけは、断じてあり得なかった。

バインナウンはエヤワディ河口のデルタ地域に戻り、この地方一帯を制圧した。彼の名声は津々浦々まで知れわたっていたので、モン族の村人ばかりでなく、モン族の有力人士までが、自ら志願して彼の軍に加わった。

ここでバインナウンは、かつて故タビンシュエティ王に仕え、王の軍隊で、王と生死を共にしてきたポルトガル人と連絡をとった。この男はタビンシュエティ王が殺害された後も、王に誓った忠誠を守り通そうとし、モン族側から金で釣って懐柔しようする働きかけを断固断り、配下の部隊を率いてモン族と戦い続けていた。ディオゴ・ソアレス・デ・メロ隊長（captain Diogo Soares de Mello）と呼ばれるこの人物は、並みのポルトガル人傭兵が単に金銭目当てなのとは異なり、名誉を重んじ、忠誠心の強い男であった。それに加え、故タビンシュエティ王の卓越した人柄が、彼を惹きつけていたのである。このような人物であるこのポルトガル人は、バインナウンの呼びかけに二つ返事で応じ、早速馳せ参じてきた。

こうしてディオゴ・ソアレス・デ・メロも加わったバインナウンの軍勢は、バゴーの城外を素通りして、まっすぐタウングーに進軍した。タウングー城内の軍は、バインナウンがやってくると知るや、われ先にと脱走し、バインナウン軍に加わった。タウングー城内には王と自称する自分の弟がいたが、この男も降伏した。この弟は自分の身勝手な振舞いを恥じて、厳しい処罰を覚悟していたが、意外にもバインナウンの許しを得たばかりか、再度タウングーの総督に任じられた。彼はこのような予想外の温情味溢れる処遇を受けたことに感激し、自分もバインナウンの軍に加わりたいと申し出て受け入れられた。

こうして膨れ上がったバインナウンの軍勢は、次の目標であるピエに進軍し、難なくこの町を奪還した。奪還したピエについても、バインナウンは温情的に処理しようとしていたが、ピエの王はラカインに逃走しようとしたので捕らえられ、処刑された。

いよいよ次は本命のバゴーである。バインナウンはバゴーを包囲した。モン族の自称新たな王は包囲網を破ろうと、自ら軍の先頭に立って出陣してくる勇気だけは持ち合わせていた。彼は乗っている軍用象の上からバインナウンに対し、「一対一の決闘を挑みたい」と大声で叫んだ。これを知ったバインナウンは、モン族の王を通すよう自軍に命じて道を開けさせた。近づいてきたモン族の王は闘争心に燃えてはいたものの、バインナウンの姿を目にしただけで、とても敵(かな)わないと悟ってにわかに怖気づき、くるっと後ろに向きを変えると、一目散に逃げ出してしまった。モン族王の軍隊は瓦解し、バインナウンは難なくバゴーを制することができた。モン族王はその後捕らえられ、処刑された。

こうして一連の征服を果たした後、バインナウンは正式にミャンマーの王に即位し、全ての臣下に対して、それまでの行動については恩赦を与えることにした。モン族の官吏もほとんど旧来の地位に戻ることになったが、タウングー、ピエ、マルタバンといった重要都市の総督には、自分の弟たちを任命した。

こうなってもアヴァはまだバインナウン王に屈服しておらず、シャン族の土侯たちも全て独立していた。バインナウン王としては、シャン族がミャンマーの勢力下に入っていない限り、彼らは常にミャンマーにとって危険な存在であり続けることを重々承知していた。王はまた、封建的社会体制のシャン族がミャンマーの国家体制に馴染まず、直接ビルマ族の統治下に置かれるのには反発するであろうことも分かっていた。しかしそうだからと言って、彼らを野放しにして放置するならば、彼らが常にミャンマーとの悶着の種になるのは間違いなかった。

こうした状況を考えて一五五四年、王は自分の息子が率いる軍を陸路、弟の一人を司令官とする艦隊を水路アヴァに派遣したが、この出兵ではアヴァを落とすには至らなかった。

翌一五五五年、ラカインではサンドウェ（Sandoway）の総督がラカイン王と再び不和になり、またしてもバインナウン王に金品を貢納して介入を求めてきた。しかしバインナウン王としては、アヴァの攻略の方に力を注ぐ必要があったので、この要請には応えず、その代わりこのサンドウェ総督にミャンマーの副王という称号を与え、サンドウェ一帯を王国に編入した。

そうしておいて、バインナウン王は陸路による軍勢と艦隊を連ねた水軍を率いて、水陸両面からアヴァを包囲した。アヴァの王は変装してアヴァから脱出しようとしたが、捕らえられた。捕らえられたアヴァの王は許されて、命は助けられたが、アヴァの総督に任命されることはなかった。

ここでバインナウン王は、自分の末弟を総督としてアヴァに残した上で、自らは北に向かい、シャン族の土侯諸国の制圧に乗り出した。その後も王は一五五七年にかけてさらに二回の出陣を行い、ようやく北方及び東方のシャン族を全面的に屈服させた。

バインナウン王がシャン族を制圧したことは、タイ族のチェンマイ王国にとっては不安を掻き立てる事態であった。そこでチェンマイは密使を潜入させて、シャン土侯諸国に反乱の種を撒こうと画策した。これを察知したバインナウン王は一五五八年、東方に進軍してチェンマイを制覇した。バインナウン王はこのチェンマイ攻略に当たっては、住民の殺戮はもとより略奪も一切行わず、温情的に事を進め、チエンマイ王はバインナウン王配下の副王に任命され、引き続きチェンマイに留まることを許された。しかし数多くの職人、とりわけ漆器工芸職人は連れ去られ、バゴーに定住させられた。

バインナウン王のチェンマイ制覇は、ミャンマー北方の中国との国境周辺のシャン族土侯たちが一斉に王に屈服する呼び水となり、中国雲南省内の土侯の中からさえバインナウン王に忠誠を誓う者が現れるありさまとなった。

この頃にはバインナウン王の名声は広くこの地域一帯に響きわたっていたので、明朝の中国もこのような事態に抗議しようとはせず、インドでも、ミャンマー国境近くに位置するマニプールの族長（Raja of Manipur）がバインナウン王に朝貢してきた。

これに続く四年間、バインナウン王はシャン族への対策に専心した。各土侯国は総督を長とする自治体に再編されたが、それまでの土侯たちは、従来通りの地位に留まって家紋を保持し、伝統的儀式や祭礼を行うことが認められ、領民に対する封建的諸権利も保持し続けることが許された。土侯の地位は引き続き世襲とされたものの、後継者の決定には王の承諾が必要とされるようになったばかりか、土侯となった者でも、重大な不祥事があれば、罷免されるようになった。しかしその場合でも、王が後継者を選ぶのは、土侯一族の者の中からに限ることとした。

さらにバインナウン王は、封建的なシャン族社会の改革に手をつけ、彼らの慣習と両立する限りにおいて、ビルマ族の慣習法をシャンに導入した。

とりわけ王は、上座部（小乗）仏教をシャンに広めることに努力を傾けた。シャンでは一三世紀から徐々に仏教信仰が広まってはいたが、この広大な地域に僧侶は僅かな数しかおらず、しかもその行状は厳格な戒律に則ったものとはとても言えなかった。僧院の数も極めて少なかった。古来続けられてきた精霊信仰(アニミズム)に結びついたしきたりは依然として根強く残されており、例えば土侯の葬式では、愛用していた軍用象や軍馬、飼育してきた多くの動物ばかりか、時にはお気に入りの奴隷までが生贄(いけにえ)として葬られることとすらあった。

そこでバインナウン王は、人はもとより動物の生贄も一切禁止するとともに、シャンの各地方に多くの僧院を建立し、ミャンマーの僧侶たちに、これらの僧院に移り住むよう奨励した。王は仏典の写本を広くシャンの村々に配布し、村人たちに休日には集まって仏典を学ぶよう奨励した。

こうしたやり方にシャン族から不満が出ないようにする配慮もあって、王はビルマ族に対しても、古来より盛んに続けられてきた精霊信仰の一種である「ナッ」の神々、特に三七神の信仰を止めさせようとしたが、これはその昔アノーラタ王が苦杯を嘗めたのと同様、成功するには至らなかった。しかし王の動物生贄禁止令の方は国中で守られ、特にインド系イスラム教徒がやっていた生贄として牛を殺す習慣は、見られなくなった。

王はビルマ族とシャン族との通婚を奨励し、ビルマ族の王がシャン族の王女を王妃に迎える伝統も復活させた。

王はシャン族の土侯に、子弟をミャンマーの王宮に小姓として仕えさせるよう求めた。この要求には二つの狙いがあった。一つは、預かる子弟たちにミャンマーの王宮での生活を体験させ、そこでしか得られない貴重な訓練を授けることにより、将来的にシャン族のビルマ族への同化を促そうとしたのである。もう一つは、子弟を一種の人質として預かることにより、父親である土侯の行動を牽制し、ゆめゆめ反乱を起こすことなど考えぬようにする効果を期待したのである。この点でバインナウン王のやり方は、徳川幕府の参勤交代と似た側面があったと言える。

また、王はビルマ式の度量衡もシャンに取り入れた。このようなバインナウン王の開明的なシャン政策は、その後ミャンマーが様々な変遷を経た末、一八八六年にイギリスの植民地にされるまで、歴代の王によってずっと受け継がれた。

バインナウン王はチェンマイを征服したことにより、タイ族の権力争いに関与せざるを得ないことになった。

この頃ラオスでは、野心に燃えた冒険家で好戦的な性格のセッタティラート（Settatirat）王が君臨していた。彼はそれまでにもチェンマイに戦争を仕掛けてきたことがあったが、チェンマイがバインナウン王に屈服したこの時点で、再びここに攻撃の鉾先を向けてきた。これを知ったバインナウン王は、セッタティラート王を追い払って、チェンマイの副王を救援するため、急遽チェンマイに駆けつけねばならなくなった。

これに対してセッタティラート王の方は、シャン族の土侯の何人かを説き伏せて同盟を結び、シャンと連合して対抗しようとした。バインナウン王は、この動きにも目が離せず、なんとしてもセッタティラートの思惑を阻止しなければならなくなった。

翌年セッタティラート王は、長年敵対関係にあったアユタヤのシャムと正式に同盟を結ぶ一方、ラオスの本拠については、仮にバインナウン王の包囲を受けても持ちこたえられるよう、十分な防備を固めた新首都を造成し、ここに遷都した。

こうした動きを察知したバインナウン王は、シャムに対しても、この国がセッタティラート王やシャンの幾つかの反ビルマ色の強い土侯と結んで、ミャンマー領を脅かすことがないか、注意を怠るわけにはいかなくなった。

そこで王は、かつてシャムが故タビンシュエティ王に対して恭順の態度を示した際に取った行動を想起し、再度シャムに白象を貢納するよう要求した。

この時代、この要求は応じなければ開戦するという最後通牒を意味していた。これを受けたシャム王は、長時間にわたって側近たちと協議を重ねた。側近たちは、強大なミャンマー軍とそれを率いるバインナウン王の軍事的手腕を考えると、先方の要求に応えて平和を求めるしか道はないという意見であった。次の王位継承者である皇太子も、白象の貢納は単に象徴的な行為に過ぎないので、これに応じて妥協すべきだと同意見を述べた。

ところがその弟の王子とパヤ・チャクリ（Paya Chakri）大臣は、「バインナウン王は、象徴的な貢納を受けただけでは満足せず、徐々に影響力を強め、やがてはシャム王国を完全に支配下に治めることになる」との懸念を表明し、平和路線に反対した。この二人は、バインナウン王が実質的にシャン土侯国を併合してきたことを想起して、反対したのであった。シャム王自身も、むしろ戦いたいとの思いが強かったので、多数意見を退け、交戦派の少数意見を容れることにした。そこで彼はバインナウン王に対し、慎重に言葉を選びつつ「貴王がこの地域全体の至高の王（supreme king）である」ことを匂わせて、あたかもこれを認めるような返簡を出すにとどめ、白象を貢納することはしなかった。

バインナウン王は、シャム王のこの煮え切らない態度に満足せず、一五六三年、再度東に向けて軍を進め、アユタヤ攻略の準備にとりかかった。

チェンマイの副王は、かつてバインナウン王に滅ぼされた元チェンマイ王であり、バインナウン王に従属する副王としてチェンマイにとどまることを許された経緯（いきさつ）があったが、この副王も、今やバインナウン王に反抗する姿勢をとるようになっていた。しかし彼は正面からバインナウン王に戦を挑む勇気はなく、王には色々と逃げ口上でとり繕いつつ、秘かにバインナウン王の遠征軍にゲリラ攻撃を仕掛けていた。しかしバインナウン王はこうした邪魔立てなど物ともせず、シャム王国領内に侵攻し、まずカムペーンペ（Kamphaeng Phet）とスコータイ（Sukohthai）の両重要都市を難なく攻略した。近隣都市が落ちたのを目の当たりにしたピッサヌローク（Phitsanulok）は、戦わずして降伏してきた。シャム王の義理の息子であるピッサヌローク知事は、知事の地位に留まることを許された。

故タビンシュエティ王の時と同様、シャム王はゲリラ攻撃による妨害のお蔭で時間稼ぎをして、アユタヤの防備に万全を期することができた。しかしバインナウン王は、アユタヤが防備を固めたことなどは物ともせず、正面から攻撃を仕掛けることにした。王は攻撃用の木製の高い櫓(やぐら)を建てさせ、その上から市内に向けて、大砲を撃ち、マスケット銃の射撃を行わせた。この猛攻を受けたシャム軍は、城内で応戦するのでは不利になると判断し、城外に出て反撃を試みたが、それもバインナウン王側の大砲の威力で、あっけなく叩かれてしまった。こうなるともうなす術はない。進退き窮まったシャム軍は、遂に降伏してきた。

この時もまた、バインナウン王はアユタヤの破壊や略奪は行わず、住民が殺されることもなかった。王はシャム王と王妃及び側室、開戦論者だった弟の王子とパヤ・チャクリ大臣は捕虜にし、平和論者であった皇太子を王位に就けた。バインナウン王はシャム王室所有の全ての白象及び膨大な量にのぼる財宝を貢納品として受領した。さらにシャム側は、かつてタビンシュエティ王にしたのと同様、その後毎年、白象三〇頭と一定額の現金及び関税収入を貢納することを約束した。シャムの職人、工芸家、音楽家、舞踊家、文筆家は大挙してバゴーに移住させられた。

こうしてシャムは再度ミャンマーの属国となったのである。首都バゴーに凱旋するバインナウン王の行列は目を見張るばかりの豪華絢爛たるものであった。まず金色に輝く仏像を乗せ、四人の担(かつ)ぎ手にかつがせた肩かごを先頭に、夥しい量の財宝を満載した数百台の牛車、二千頭の象、騎兵の隊列、歩兵の隊列と続き、その後をバインナウン王は捕虜にしたシャムの王族たちに引かせた無蓋車に乗って、意気揚々とバゴーへの帰還を果たし、民衆の熱狂的な歓迎を受けた。

メナム河流域の一帯では、ラオスのセッタティラート王が、相変わらず好戦的な姿勢を崩しておらず、バインナウン王から副王の称号を与えられたチェンマイの知事をたきつけて、そこに駐屯しているミャンマーの部隊に種々のいやがらせをするように仕向けていた。チェンマイの知事がセッタティラート王と通じていることを察知したバインナウン王は、再度チェンマイを制圧する必要性を感じていたが、それを果たすのは一筋縄では行かなかった。

一五六四年から七九年までの一五年間に、バインナウン王は、自分の息子、兄弟、時に自分自身が総大将になって、八回の征討軍をチェンマイに派遣し、ラオスを征服したことすらあったが、セッタティラート王は常に難を逃れ、暫くすると再度、ラオスやチェンマイやシャムに置かれたミャンマー軍の駐屯基地に襲撃を繰り返した。

ある時には、征途にあるバインナウン王の不在に乗じて、バゴーの近郊に収容されていたシャンとタイの捕虜が暴動を起こし、王宮を消失させるという事件が発生した。騒ぎを起こした暴徒は一万名にのぼったが、直ちに鎮圧され、再び捕らえられた。やがてバゴーに帰還したバインナウン王は、自分がとってきた寛大な措置が捕虜たちに服従心を持たせることにはならず、裏切られたことに怒りを覚え、直ちに捕虜全員を処刑するように命じた。しかしバゴーの僧侶たちが助命を嘆願したので、結局処刑は首謀者だけにとどめられた。

捕虜にされていた前シャム王は許され、仏門に入って出家僧になっていたが、ある時自分は年老いたので、今生最後の思い出に一度だけアユタヤに戻り、そこの寺院を訪ねたいと願い出た。バインナウン王は、前シャム王が自分への忠誠を誓い、バゴーに戻ってくることを約束したので、相手の言葉を信じ、例によって寛容な態度を示してこの願いを許してしまった。

ところが前シャム王はアユタヤに帰着するや還俗し、バインナウン王によって副王の称号を与えられて知事となっていた息子と共に、シャムをビルマから独立させる企てに取り掛かった。

彼はラオスのセッタティラート王からも勧められて、ピッサヌローク（Pitsanulok）の知事である義理の息子を味方につけようとしたが、この義理の息子は、「一旦バインナウン王に忠誠を誓った以上、自分の名誉にかけてこれを破ることはできない」として、企てに加わることを拒絶した。激怒した前シャム王は「我はシャム王なり」と宣言し、ピッサヌロークに進軍した。

一五六八年、バインナウン王は二回目のシャム侵攻を行った。今回はマルタバンからシャム領に入り、難局にあるピッサヌロークを救援するために、まっすぐこの都市に進軍した。この時のバインナウン王の軍勢は、ビルマの年代記では五四万六千人となっているが、シャムの年代記ではチェンマイやラオスから徴募した兵を加えて、総勢九〇万人と記されている。どちらの数字が正しいにせよ、王はマスケット銃や大砲で装備したポルトガル人の傭兵千名を含む膨大な軍勢を率いていたのである。

数の上で敵より断然勝っていることで自信を強めたバインナウン王は、まず正面きっての総攻撃を試みた。しかしこの第一波の攻撃では、既にピッサヌロークを占拠していた前シャム王側のポルトガル人傭兵が、城内から撃ってくる銃撃に多くの将兵がなぎ倒され、甚大な損失を受けた。そこでバインナウン王は、不本意ながら包囲作戦に転じざるを得なかった。ピッサヌロークは一〇ヶ月間、この包囲に耐え抜いた。

その頃、一五六三年当時には反ミャンマーの急先鋒だったシャムのパヤ・チャクリ大臣（当時）は、この年の敗北以来、バゴーの王宮に軟禁されていた。しかし、時が経つにつれて彼は「戦乱に打ちひしがれたシャムに平和と繁栄を回復するには、ミャンマーの支配を受け入れるしか道はない」と悟るようになっていた。

ある夜、彼は監守の目を盗んで脱獄してきたと称して、アユタヤの城門の前に姿を現した。他人には彼の心の内の変化など知る由もなかったので、城門の前に立った人物が他ならぬパヤ・チャクリと認められると、城門はさっと開かれた。この時点では、出家僧から還俗した前シャム王は他界し、息子がこれに代わっていたが、この息子はパヤ・チャクリをアユタヤの一区画の防衛司令官に起用した。変心したパヤ・チャクリは自己の防衛区画の一部に、防備の手薄な箇所を秘かに用意し、バインナウン王にこれを知らせ、王の軍勢はここから市街にどっと攻め入ってアユタヤを制圧した。アユタヤの主だった首脳は処刑され、ピッサヌローク知事のマハ・ダンマラジャ（Maha Dhammaraja）が代わってアユタヤの副王に任じられた。

勢いこんだバインナウン王はラオスに進軍したが、この時も、あらゆる混乱の元凶であるセッタティラートを捕り逃がしてしまった。バインナウン王はアユタヤの城壁を撤去させ、住民の半数をミャンマーに移住させるために連行してバゴーに帰還した。

しかしその数年後には、城壁がなくなったアユタヤが、繰り返しカンボジア人の襲撃を受けるようになったとの報告を受け、バインナウン王はアユタヤに新たな城壁の建造を許すという寛大な態度を示した。

4 ビルマ族第二帝国の繁栄とその文化

当時のバゴーは、あらゆる点で東南アジア随一の光り輝く都であり、その様子はここを訪れた二人のヨーロッパ人、ポルトガルのチェザール・フレデリケ（Caesar Fredericke）と英国商人のラルフ・フィッチ（Ralph Fitch）が残した記録に描かれている。その記録には、都の美しさとその威容ばかりでなく、ここが国際貿易の中心地となっていた様子が記されている。タビンシュエティ王もバインナウン王も戦に明け暮れることが多かったにも拘わらず、彼らの治世の大部分の時期において、エヤワディ河を通しての中国との貿易ルートは開かれていたし、マルタバン、シリアム、パテインの海港は東南アジア貿易の拠点として機能していた。当時海上交通を牛耳っていたのはポルトガルであり、彼らのガリオン船（galleon）とよばれる三層甲板の帆船は、アジアとヨーロッパの間をわが物顔に往来し、アジアの物産は彼らによってヨーロッパにもたらされていた。

ミャンマーで貿易が栄えていたことは、バゴーの王宮の贅を尽くした佇まいにも反映されていた。王宮はミャンマーが支配下に置いた各朝貢国から集められた選り抜きの建築家や工芸職人や美術家によって造営され、一二の方角に設けられた王宮の門は、それぞれの朝貢国の伝統様式で造られ、王宮の屋根には金箔が貼りめぐらされていた。

（一）開かれた対外関係と征服国の温情的統治

バインナウン王は来訪する諸外国の船舶や人々に対して、常に相応の待遇を与え、妥当な取り扱いをするよう注意を払った。バゴーは海からの船舶の入港に開かれており、諸国の商人がやってきて直（じか）に取引を行うことができた。バゴーに限らず王国内の全ての港には、それぞれ八名ずつ王の通商代表が配置され、そこで課される関税や港湾使用料は妥当で公平なものだったので、どの国の船からも文句が出ることは一度としてなかった。

バインナウン王はインドのアクバル皇帝（Emperor Akbar）に使節を派遣したことがあった。しかしアクバル皇帝サイドの記録には、使節を接受したとの記述は見られないので、使節はデリーまでは行かずにカルカッタの副王のところまで行ったものと推察される。しかし王が使節に託した皇帝宛の書状と贈呈品は無事に届けられ、皇帝からの返書と返礼の贈り物が届けられている。

王はタイ族の国々を制覇した際、虐殺や略奪を行わず、征服後の駐屯部隊にも住民をいたわり、寛容な態度で接するよう厳命したばかりか、征服地の官吏と軍人にはそれまでの役職に留まることを許した。彼は征服した国々に仏教を再興させ、得度式（子供を一定期間、親元から離して出家させる儀式）のミャンマー流のやり方を導入したり、安息日の尊重といったミャンマーの仕来たりを根づかせた。また征服国固有の法制度にビルマ族の慣習法を取り入れることも行ったが、現地の社会体制が壊されないよう慎重に配慮してとり進めた。ビルマ族の年号と暦も普及させた。

バインナウン王が独裁的な専制君主だったことは疑いなかったが、開明的な独裁者であり、その名声は広く東南アジア一帯に鳴り響いた。度重なるビルマ族の侵攻を受けた苦い思いをもつタイ族の諸国家においてすら、ミャンマーの支配から脱した後の時代になっても人々はバインナウン王を心にとどめ、その人柄や業績は賛美と愛着をこめて伝説や民話に語りつがれた。タイでは一八八七年に西暦が採用されるまで、人々は長年にわたってビルマ族の年号を使用し続けた。

このようにバインナウン王は、配下に収めたインドシナ半島の様々な民族の畏敬と賞賛を得ていた。しかしバインナウン王がこれ程の業績を残すことができたのは、先代のタビンシュエティ王の存在があったからこそ可能となったのである。タビンシュエティ王が夢に描いた大構想は、義理の弟であるバインナウン王が現実のものにした。

ちょうどこの二人の関係は、パガン王国の繁栄をもたらした偉大なる二人の王、アノーラタ王とチャンシッタ王との関係にも似ていると言える。

（二）仏教の再興とスリランカとの交流

タビンシュエティ王は国内の主だった寺院に巡礼したり、シュエダゴン・パゴダやシュエモードー・パゴダに多額の寄進をしたが、若かったこともあって仏教には特に大きな関心を寄せることはなかった。

これに対し、バインナウン王はかつてのアノーラタ王やチャンシッタ王のように、東南アジアにおける上座部（小乗）仏教の旗頭として行動することを自分の務めと考えていた。彼は国内至る所に寺院や僧院を建立し、パガンの寺々には多数の随行者を伴って公式参拝に赴いた。彼は多数の工芸職人を動員し、巨大な鐘を鋳造してシュエジゴン・パゴダに寄進した。この鐘にはチャンシッタ王の先例に倣い、王が成し遂げた事績をビルマ語、パーリ語、モン語で刻印させた。シャン地方においても平時であれ、戦時であれ、訪問の際には寺院や僧院を建立した。

王の仏教への関心は自国内にとどまらず、スリランカ（セイロン）の王が所有する仏歯や仏鉢（ぶっぱつ）（托鉢に用いる鉢）を紛失や破壊から守り、後世に伝えるのも自分の責務と考え、そのための努力を払った。

当時のスリランカはポルトガルの介入によって分裂し、内戦の危機に晒されていた。古都コッテ（Kotte）の王国の他に、キャンディー（Kandy）やジャフナ（Jaffna）を本拠とする小王国が分立し、対立していた。

こうした中、仏舎利や仏陀の遺品は「これを手にして保全する者がセイロンを制する」と人々に信じられてきただけに、この国では政治的な意味合いをもつものであった。そこでポルトガルは内戦を煽って介入し、行く行くはセイロンを属国化しようとの魂胆で、この政治的意味合いをもった仏歯に着目した。そこで彼らはこれを盗み出し、ポルトガルが拠点としていたインドのゴアに持ち去った。このできごとを耳にしたバインナウン王は、仏歯を取り戻すために行動を起こそうとしたが、実際にはポルトガルが持ち出した仏歯は贋物(にせもの)だったことが判明し、事件は事なきを得たという一幕もあった。

このできごとを受けて、コッテを都とするセイロンの正統政府は、真正の仏歯はコッテにあるので、ここに来訪して仏歯を参拝していただきたいとバインナウン王を招待した。

これに応じてバインナウン王は使節団をコッテに派遣し、大歓迎を受けて両国間の友好的な関係が樹立された。バインナウン王はコッテの王をセイロンで唯一の正統政府と考えていたので、この王との間に同盟関係を結び、その後も重ねて使節を派遣して贈呈品及び寺院への喜捨を届けさせた。

コッテの宰相（首相に当たる首席大臣）は、ミャンマーとの間柄がこのように親密になったことをとりわけ高く評価していた。それと言うのも、コッテの王はポルトガルの意を受けてローマ・カトリックに改宗していたので、もはや仏教を盛んにするための役割を王には期待できず、信心深い仏教徒である宰相はこれを悲観していたのである。宰相はバインナウン王との関係緊密化は、仏教の振興に好影響をもたらすに違いないと感じていた。

キャンディーの王が他の反乱勢力とも連携してコロンボを包囲した際には、バインナウン王はコッテの王と宰相の要請に応えて派兵した。バインナウン王の派遣軍は敵味方の双方が度肝を抜くほど勇猛果敢に善戦し、コロンボ包囲は難なく解かれた。コッテの王と宰相は、バインナウン王に仏歯及び仏鉢を贈呈したばかりでなく、コッテ王の養女である王女を差し出した。遺物をミャンマーに手放すことをコッテ王に進言した宰相は敬虔な仏教徒であり、このような貴重な仏陀の遺物は、仏教徒の手中に置かれて、大切にされるべきだと考えたのであった。

コッテに対抗意識を燃やしていたキャンディーの王は、その後バインナウン王に使節を派遣し、コッテ王が贈った仏陀の遺物は模造の贋物に過ぎず、本物は自分が所有しているので、売却してもよいとの話をもちかけてきた。バインナウン王はキャンディーの王を正統な王であるとも、真正の仏教徒であるとも見做していなかったので、この使節を謁見すらせずに追い返した。キャンディー王はこれにめげずに、自分の本拠であるキャンディーに仏歯寺を建立し、持っていた仏陀の遺物をここに安置した。

ミャンマーの人々はこのような経緯（いきさつ）からしても、コッテ王から贈られた仏陀の遺物は本物だと信じている。他方スリランカでは、キャンディー王の言い分の方を信じたい気持ちの人が多く、これまた仏教徒であれば当然のことであろう。

いずれにせよこうしてミャンマーにもたらされた遺物に関し、ミャンマーにおいては、これ以降今日までその真偽が問題にされることはなかった。

（三）学術文化の振興と法体制の整備

バインナウン王の治世は戦乱にも拘わらず、文芸が栄えた時代であった。王宮に仕える者の中には、武人であると同時に詩人である者が多くいた。例えば武将として戦場を駆け巡ったナワデイ（Nawaday）大臣は、戦を翌日に控えた夜、野営のテントの中で詩作に興じ、後世に伝わる傑作を残した。モン族の高官ビニヤ・ダラ（Binnya Dala）は国務の多忙な中、バインナウン王に促されて、モン族のラザダリット王の伝記を執筆した。

歌舞音曲では、シャムの音楽と舞踊に触発されて、ビルマ族やモン族の宮廷吏たちは自分たちの伝統音楽や舞踊に新たな様式を生み出した。

法律面でも、この時代に重要な進展がみられた。一二名の僧侶からなる委員会によって「ビルマ法典大全」（Cmpendium of Burmese Lgal Witings）が編纂され、さらにビルマ族の慣習法についての注釈書が法律家たちによって執筆された。バインナウン王自身、多くの優れた判決を下し、後にその判決文が集められて出版された。王は王国内の様々な民族を、共通の法体系、商慣習、度量衡で一体化させることを目指し、業績をあげた。

規律を守らせる点においては、ポルトガル人傭兵に対しても変わらなかった。バインナウン王は、召し抱えたポルトガル人傭兵の軍事的技量と勇気を高く評価していたが、彼らとの関係はあくまで傭兵契約に基づくビジネスであると割り切り、王である自分の身辺に不用意に彼らを近づけることはしなかった。王は傭兵たちに高額の俸給を与え、戦功を挙げた者には惜しみなく褒美をつかわしたが、決して彼らに気を許して甘やかすことはなく、彼らにも自国民の将兵と全く同一の厳しい軍律を課した。

　マルタバンのポルトガル人傭兵が、酒に酔った勢いで乱痴気騒ぎをして不埒を働き、死罪をもって罰せられたことがあった。この時マルタバンの同僚は仲間が死罪になったことに抗議し、王がチェンマイに出陣して不在の折りを見計らって、軍用ラッパを吹き鳴らしながらポルトガルの国旗を翻して、市場前の広場を練り歩いたことがあった。王は帰国後、この者たちを投獄し、罰金を課して厳しく処罰した。王の信任を得ていた唯一の例外は、既述のデ・メロ隊長（Captain de Mello）であった。

第六章

ビルマ族第二帝国の落日

一五八一年、六六歳のバインナウン王が没した時、一見すると彼が築き上げた帝国は、あらゆる点で磐石の体制が固められており、容易なことではびくともしないように思えた。王国内の全ての州の知事には、王の兄弟か甥が配されていた。シャムの王位はミャンマーへの忠誠を誓った人物が継承し、その子であるプラ・ナレット（Pra Naret）王子はバインナウン王の王宮で育てられ、バインナウン自身の子と血を分けた兄弟のように可愛いがられていた。

ところがやがて、ミャンマーの王宮に預けられていたこの王子は、シャム王の要請によって国元に帰され、ピッサヌローク（Phitsanulok アユタヤの北北西三五〇キロにあるシャム王国の都市）の知事に任命された。彼は今や一六歳になっており、それまでの九年間、バゴーの王宮で武術をはじめとする帝王学を身につけてきたが、同時にこの若者の胸には、人知れず祖国解放の夢が芽生えていたのである。父親の目が届かない遠隔地のピッサヌロークに着任した彼は、血気盛んな青年たちを身辺に集め、いかにしてミャンマーの桎梏を脱するかについて熱を帯びた議論を重ねるようになっていた。

1 ナンダバイン王（在位一五八一〜一五九九年）

バインナウンの王位を継承したナンダバイン（Nandabayin）王の初陣は、弱冠一三歳の時、父王のシャム侵攻戦役への従軍であり、この時既に彼は父王の補佐役として頼りになる役割を果したことが認められた。その後彼は多くの戦役を任せられ、陣頭に立って目覚しい活躍をしてきた。

彼は既にこのような実績を積んだ王子だったので、その王位継承はスムースに進み、軍隊内でも、王宮内でも異存はなく、満座の拍手によって王座に就くことが承認された。シャムの若き王子プラ・ナレットは新王に祝意を表しに、遠路ピッサヌロークから馳せ参じてきた。

しかし思わぬところから邪魔立てが入った。バインナウン王の弟であるアヴァの知事がバゴーの王位をわが物にしようと企み、自分の兄弟であるピエの知事とタウングーの知事に助けを求める書状を送ったのである。書状を受け取った二人は腹を立て、すぐさま書状をナンダバイン王に渡し、王は直ちに軍を率いてアヴァに向かった。アヴァでは叔父に当たる知事が待ち受けており、軍用象に乗っての果し合いを挑んできた。新王はこれを受けて立ち、一対一の決闘となったが叔父は敗れ、手勢を引き連れて中国国境方面に逃走したものの、その途上で病死した。

こうしてナンダバイン王はその権威に対する最初の挑戦を難なく制し、これは新王の威信を高めたが、しかし彼が自分の権力基盤はこれで安泰だと思いこんでいた点については、やがてそうでないことが明らかになるのであった。

ナンダバイン王はアヴァへの進軍に先立ち、国内各州の駐屯部隊に対して、早急にバゴーに戻って王の遠征軍に合流するよう指令を出した。この指令を耳にしたプラ・ナレットは、これこそシャムをミャンマーから解放する千載一遇のチャンスだと考え、駐屯していた少人数の部隊ではなく、急遽独自に編成した大部隊を率いてバゴーに向かった。プラ・ナレットの構想は、ナンダバイン軍を一定の距離を置いて追尾し、もしナンダバイン王が敗退すれば、退却する王の軍勢に攻撃を仕掛け、もしナンダバイン王が勝利すれば、粛々とシャムに帰還して、またの好機到来を待つという心積もりであった。

彼のこの構想はナンダバイン王に露見してしまい、王は「プラ・ナレット到着の際には、バゴーに入城させた上で、城内で彼を捕らえよ」という指示を出して征途についた。

ところがバゴーのモン族で政府高官に取り立てられている人物の中に、ナンダバイン王はアヴァで負けるだろうと考えていた者がいた。バゴーにおけるかつてのモン族の繁栄を心に夢見ていたこの男は心情的にプラ・ナレットに好意を寄せ、シャムの王子がバゴー目指してシッタン河を渡河した時点で、王子に内通して警告を与えた。自分の腹の内が王に露見してしまったことを知ったプラ・ナレットは、「王が自分を捕らえるよう秘かに命じたのは王の背信なり」と開き直って「シャムは即刻独立する」と宣言し、バゴー目指して進軍を続けた。

ナンダバイン王はアヴァで負けるに違いないとの皮算用で進軍してきたプラ・ナレットは、バゴーの近くまで来たところで、ナンダバイン王が勝利したとの知らせを受け、大いに慌てた。勝利で意気の上がっている王の軍勢に、太刀打ちできる道理はない。そこでプラ・ナレットは急遽計画を変更し、バゴー周辺一帯に移住させられていた約一万人のシャム人を帰還させることにし、彼らを連れてゆっくりとシャムに撤収することにした。バゴーに留まっていたナンダバイン王の軍勢はこの動きを察知し、追撃に繰り出した。

しかしプラ・ナレットの一団は逃げのびて、なんとかシッタン河を渡りきり、追跡してくる部隊がシッタン河を渡河し始めたところを待ち伏せて反撃に出た。プラ・ナレットの射撃の腕前が確かだったのと幸運に恵まれたお蔭で、彼の狙い定めた銃弾が追撃部隊のビルマ族の隊長に命中し、彼を戦死させた。ここで追撃部隊はさらなる追跡を断念し、プラ・ナレットはシャムに戻りついた。意気揚々と帰還したプラ・ナレットは国民的英雄となり、父王がまだ健在であったが、アユタヤに腰を落ち着けて国政の主導権を握ることになった。

やがてナンダバイン王が攻撃を仕掛けてくることは目に見えていたので、プラ・ナレットは国内各地の知事を脅かしたり、言いくるめたりして、一致団結して自分に協力するよう説き伏せた。これに異論を唱えた知事は二人いたが、プラ・ナレットはこの二人の知事に対して電撃的な攻撃を仕掛け、二人を処刑してしまった。チェンマイとアユタヤの間に居住する住民には、全員アユタヤに移住するよう命令した。これは攻めて来る敵が村々で補給を受けられなくすることを狙った措置であった。

一五八四年、ナンダバイン王はアユタヤへの侵攻に踏み切った。この攻撃を受けて立ったプラ・ナレットは、アユタヤに立てこもって抗戦した。アユタヤを廻る城壁は一旦は取り壊されたものの、バインナウン王の温情で再構築が許されていたのである。防備を固めたアユタヤは容易なことでは難攻不落と見られたので、包囲作戦に出るには十分な軍勢を引き連れていなかったナンダバイン王は一旦撤収することにした。

プラ・ナレットの側にも、撤収するミャンマー軍への追撃に打って出るわけには行かない事情があった。それはこの頃、シャム領がカンボジアからの攻撃を盛んに受けるようになっていたのである。

古来、カンボジアはシャムを不倶戴天の敵とみなしてきた。カンボジアはシャムが少しでも弱みを見せると、堂々と遠征軍を送り込んできたり、小競り合い程度の攻撃を繰り返したりしてきた。

他方ミャンマーとの関係はと言うと、バインナウン王の最盛期にはカンボジアがミャンマーに、一、二度朝貢使節を送ってきたことはあったが、両国間に正式のまたは暗黙の同盟関係が結ばれたことはなかった。

バインナウン王の時代とナンダバイン王の時代とでは、軍隊の士気が大きく様変わりしていた。

バインナウン王の治世では、戦争となれば負け知らずで、常に勝利に輝いていた。しかも第二次のシャム侵攻を除くと、王の軍勢が大きな損失を蒙ることは一度としてなかった。従って王の軍隊に加わるのは名誉なことだとされ、軍功をあげれば褒賞にも与れたので、ビルマ族もモン族も競って従軍した。

ナンダバイン王の時代になると、バインナウン王が擁していた武将たちは老齢となり、最早戦場を駆け巡ることのできる歳ではなくなっていた。ナンダバイン王の第一回のシャム侵攻が失敗に終わった結果、それだけで王の軍隊は意気阻喪し、民衆の間にも厭戦気分が蔓延してしまった。

一回目の攻略に失敗した王は、再度のシャム侵攻を当分諦めるか、少なくとも自国が長年経験しなかった敗北の痛手から立ち直るのを待ち、プラ・ナレットがカンボジアとの戦で消耗するのを見届けてから行動を起こすべきであった。

しかしナンダバイン王の強情に意地を通す性格はそれを許さず、失敗後の翌一五八五年と一五八六年に、続けざまにシャムへの遠征をくりかえした。しかしこの両戦役とも失敗に終わり、甚大な損失を蒙った。民衆の間には不満が渦巻き、抗議の声が上げられた。多くの若者は徴兵を逃れようと出家したが、王は仏教界浄化と称して、出家僧を無理やり還俗させて徴兵した。高僧の中には王のこうした荒療治に抗議して、公の場でナンダバイン王の譲位を祈願する者まで現れた。これに怒った王はこのような高僧を北辺の僻地への流刑に処した。

第一次のシャム遠征を行った一五八四年、タウングーの知事だった故バインナウン王の弟、つまりナンダバイン王からすれば叔父に当たる人物が死に、その息子が代わって知事に任命された。一五八八年には、やはり故バインナウン王の弟だったピエの知事が死亡した。この知事には子供がいなかったので、ナンダバイン王は自分の末の息子を後任に任命した。王は叔父たちの忠誠心には一抹の不安をもっていたので、この二件の知事の交替によって、就任させた新知事たちが王位を狙って反乱に走る心配はなくなったと見て、安心することができた。

こうして国内の掌握に自信を深めた王は一五九〇年、第四次シャム遠征に打って出たが、またまた敗退した。

さらに一五九二年には、国民の間に強い反戦機運が渦巻いていたのを押して、敢えて大掛かりな徴兵を実施し、第五次シャム遠征を強行した。ナンダバイン王の長男である皇太子が指揮する前衛部隊は後続部隊から離れて性急に進撃し、プラ・ナレットが率いる強力なシャム軍と遭遇して交戦となった。この時点では、プラ・ナレットの父王は既に没し、彼が王座を継承してナレスエン（Naresuen）王と名乗っていた。こうして遭遇した両軍の戦闘においては、ミャンマーの皇太子とシャム王が象に乗っての直接対決となり、ミャンマーの皇太子が落命した。

ナレスエン王は敵を打ち破った喜びを味わうと同時に、かつて故バインナウン王の王宮で共に楽しく過ごした友人であり、遊び相手だった皇太子を自分の手で殺したことへの悲嘆に暮れ、交戦した場所に小さな寺を建てた上でアユタヤに帰還した。

もともと士気の高くなかったミャンマー軍は、前衛部隊が手痛い敗北を喫したことで動揺を受け、やがては総崩れとなってしまい、ナンダバイン王は今回もまた撤退を余儀なくされた。

先にアユタヤに戻っていたナレスエン王はこの知らせを受けるや、遠征部隊をミャンマー南部に派遣し、ミャンマー最南部のタニンダーリ地方はシャム軍に難なく征服されてしまった。

これらの快挙に気を良くしたナレスエン王の夢はさらに膨らみ、彼はミャンマー南部全域を併合したいと考えるようになった。そこで彼はミャンマーとの次なる戦に備えて、先ず背後からの憂いを払拭するためカンボジアに侵攻し、カンボジア王を放逐すると共に、数千名に及ぶカンボジア人を連行してシャムに移住させた。

五次にわたるシャム遠征で蒙った大きな損失の結果、ミャンマー南部の豊穣な農業地帯は耕作されなくなって収穫が激減し、しかもそこで得られた僅かな米は鼠が大繁殖して食い荒らすという災害に見舞われた。まさにナンダバイン王にとっては「泣きっ面に蜂」の痛手であった。

こうして民心が動揺する中、一五九三年、モン族の一団が反乱を起こす動きを見せた。ナンダバイン王は、これを口実にして、反乱の動きに関与したと見なされる全てのモン族の容疑者を逮捕し、処刑してしまった。

この措置は逆効果を招き、いよいよ本格的な反乱を起こさせる結果になってしまった。モン族の容疑者の粛清に抗議して、モーラミャイン（Mawlamyine）のモン族の土侯が反乱に立ち上がる決意を固め、ナレスエン王に援助を要請した。この要請を受けたナレスエン王は、待ってましたとばかり、直ちにミャンマー南部に馳せ参じ、モン族の土侯の反乱軍とナレスエン王の軍が合体してバゴーを包囲するに至った。

しかしこれを受けて立つミャンマー側も、ピエ、タウングー、チェンマイの知事が、ナンダバイン王への忠誠を貫いて、援軍を派遣してきたので、一筋縄でバゴーを落とせるような状況ではなかった。結局ナレスエン王はこうした事態に冷静な判断を下し、交戦することなく、数千名に及ぶモン族の義勇兵をも引き連れて撤収した。しかしナレスエン王はこの時以降、タニンダーリ地方に加え、モーラミャインとマルタバンをも占領することになった。

ナンダバイン王にとっては思わぬところから、さらなる頭痛の種が持ち上がった。自分の息子であるピエの知事が独立を宣言したのである。父親の王国全体が破滅の瀬戸際に立たされている状態から、自分の領域だけでもその道連れにはなりたくないとの発想から起こした行動であった。

ナンダバイン王は激怒したものの手の打ちようもなく、不安にかられてタウングー、チェンマイ、アヴァの各知事に、人質を差し出すようにとの命令を下した。チェンマイとアヴァの知事は自分自身の弟、タウングー知事は従兄弟なのである。人質提出を命じられた三都市の知事は、いずれも命令に従うことを拒否し、独立を宣言した。

こうしたごたごたを察知したラオスは、早速チェンマイに攻撃を仕掛けてきた。独立を宣言して王となったばかりの前チェンマイ知事は、ナレスエン王の救援を要請する他なく、これに応じて馳せ参じてきたシャムの王はラオス勢を追い払い、チェンマイをシャム領に編入した。こうして一旦は独立を宣言して王となった前知事は、今度はシャム王のもとでの知事に再びなり下がったのである。

ナンダバイン王は自国の領土が縮小し続けるのに応じて、ますます独裁的な暴君となった。遂に彼の従兄弟に当たるタウングーの知事は、ミャンマーをシャムの攻撃から救うにはバゴーに頼らず、独自にナレスエン王と対決する他ないとの決意を固めた。しかしそうするにしても、どこかと手を組む必要がある。そこで彼は思案の末、バゴーとは袂を分けた以上、ラカインに着目した。

ラカインはタビンシュエティ王による侵攻以降、急速に発展し、今や強力な王国になっていた。ラカインはチッタゴン（Chittagong：現在はバングラデシュ南東部の港湾都市）を領有し続けていながら、インドのイスラム教支配者とは良好な関係を保っていた。そうでいながらラカインの人々は強い民族意識を持ち、自分たちがミャンマー人であることに誇りを感じていた。彼らの壮麗な首都ムラウ・ウー（Mrauk-Oo）は強靭な城塞都市であるばかりでなく外国貿易と文化の中心地になり、バゴーと張り合うまでになっていた。ラカイン王はバインナウン王の貿易、宗教、文化面における開明的な政策を学び、これを忠実に踏襲していた。ラカイン領内の港湾は外国貿易で賑わい、王宮ではビルマ語による詩と散文の秀でた文学作品が生まれ、法律家たちは、ビルマ族の慣習法を編纂し、著書にまとめ上げていた。

民衆はというと、女性はイスラム教の影響を受けて家に閉じこもりがちだったが、歴代の王は仏教を篤く信仰し、僧侶や寺院を手厚く保護した。軍事面ではラカイン王は強力な陸軍を育成すると同時に優秀な海軍も整備し、そこでは王に抱えられた数千名のポルトガル人またはポルトガル人との混血の傭兵が腕を揮っていた。この傭兵たちの中には、かつてナンダバイン王の軍に仕えていたが、その後落ち目になった王国を見限って、ラカインに鞍替えした者も少なくなかった。

当時のラカインはこのような様子だったので、タウングーにとって同盟相手としては、かけがえのない存在だったのである。しかもラカインは軍事強国となったものの、他国への侵略は領土拡張の野心によるのではなく、専ら略奪を目的とすることにしか関心をもたなかったので、この点からも申し分のない同盟相手と考えられた。こうしてタウングーとラカインは手を結んだ。

一五九九年、ラカイン海軍がシリアムを急襲する一方、タウングーの陸軍はバゴーの包囲にとりかかった。時を移さずにラカイン陸軍も海路到着し、バゴー城外でタウングー軍と合流した。

しかし城内からの応戦はなく、包囲の軍勢は不審に思ったが、やがてこの包囲は全く無意味であることが判明した。それと言うのも城内ではナンダバイン王は兵士たちに見限られ、身を張ってバゴーを守ろうとする兵士はもはやおらず、この町は無防備になっていたのである。住民たちもシリアムが落ちたとの知らせに恐慌をきたし、町から逃げ出していた。

両軍は何の抵抗も受けずに城内に入り、警護の兵もいなくなったナンダバイン王は難なく捕らえられ、それからはタウングーとラカインの間で、略奪した戦利品の分け方をきめる相談だけが仕事となった。金、銀をはじめとする財宝は半々に分けた。バインナウン王がアユタヤから持ち帰った巨大なブロンズの大仏はラカインに、王宮内にあった多くの仏像はタウングーに帰属することとなった。またナンダバイン王自身はタウングーが拘束し、その娘はラカインに連れ去られることになった。白象はラカイン・サイドに帰属することとした代わりに、タウングー軍はバインナウン王が建立した寺院の宝物保管庫を打ち破って、中にあったセイロン伝来の仏歯と仏陀托鉢の鉢を持ち帰ることになった。

タウングーの王はバゴーに居座ることなく、さっさとタウングーに帰還した。なぜそうしたのか理由ははっきりしない。彼がナンダバイン王に攻撃の矢を向ける主な狙いが、ミャンマーの南部一帯を支配する王位を奪い取ることにあったので、それさえ達成できれば、別段バゴーにこだわる必要はないと考えたのであろう。またビルマ族に好感を抱かないモン族の多いバゴーの地で、早晩来襲することが必至のナレスエン王と干戈（かんか）を交えるのは、不利と判断したのかも知れない。

ラカイン軍は王宮や市街から調度品など金目のものを手当たり次第に略奪し、その上で火を放ち、バゴーは炎上した。こうして彼らは王女、白象、その他の戦利品を満載した軍船に乗って帰国の途に着くため、シリアム港に向かった。

タウングー王のタウングーへの帰還は、実はすんでのところで危ないタイミングだった。それと言うのもまさにこの時、ナレスエン王は大軍を率いてバゴーを目指していたのである。バゴーに着いて灰塵に帰した町を見た彼は直ちにタウングーに進軍し、タウングー王に対して、拘束中のナンダバイン王（後述の通り実はこの時、既に殺害されていた）を引き渡すよう要求した。ミャンマー南部一帯の覇者になろうとしていたナレスエン王としては、もっともな要求である。しかしタウングー王は「我も汝と同様、独立主権国家の王である。汝の指図を受ける謂われはない」と答えて、この要求をはねつけた。

ナレスエン王はラカイン勢が立ち去った今となっては、タウングー攻略はたやすいと見くびって町を包囲した。ところがラカインの軍船はまだシリアム港から出航していなかったのである。タウングー危うしとの知らせを受けたラカイン軍は行動を起こし、前線と海岸とを繋ぐナレスエン王の補給路を遮断した。こうなると前線のシャム軍の糧食はたちまち枯渇し、シャム軍は撤収せざるを得なくなった。そこでラカイン軍はシャム軍の退却ルートに立ちはだかり、シャムへの撤収を妨害した。糧食が尽きたナレスエン軍としては撤収を急がねばならなかったが、こうした妨害に阻まれて撤収は難渋を極め、やっとの思いで自国に辿りつくまでに、彼らは甚大な損耗を蒙った。もっともナレスエン王は撤収の道すがら、ラカイン軍の略奪でひどい目にあった数千名のモン族難民をシャムに連れ帰るという度量は見せた。

しかし、ナレスエン王が心に描いたミャンマー南部一帯を支配するという夢は、この遠征の失敗で露と消えたのだった。

そしてこの後、ミャンマーを支配する夢を追い求めた三人の人物が登場する。シリアム知事のデ・ブリト、タウングー王となったナッシンナウン（Natshinnaung）王、それにアヴァ王の三人である。

2 金儲けに狂奔した山師のデ・ブリト

ラカインは自国の軍勢がシリアムから出航して帰国の途についた際、シリアムにフィリップ・デ・ブリト・イ・ニコテ（Philip de Brito y Nicote）なるポルトガル人傭兵を彼らのシリアム知事として残留させた。

向こう見ずで度胸があり、欲の皮がつっぱったこの男は、東南アジアに流れてくるポルトガルの典型的な山師であった。リスボンの貧困家庭に生まれた彼は、ポルトガル船の船室給仕（キャビンボーイ）になって東南アジアにやってきた。それから幾多の波乱に満ちた経歴を経た後、ラカイン王の軍隊に射手として起用された。そこで彼は射撃の腕前を発揮し、加えて持ち前の度胸と人に好かれる性格のお蔭で、やがて隊長にのし上がった。

彼が隊長になった一六〇〇年頃は、東南アジア貿易を一手に牛耳っていたポルトガルの勢いが、傾き始めた時代であった。この百年前、ポルトガルが東南アジアに進出してきた当初には、彼らの関心は自分たちの商館のために要塞で守られた小さな拠点をアジア各地に築くこと向けられ、アジアを征服して支配しようとする野心はもっていなかった。

その後ドン・ジョン・ダンマパラ（Don John Dhammapala）の画策によって、ポルトガルがセイロン（現スリランカ）を属国化するに及び、東南アジア各国の王に雇われていたポルトガル人傭兵の中には、自分が王になりたいとの野望を抱く者がでてくるようになった。

カンボジアでは一五九九年、ポルトガル人傭兵がスペイン人傭兵と力を合わせて、王国の乗っ取りに成功し、ポルトガルとスペインがこの国を属領化してしまった。

さらに当時はラカイン領だったチッタゴン南方の沿岸地域に目をやると、この一帯ではラカイン王に仕えるポルトガル人傭兵が、王に誓った忠誠はどこ吹く風と、勝手気ままに暴れ回っていた。彼らは、そこに海賊行為と奴隷狩りの拠点を築き、ラカイン王の国旗を掲げながら、やりたい放題に無法を働いていた。それでいながら危険な目に遭いそうになると、ラカイン王かゴアのポルトガル総督の名を騙り（かた）、「虎の威を藉る（か）狐」よろしく窮地を切り抜けるという有様であった。

シリアムの知事となったデ・ブリトはこのような風潮に刺激されて、誇大妄想になっていた。彼は手下のサルヴァドール・リベイロ（Salvador Ribeyro）と組み、シリアムの町全体を取り囲む城壁と堀を構築して、まるで王国の首都ででもあるかのように、ここの防衛体制を強化した。デ・ブリトの配下のポルトガル人は五〇人に過ぎなかったが、彼らを中核にして、エヤワディ河デルタ地方のモン族から兵員を徴募し、強力な軍隊を育て上げた。こうしてシリアムは廃墟と化したバゴーに代わって、ミャンマー南部における貿易の中心地となった。さらに彼は、知事たる自分の補佐役として王の任命でラカインから派遣されてきた官吏を、捏造した罪を着せて追い払ってしまった。

今やラカイン王の目にもタウングー王の目にも、デ・ブリトがラカイン王への反逆を企んでいることは明らかであった。そこでデ・ブリトに懲罰を与えるため、ラカイン派遣の海軍とタウングー派遣の陸軍は、歩調を合わせてシリアムに進撃した。デ・ブリトはラカイン海軍に不意を突いた待ち伏せの急襲を仕掛け、こともあろうに総司令官だった皇太子を拘束してしまった。彼は捕らえた皇太子を人質にして、ラカインとタウングーの派遣軍全てを撤退させ、しかも法外な金額の身代金を払わせた上で、ようやく皇太子を解放した。こうなるとモン族の有力者たちはデ・ブリトに擦り寄り、「シリアムを本拠にして南部一帯を統治する王になってもらいたい」と彼に懇願するありさまとなった。

こうして磐石の足固めをしたデ・ブリトは、アジアにおけるポルトガルの本拠地ゴアに出向き、総督を通して「デ・ブリトはシリアム王であり、シリアムをポルトガルの属領とする」との了解を本国政府からとりつけたばかりか、総督の娘を王妃として貰い受け、六艘の軍艦と三千名の兵士を配下にもつポルトガルの総大将に任じられ、意気揚々とシリアムに帰還した。

シャムに臣従していたモン族のマルタバン知事は、自分の娘をデ・ブリトが先妻との間で設けた息子に嫁がせ、シリアムと同盟関係を結んだ。

　こうしてデ・ブリトは、事実上ミャンマーの南部一帯を支配するようになったのである。もっともパテインはデ・ブリトの支配を認めなかった。

　こうして自分の足元を固めたデ・ブリトは、いよいよその本性を現した。彼はその欲深い目を、チッタゴン南部の沿岸地域を根城にして跳梁跋扈するポルトガル人の海賊たちに向けた。

　デ・ブリトが海賊たちと手を結ぶ可能性がでてきたことは、ラカイン王にとって心配の種となった。そこで王は遠征軍を派遣して海賊たちの根城を急襲し、そこにたむろしていたポルトガル人六〇〇名を殲滅（せんめつ）した。

　ところがその中に、この急襲を命からがら逃げ延びて近くの島に辿り着いた者たちがいた。その頭目セバスチアン・ゴンザレス・ティバオ（Sebastian Gonzales Tibao）は、この島に落ち着くや自分はここの王であると宣言した。

　この時期、自分の兄であるラカイン王と不和となっていたチッタゴンの知事は、このティバオに目をつけ、彼と手を結ぼうと考えた。これはティバオにとって、もっけの幸いだった。彼はアプローチしてきたチッタゴンの知事を諸手（もろて）を上げて歓迎し、知事の妹を娶（めと）って王妃とした。そこまでは良かったのだが、ここでティバオは本性（ほんしょう）を現した。知事を毒殺してその財宝を全て我が物とし、知事配下の者たちを全て自分の部下にしてしまった。要するにチッタゴン乗っ取りである。

この事態に危機感を抱いたラカイン王は、イスラム教徒であるベンガルの土侯と手を結び、ティバオの首を取ろうとして共に出撃した。しかしふとした行き違いから、王と土侯との間に諍い(いさか)が生じてこの両者が互いに戦うこととなり、ラカイン王は逆にティバオを同盟相手として受け入れざるを得なくなってしまった。なんとも本末転倒の奇妙な成り行きである。

ティバオは同盟を結んだ誼(よしみ)としてラカイン海軍の司令官たちを招待し、やってきた司令官たちを殺害して全艦隊を押さえてしまった。

デ・ブリトはこうした成り行きを見て「我にチャンスあり」と意を強くすると同時に、有為転変が世の常であることも肝に銘じていたので、なるべく早く金を溜めこむことに狂奔し始めた。彼は領内の全てのモン族をローマ・カトリックに改宗させ、これ以外の邪教は取り締まるという口実のもとに、ゴアの大司教のお墨付きも得ていると称して、手当たり次第に仏教寺院を襲撃し、寺院の装飾を取り外して持ち去ったり、所蔵の財宝を差し押さえたりした。黄金の仏像は溶解して金塊にし、ブロンズの鐘からは大砲を鋳造した。こうしてデ・ブリトは、ミャンマー南部を我が物にしていた一三年の間に、金貨千三百万枚にのぼる個人的財産を溜め込んだ。

3　タウングーのナッシンナウン

タウングーの新しい王となったナッシンナウンは、いわばルネッサンス・スタイルの人物であった。仏典の研究を究めた彼は、一風変わった上座部仏教徒であった。彼が信仰する仏教は神秘主義的、純粋哲学的なものであり、広く伝えられている戒律などは一般大衆のためのものに過ぎないとして重視しなかった。

彼は幼少の頃から武人として育てられ、特にポロの競技には長けていた。一五九三年、ナンダバイン王の息子である皇太子がナレスエン王に殺された時、彼は弱冠一五歳だったが、彼も軍象に乗って皇太子と行動を共にしていた。皇太子が落命するや、彼はナンダバイン王の許しを得て、軍馬を駆ってバゴーに戻り、皇太子妃に夫の死を伝えた。この美貌の誉れ高い皇太子妃ラザ・ダルトゥー・カラヤニ(Raza-Dartu Kalayani)は、ナッシンナウンにとっては母方の従姉弟（いとこ）にあたり、六歳以上も年上であった。彼が英雄を讃える詩文にして彼女の夫の死を語り伝えた時、彼女はまず涙に暮れてこれに耳を傾け、やがて夫の立派な最期に誇りを感じて、顔を輝かせたと伝えられる。何はともあれナッシンナウンはすっかり彼女への思いを募らせ、その後三年の間、彼女への愛を謳いあげた詩を送り続けた末、ようやく彼女から彼の思いに応える詩を受けとった。彼女も詩人だったのである。この時ナッシンナウンが残した愛の抒情詩は彼の哲学的な詩文と共に、ミャンマー文学史上最も秀でた作品とされている。

しかしナンダバイン王は、二人の結婚は年が離れすぎているとして、これを許さなかった。ある時彼がナンダバイン王に従って出陣している際、別の従兄弟がこの魅力溢れる寡婦に結婚を迫っていたことが分かり、ナッシンナウンはその背後に王の意向が強く働いていると確信した。

これ以来ナッシンナウンはやがて自分がミャンマーの王になり、彼女を王妃にするという将来の道筋を固く心に決め、この思いを誰にも明かすことなく胸の内に秘めるようになった。

彼はバゴーの攻略と略奪にも加わった。この時彼はナンダバイン王が拘束されている牢屋にこっそりと忍びこみ、王を殺害した。

タウングーに戻ったナッシンナウンが先ず行ったのは、ラザ・ダルトゥー・カラヤニと結婚し、両者揃ってタウングーの王と王妃になることであった。しかし王国の領域はタウングーにとどまっていた。ナッシンナウン王が夢に描いていたのは、彼女をミャンマーの王妃にすることであった。

そこで先ず手を付けたのは、ピエの王と結んでアヴァの制圧に乗り出すことであった。しかしこの時はモン族の一団が先手を打ってピエの王座を奪ってしまっていたので、アヴァ攻略は果たせなかった。

次にナッシンナウン王はデ・ブリトと手を組む行動に出たが、王の本心としては領土拡張のために彼を利用し、やがてはこの男を追い払ってしまう魂胆だったのである。王はシリアムを訪問して歓迎を受け、酒宴の席で二人は血を分けた兄弟の誓いを交わした。

4 ニャウンヤン侯（在位一五九九～一六〇五年）

さて残るはアヴァであるが、アヴァの王は四囲の流動的な情勢の中で努力を重ね、徐々に足固めをしつつあった。

ナンダバイン王の帝国が瓦解した際、独立を宣言したアヴァの知事はナンダバインの弟であった。彼はミャンマーの歴史においては、アヴァの知事に任命される前、カチン州ミッチーナの東北四〇キロに位置するニャウンヤン（Nyaungyan）を本拠にしていたことから、「ニャウンヤン侯」と呼ばれている。そこでミャンマーの年代記はミャンマー族の第二帝国をタウングー王朝期とニャウンヤン王朝期の二つに分けて叙述する慣わしになっている。

ナンダバイン王が権力の座から去った後、シャムのナレスエン王はシャンの土侯たちをたきつけて反乱に立ち上がらせようとした。現に散発的な反乱は起きたが、これまでと同様、土侯たちは仲間内同士の争いに終始したため、大きな反乱にはならなかった。

こうした状況下で、アヴァの王はアヴァの防備を固め、エヤワディ河南部の騒乱からも、シャン高原での争いからも超然として関わりを持たなかった。ピエもタウングーもアヴァのこのような姿勢に不満を抱いていたが、一般の民衆にしてみればアヴァは安定し、安全な所と感じられた。現にピエがモン族の叛徒に乗っ取られた時、ピエのビルマ族住民は庇護を求めて、タウングーではなくアヴァに避難したのである。このピエからのビルマ族の流入によって力を増したアヴァは、シャンの土侯たちを勢力下に収める行動を起こし、次々に土侯たちの征服に乗り出した。

この事態に土侯たちは中国の救援を求めようとした。しかしそのうちの一人が雲南省に逃げようとした際、雲南省知事はこれを冷たくあしらったので、それを目の当たりにしたシャンの土侯たちは、むしろシャムのナレスエン王に援助してもらうことにし、ナレスエン王が彼らの救援に乗り出してきた。アヴァ王のニャウンヤン侯もシャムのナレスエン王も、同じ一六〇五年、共に戦場で命を落とした。

王位を継承したアヴァの王の息子は、若くて好戦的な熱血漢であったのに対し、ナレスエン王の後を継いだ王の弟は老齢で戦嫌いであり、なぜシャン族のために自分たちが戦わねばならないのか疑問を抱いていた。

5アナウッペッルン王（在位一六〇五〜一六二八年）

戦場に散った父王の後を継いで、アヴァの新王となったアナウッペッルン（Anaukpetlun）は、素早く行動を起こす活動的な若者であり、父王の葬儀が終わるや否や急遽全ての大臣と武将たちを集めて忠誠を誓わせ、戦争継続のためにシャン高原に向けて出発した。

シャンの土侯たちの中に、アナウッペッルン王が率いるアヴァ軍に太刀打ちできる者はおらず、王は土侯たちをおしなべて制圧し、彼らをアヴァの支配下に収めた。こうしてアヴァは膨大な人的、物的資源を手に入れることとなり、ミャンマー南部の小王国が人的にも、物的にも乏しいのと比べ、強大な勢力を誇るようになった。

こうしてアナウッペッルン王は、一六〇八年にはピエを落とし、一六一〇年にはタウングーを攻略した。しかし、タウングーでは王位を奪われたナッシンナウンを再起用して、ここの知事に任命した。

アナウッペッルン王は、仏教の守護者となる役割こそ自分が担うべき責務だと自負しており、仏教にとって最大の敵であるデ・ブリトを海の彼方に追い払うことを誓うと公言していた。しかし、デ・ブリトはこんな脅かしでひるむような男ではなかった。

アナウッペッルン王はデ・ブリトに勝つために、アヴァに戻って万全の準備を整えることにした。タウングーからアヴァに帰還するに当たっては、タウングーにあった仏歯及び仏陀の托鉢用の鉢をアヴァに持ち帰った。

アナウッペッルン王が去った後、タウングーでは自分の地位を王から知事に落とされたナッシンナウンは、アナウッペッルン王に恨みを抱き、秘かにデ・ブリトに書状を送って「タウングーを攻略してほしい」と要請した。これに応じてデ・ブリトとモン族の同盟者であるマルタバンの知事がタウングーに攻撃を仕掛けてきた。

しかしこの攻撃を受けたタウングー側では、ナッシンナウンの弟が兄の言うことをきかずに、デ・ブリトにもモン族にも従うことを拒否し、身を張って防戦した。ついにこの弟は命を落とすことになったが、襲撃者の側に甚大な損耗を蒙らせ、占領を諦めさせる結果となった。こうしてナッシンナウンが描いた襲撃者たちを歓迎して受け入れるという企みは、失敗に帰したのである。

デ・ブリトとマルタバン知事はその腹いせに、そして多分ナッシンナウン自身の示唆に従って、宮殿を炎上させ、城塞を破壊して、引き揚げた。ナッシンナウンは、かつて血を分けた兄弟の誓いを交わしたデ・ブリトと一緒にシリアムに立ち去った。

一六一三年、ナンダバイン王の仇を討とうと不撓不屈の決意を胸に秘めてきたアナウッペッルン王は、デ・ブリトの本拠であるシリアムを討つため、遂に行動を起こすことにした。王自らが率いる軍勢はシリアムに進軍し、この町を包囲して攻撃を開始した。

ところがアナウッペッルン王はポルトガル人を信用せず、自軍にポルトガル人傭兵を一人も抱えていなかったこともあり、王側の大砲は小さすぎて、デ・ブリトが丹念に構築した砦を破壊することはできなかった。

ポルトガル側の資料によれば、この時期、デ・ブリトには不運が重なった。まず、デ・ブリトの要請に応えるゴアからの救援の船舶派遣は、なんらかの理由で到着が遅れていた。次に、大砲の火薬を買い付けるために彼がベンガルに派遣した使者が、多額の金を着服し、戻って来なかった。アナウッペッルン王が二年前からシリアム攻撃の脅しをかけていたこの時期に、彼がこのような間違いをしでかしたのは迂闊だったと言うほかない。これに加えて、ラカインの沿岸にたむろするポルトガルの冒険野郎たちは、デ・ブリトと同盟してはいたものの、彼ら自身がラカインとの戦に手一杯で、デ・ブリトの救援に馳せ参じることができる状況ではなかった。

包囲は三ヶ月に及び、不安に駆られたデ・ブリトは、明けても暮れても望遠鏡で水平線の彼方を見やり、救援船の到来を待ちわびるばかりであった。

こうした状況下、アナウッペッルン王は、デ・ブリトに「ナッシンナウンを差し出せば、デ・ブリトとその家族はゴアに逃がしてやる」との提案をしたが、デ・ブリトはこの申し出を拒絶した。実はこの時、ゴアからの五艘の救援船は、シリアムに近づいていたのであるが、このことは、王もデ・ブリトも知る由もなかった。

そこでアナウッペッルン王は、敵に気付かれぬよう注意しつつ、砦の下を通るトンネルの掘削を自軍に命じ、これが貫通するやミャンマー軍は一気に攻め入った。激しい戦闘が展開されたが、やがてシリアムは制圧された。

デ・ブリトとナッシンナウンが王の前に引き出されてきた時、王は眼前のナッシンナウンに憐れみをかけ、「汝が我への忠誠を誓うのであれば、罪を許す」と声をかけた。しかしナッシンナウンは、「自分は既に洗礼を受けた身であり、デ・ブリトと共に死ぬ覚悟ができている」と答えた。王は「汝は自国の王に仕えるよりも、外国人の奴隷になるのを好むのか」と慨嘆し、処刑を命じた。デ・ブリトはミャンマー法で寺院荒らしを行った者に課せられる「串刺しの刑」に処せられ、三日三晩断末魔の苦しみを存分に嘗めさせられた末に命を絶った。ゴア総督の娘であるデ・ブリトの妻、その他彼の家族は奴隷として売られた。

ポルトガル兵は、何人かのデ・ブリトの側近には一定の罰が与えられたものの、それ以外は家族と共にミャンマー中部の村での定住が認められた。王はシュエボー県とザガイン県内にバインジー（白人クリスチャン）村を設け、ポルトガル人をはじめとするヨーロッパ人や彼らとの混血の者などがこれらの村々に居住地を下付され、そこではローマ・カトリックの信仰も許された。デ・ブリトの配下にあったモン族の要員は、軍人であろうと民間人であろうと、何の咎めも受けなかった。

こうしてシリアムが落ちた翌日、落城を知らない五艘の救援船はシリアム港に入港した。その内四艘は王の軍船に拿捕されたが、残る一艘は未だ港外にあった時点で異変に気付き、戦闘を交えながらもなんとか逃げ延びた。

その後デ・ブリトの敗北に勇気付けられたラカイン王は、オランダの支援も得ながらポルトガル勢の攻勢を押し返し、やがて反撃に転じて、デ・ブリトの盟友であるセバスチアン・ゴンザレス・ティバオが巣くう島の奪還にも成功した。こうしてミャンマーに自分たちの王国を築こうとしたポルトガル人の夢は、はかなくも消え去ったのである。

デ・ブリトに勝利したことで、アナウッペッルン王の国際的な威信は大いに高まった。他方ラカインとシャムは、アナウッペッルンの勢力増大に脅威を感じるようになっていた。

しかしアナウッペッルン王は自国の力量を誇大に妄想することはなく、その限界を心得ていたので、バインナウン帝国を元通りに再現しようという野心までは持たなかった。ミャンマー王国の再興のみを目指したのである。

アナウッペッルン王がデ・ブリトを敗北させ、その力量を示すと共に寛容な態度を見せたことが知れ渡ると、やがてマルタバンの知事は一切干戈を交えることなく、王に帰順した。さらに王はシャムが押さえていたミャンマー南部の幾つかの地域も取り戻したが、タニンダーリ地方（最南東部の細長い地域）はポルトガル人傭兵部隊の固い守りに阻まれて奪還できなかった。

王はシャムがシャン族を煽って反乱を起こさせるのを阻止するために、チェンマイを征服し、シャムとシャン族との間に楔（くさび）を打ち込んだ。しかし王は賢明にもさらに東に遠征してラオスの制圧に向かうことはせず、ミャンマーに帰還して自国の永続的な平和を確かなものにした。

アナウッペッルン王はビルマ、シャン、モンの三民族を平等に処遇した。デ・ブリトの理不尽な支配によって酷い目に遭わされてきたモン族は、アナウッペッルン王をまるで救世主であるかのように受け止め、デ・ブリトの桎梏からの解放者として歓迎した。

王宮の門前には真鍮製の釣鐘がしつらえられ、正義に悖（もと）る処遇を受けてその犠牲になったと考える者は、誰でもこの鐘を打ち鳴らすことができた。

アナウッペッルン王はラカインとの関係改善にも力を入れた。彼はラカイン王がナンダバイン王のバゴーを襲撃して、略奪をほしいままにしたことに対しても許しを与えた。アナウッペッルン王と友好的間柄になったラカイン王は、ラカインにおける仏教の擁護者となり、セイロン（現スリランカ）王の求めに応じ、僧侶の叙任式を行うためにラカインの高僧の使節団をセイロンに派遣した。この時期にはキャンディ（Kandy）に仏歯寺が建立されており、長年にわたる内戦とポルトガル人による迫害の原因となっていたセイロン仏教界を早急に浄化することが必要とされていたのである。

アナウッペッルン王は、ポルトガルのアジア進出の本拠地、ゴアへの使節団派遣も行った。これがいかなる使命を帯びた使節であったのかについては、歴史家の間で色々と取り沙汰されており、ラカインやシャムとの対戦をめぐって、支援を求めたのではないかなどと政治的・軍事的な理由を憶測する向きもあるが、実際には単に貿易の再開を求めたに過ぎなかったものと考えられる。王は東南アジアでポルトガルの勢力が衰退しつつあることを熟知しており、またラカインやシャムを制圧しようとの野心をもつこともなかったので、政治的・軍事的な駆け引きでゴアとやりとりすることはあり得なかったのである。現にポルトガル側に残された資料によれば、その後ゴアがアナウッペッルン王に対して答礼の使節を派遣し、一種の同盟関係締結を提案したが、王はこれに全く興味を示さなかったと記録されている。

さらにアナウッペッルン王は、インド及びアチェ（スマトラ島の最北西部）のイスラム教支配者とも使節団の交換を行った。しかしここでも王には、ローマ・カトリック教のヨーロッパ勢力に対抗するムスリム・カードを手にしようといった戦略的思惑があったわけではなく、全ては単なる貿易使節団だったのである。

王はバインナウン帝国の繁栄が国際貿易を活発化することによりもたらされたことを銘記し、東南アジア貿易に進出してきた新勢力であるイギリス及びオランダと接触を持ちたいと願った。

王の軍勢がチェンマイを制圧した時、イギリス東インド会社のアユタヤ駐在員であるトーマス・サミュエル（Thomas Samuel）を捕虜にした。彼は他の外国人捕虜と一緒にバゴーに連行され、そこで捕虜たちは鄭重な待遇を受けたが、サミュエルはそこで病死した。

一六一七年、英国東インド会社はサミュエルが逮捕された時に同人が所持していた会社所属財産の返還を求めて、二人の要員を送りこんできた。半信半疑で乗り込んできた二人は、王室の係官が死亡時におけるサミュエルの所有物をその正確且つ詳細な目録を作って、きちんと保管していたのに驚いた。王は二人がシリアムかマルタバンに東インド会社の支店を開く下準備にやってきたのかも知れないと考え、友好的な態度で二人を接見した。王のこの様子を見てとった二人は来訪の真の目的を告げずに、ここでひと儲けしてやろうとの腹黒い魂胆を抱き、早速二人だけの私的な密貿易をし始めた。二人が貿易を始めたのを見て喜んだ王は、サミュエルの所有物一切を返還したばかりか、東インド会社に宛てて、今後貿易を続けていきたいとの希望を述べた書簡を託し、二人を丁重に送り返した。

ところがこのずる賢い二人の若者は帰路、返還された品々を売り払って代金を着服し、会社には「王は残虐非道な暴君で自分たちは酷い扱いを受け、財産は没収され、返却されなかった」と報告した。後に、この悪行は露見して二人は解雇されたが、彼らが行った「王は暴君……」という報告は記録として残され、後々まで会社の人たちがこれを読んで真に受けてしまい、会社としてはミャンマーとの貿易に慎重な姿勢をとることになった。

もっとも仮にこの報告がでたらめではなく、王の意向を好意的に伝えるものであったとしても、当時の東インド会社は財政基盤も脆弱で、オランダとの競争に青息吐息の状態だったので、ミャンマーに新事務所を開設できるような体力は未だなかったのである。

イギリスの東インド会社との関係開始は実現しなかったものの、アナウッペッルン王はバゴーを再建して、バインナウン王の時代のように、ここを政治面でも通商面でも王国の首都にする決断をした。そこで王はバゴー河の対岸に仮宮殿を造営した。

ところが一六二八年、この仮宮殿は図らずも惨劇の舞台となってしまった。ある日仮宮殿の一区画で、男子禁制となっていた女官専用の居住区に、皇太子のミンイェダイッパ（Minyedaikpa）が夜な夜な忍び込み、王妃の侍女の一人と密会を重ねていることが発覚した。王は早速これを咎め、謁見の間に高官がずらりと居並ぶ公式の場で、「宮廷の秩序を乱すこのよう者は、沸騰する油による釜茹での刑に処せられる」と述べた。

王はもとより本気で皇太子を処刑するつもりはなく、ただ息子をたしなめるために強い言葉を使ったのであるが、皇太子は高官たちの面前で発せられた父王のこの言葉によって、耐え難い屈辱を嘗めさせられたと感じた。そしてその夜、彼は父王の寝所に忍び込み、王を殺害してしまった。

大臣たちは皇太子を拘束したが、王宮内に紛糾が生じて反乱に繋がる事態を誰もが心配し、この皇太子を王に選んだ。

故アナウッペッルン王の弟タールン（Tharlun）は、この時アヴァでの任務に就いていたが、彼は配下の軍勢を率いて急遽バゴーに戻ってきた。この事態に直面した大臣たちは再度皇太子を拘束し、タールンを王位に就けると発表した。

やがてバゴーに到着したタールンは事件を詳細に調べた結果、翌一六二九年、皇太子を王殺害の罪で、大臣たちを共謀の罪で処刑し、その上でタールン王は正式に王座に就いた。

アナウッペッルン王の殺害は甚大な国家的災厄であった。この事件が直ちに内乱に結びついたり、国土の喪失につながることはなかったが、やがてこの事件を契機として、アノーラタ、チャンシッタ、タビンシュエティ、バインナウンといった歴代の王が心に抱いた、多数の民族を糾合して一つの王国に纏めていくという大構想の夢は消え去ることになったのである。

6 タールン王（在位一六二九～一六四八年）

タールン王は強い意志の持ち主で、正義感に燃えた有能な王であったが、兄の故アナウッペッルン王のような、国家のあるべき姿についてのグランド・デザインを描くような構想力には欠けていた。彼は王位に就くまでの生涯、父のニャウンヤン侯と兄のアナウッペッルン王のために、シャン土侯諸国を制圧する戦に専念してきた。彼にとってはシャンの土侯たちを帰順させることが、他の何にも勝る重要事と思えたのである。こうした経験から、彼はモン族よりはシャン族の方が、支配下に置いて良好な関係を保つのに容易であるとの印象をもつようになっていた。

他方彼は現実の状況を見極め、それに適切に対処する点においては長けていた。それと言うのも、王になってからの四年間は、まだ自分の王としての立場が確かなものとなっていなかったので、公的な戴冠式は先延ばしにし、この間チェンマイとシャン土侯諸国への支配を確かなものとするために奔走した。この仕事が一段落して一六三三年、バゴーに帰還してやっと戴冠式を挙行したのである。

しかしその翌年には、早くもお膝元のバゴーでモン族の叛徒が立ち上がり、王宮を襲撃するという事件に見舞われた。この反乱は難なく鎮圧されたが、ほぼ同じ時期にモーラミャインの近郊でも別の反乱が起き、鎮圧のための軍隊が派遣されるや叛徒たちは大挙してシャム領に逃亡してしまった。このシャム領への逃亡はナレスエン王のミャンマー遠征の時から始まったもので（二三七頁参照）、モン族のシャム領への逃避を促すことは、歴代のシャム王が踏襲する政策になっていた。シャム領に逃避したモン族の多くはシャムに定住したが、幾つかの集団はミャンマー領に舞い戻り、ビルマ族への襲撃やテロ行為に走り、ミャンマー軍が鎮圧に向かうと素早くシャム領に逃げ戻るという行動を繰り返した。

こうしたことからタールン王は、モン族に対してはいかに宥和的な政策を講じようとも、彼らがおとなしく配下に帰順することは期待できないと思わざるを得なくなり、首都をもっと北に移そうと考えるようになった。

これに加え、バゴーではもう一つ不都合な事態が起きていた。バゴー河に泥土が堆積し、海からの船船がバゴーの港には接岸できなくなってしまったのである。

王は外国貿易に好ましい展望が開かれていたならば、多分首都をシリアムに移すことを考えたに違いなかった。しかし現実は、外国貿易の発展を見込むにはほど遠い状況にあった。

イギリスもオランダもミャンマーとの貿易には興味を持たず、両国は専らシャムにおいて凌ぎを削っていた。両国の一部の商人たちはシャムの内政に関与し、王の擁立にまで干渉してさまざまな謀略を企て、しかもその腐敗ぶりは目を覆うばかりであった。イギリスやオランダの東インド会社のこのような実態を目の当たりにして、タールン王はヨーロッパの商人との取引にはすっかり後ろ向きになってしまったのである。

ヨーロッパの商人たちは、「東南アジアの王たちはおしなべて気難しく、度量の狭い暴君だ」と思い込んでおり、一方の王たちは、「ポルトガルやイギリスやオランダの商人たちは、欲深くて信用できず、しかも諍い（いさかい）を好む」という固定観念を持っていた。シリアムの城壁のあたりには、今でもデ・ブリトの亡霊が徘徊しているように思われ、人々は「ヨーロッパの商人は皆デ・ブリトと同じなんだ」との思いを抱くようになっていた。

さらにタールン王は、一旦緩急の事態となれば、河を下る方が遡上するよりも容易だと考え、アヴァからミャンマー南部を治める方が、シリアムから北部を統治するよりも好ましいと判断した。

一六三四年、こうして王はアヴァに遷都し、そこで改めて戴冠式を挙行した。王のこの行動は、「我はモン族の王であるよりは、ビルマ族とシャン族の王である」という姿勢をとっていると受けとめられた。

タールン王のアヴァへの遷都が果たして賢明な選択だったのか否かについては、にわかに判断することは難しい。

北方のアヴァに遷都した数年後には、東南アジア貿易はポルトガル勢からイギリスとオランダの商人の手へと完全に移り、英・蘭両勢力はアジアでの新市場開拓に躍起となっていたのである。このような折、ミャンマー南部から北の方角に遷都したタールン王は、外部世界への窓を閉ざしてしまうことになってしまった。

他方それだからと言って、王がもし首都をシリアムに移していたとしたら、果たして帝国がもっと長続きしたかどうかは疑問としなければならない。その場合シリアムが国際貿易の中心地となったことは間違いないであろうが、それと同時にこの地は外国からの干渉を招く謀略の拠点となっていたかもしれない。

現に、アナウッペッルン王が奪還できず、シャムの領有が続いていたメイッ（Meik 旧称メルグイ Mergui タニンダーリ州都ダウェイの南方一七〇キロに位置する港湾都市）は、外国勢が入り乱れた諍い（いさかい）と謀略の温床となっていたのである。メイッはまずポルトガル人傭兵の駐屯地となっていが、やがてイギリス東インド会社に所属する二人の英国人を領袖とする海賊団の基地となっていた。さらにその後は、フランスのルイ一四世とジェズイット教団の支援を受けたギリシャ人冒険家コンスタンチン・ファウルコン（Constantine Phaulkon）が、シャムの王位継承に深く関わる謀略に狂奔したのもこの地を根拠地としてのことであった。この時ファウルコンの画策は危うく成功寸前のところで破綻したが、もしうまく行っていれば、シャムはローマ・カトリック教に改宗してフランスの保護領になるところだったのである。このような事態に立ち至ったのも、ひとえにシャムのナライ（Narai）王がヨーロッパ勢の商業活動に一枚加わりたいと念願して、浅はかな行動に走ったが故に招いた結果だったのである。

もしタールン王がシリアムに身を置き、絶えざるモン族の反乱に見舞われつつ、ナライ王の立場にあったとすれば、英蘭確執の余波をもろに受けたであろうし、さらにその後の王たちは、英仏が商業権ばかりか政治的覇権をめぐって、インドと東南アジアで展開した激しい争奪戦の波に翻弄されていたに違いない。

アヴァ遷都の背景にあったタールン王のヨーロッパ人への不信は、確かに一種の「攘夷思想」であったが、それはアジア進出を狙うヨーロッパ人が企む種々の謀略に巻き込まれないためのものだったのである。何はともあれこのアヴァ遷都のお蔭で、王国はさらに百年の命脈を保つことになった。

もっともタールン王はアヴァに遷都したからといって、決してモン族を見捨てたわけではなく、ミャンマー南部の高官にはモン族出身者を起用し、モン族の福祉を図ることにも配慮を欠かさなかった。王は陸路と水路による南北間の通商ルートはオープンにし、王都が北に移ったからといってこれを閉ざすことはしなかったので、モン族は従来通り、ミャンマー北部とも、海外とも交易を続けることができた。

アヴァへの遷都の翌年、オランダ東インド会社の職員がアヴァにやって来た。タールン王はこの者たちを温かく迎え、シリアムに事務所を開きたいという彼らの要望を受けて、許可を与えた。しかし彼らが他でも要求したように、ミャンマーの外国貿易の独占権を希望したのに対しては、これに応じなかった。王はモン族やインド人の商人のみならず、ポルトガルの貿易商も同等に扱いたいと考えていたのである。

オランダの貿易商は王のこの態度に不満を感じ、「ミャンマーとの取引は利益が少ない」と不服を口にしていた。オランダ人は自分たちがミャンマーとの貿易を独占できなかったがゆえに、「王は一定の商品の取引をコントロールしている」と非難し、「アヴァとの取引には、輸出にせよ輸入にせよ輸送費が嵩むし、一六・五％という関税率も高すぎる」と、盛んに吹聴した。ところがこうした経費をかけても、オランダ商人は投下金額の四割にも上る利益を上げていたのだが、このことは一切口に出さなかった。彼らが文句をつけながらも、シリアムの事務所を閉めなかったことは、ミャンマーとの貿易で儲かっていることを何よりも雄弁に物語っていた。

ミャンマーはインド産繊維製品の良い市場であったし、象牙、金、錫、鉛、青銅といったミャンマー国内の産品に加え、中国雲南省の産品もここから輸出された。

オランダ商人が「儲からない」と不平をこぼしたのは、この時期にミャンマーとの貿易に関心を寄せ始めたイギリスの東インド会社を牽制する意図も強く働いていた。

一六四七年、イギリス東インド会社はオランダのこうした牽制の動きにも拘わらず、当時の金額で二万英ポンドにのぼる積荷を満載した船舶をミャンマーに派遣し、イギリスもシリアムに事務所を開設した。

タールン王は、熱心な仏教の擁護者でもあった。

王は、アヴァのエヤワディ河対岸の地点にカウンムドー（Kaunghmudaw）寺院を建立し、かつてセイロンからバインナウン王に贈られた仏歯と托鉢用の鉢をここに安置した。当初はバインナウン王がバゴーに新たな寺院を建立し、そこにこの二つの聖なる遺物を納めようとしていたが、ナッシンナウンらによるバゴー襲撃の際、この寺院は未だ建立し終わってなかった。そこでナッシンナウンは収蔵庫に置かれていた聖遺物を持ち去り、タウングーの小さな寺院に一時的に納めた。その後アナウッペッルン王はこれをアヴァに移し、ここでも再び一時的に小さな寺院に置かれていた。タールン王は、これを安置する立派な寺院を建立するのは、兄のアナウッペッルン王及び祖父のバインナウン王に対して、自分が担うべき責務だと感じていた。そこで彼はセイロンに調査団を派遣し、壮大なアヌラッハプラ（Anuradhapura）寺院の建築図面を入手させ、これを手本にしてカウンムドー寺院を建立したのである。

王はまた自ら修行に打ちこみ、高僧から見習い僧に至るまで、全ての僧侶に戒律を厳守するよう促すと同時に、清貧に甘んじる僧侶たちに対しては手厚い庇護を与えた。

ある時王の息子が反乱を起こして、王宮を占拠するという事件が起きた。混乱した状況の中で、タールン王は、王を拘束しようとした反乱側の手中を脱し、近郊のある僧院に庇護を求めた。これに対し、そこの僧院長は「戒律によれば、僧侶は政治に加担してはならないことになっているので、受け入れるわけには参りません」として王を僧院で庇護することを断った。そこで王はやむなく別の僧院に避難せざるを得なかった。

やがてこの王子は殺害され、反乱は鎮圧された。その時ターールン王は、難局にあった王を避難させてくれた僧院長のために、王が喜捨を行う儀式をにぎにぎしくとり行ったが、これと同時に、戒律を守り、王の受け入れを拒んだ僧院長に対しても同様の儀式を催した。


王は経典の学習を振興したのと並んで、ビルマ族以外の民族にとっても共通の文化遺産となっているビルマ慣習法についての研鑽を促すことにも意を用いた。その結果大臣の一人は「ダンマヴィラサ法典」(Code of Dhammavilasa) 及び「ワレル法典」(Code of Wareru) と並び称される「ビルマ法大全」(Compendium of Burmese Law) を編纂して、後の世に残した。


タールン王は、その行政手腕にかけても特筆すべき王であった。王は行政機構が健全に機能するには平和の確保が不可欠との認識から、ラカインとの間で使節団の相互訪問を行い、同盟を結んだ。王はシャムにも使節団を派遣して、ミャンマーが領土的野心を持たないことを保障すると共に、シャム王からは「シャン族に反乱を起こさせるよう扇動することはしない」との確約をとりつけた。

王は「枢密会議」(Hluttaw) を正式に設置し、王の諮問機関であると同時に最高裁判所の機能を果たすという、この機関の役割を明確に規定した。

さらに王は国内全域において地検を行い、土地所有者が国庫に納入すべき税金の算定率を定めた。寺院や僧院の土地も調査対象となり、所有地の面積の正確な測量が行われ、記録された。

国民は誰しも兵役を嫌がる傾向にあるので、王はこの点に留意し、迅速に軍隊への動員を可能とする新たな制度を考案し、実施に移した。王は豊穣な農業地帯であるチャウセ（Kyaukse）地方を一段と魅力ある農耕地に整備する構想を立て、国民一般に対して、とりわけ戦争で捕虜にした者に対してここへの定住を奨励し、灌漑水路網の構築や保全に当たらせると同時に、灌漑された耕作地での農業に従事させた。その上でここの住民を、パガン王朝の時代に既に行われていたやり方を踏襲して、奉仕団に編成した。しかし、今回再編成された奉仕団は、戦時にのみ軍隊への応召を初めとする奉仕活動に従事させるようにした。ターールン王以前の時代には、職業軍人に近い存在としては、パガン王朝後期のナラパティシトゥー（Narapatisithu）王が創設した王宮の親衛隊のみしかなかったが、今や奉仕団に編成されたチャウセの住民は、謂いわば常設の職業軍人となったのである。もちろん一旦戦争となれば、広く全国民から兵員徴募が行われたことは言うまでもない。

こうした改革の結果、王宮の大臣連中は徐々に軍司令官としての役割を失い、法律専門家や行政官としての存在に徹するようになった。つまりこの変化は、ターールン王が国家機能において軍務と文民行政とを分離したと言うことなのである。

さらにターールン王は統治の中央集権化も行い、各地方に配置した「太守」（viceroy）の制度を徐々に廃止した。それまでは、地方の統治はそこの知事に大幅に委ねられ、知事には「太守」或いは、アヴア、ピエ、タウングー、マルタバンといった重要地の場合には「副王」(sub-king) という称号が与えられていた。タールン王は従来のこうしたやり方を廃止して、地方の行政の長を全て単に知事とし、中央の指示を仰ぐことなく委せられていた権限を制限した。

この唯一の例外はミンドン (Mindon：ピエの北西七五キロ) を拠点とするラカインとエヤワディ河の間の「七丘陵地方」(Seven Hill Districts) であり、ここにだけは引き続き「太守」が任命された。この地は首都から遠隔の国境地域にあって、ラカインへの睨みをきかす重要拠点であり、一旦、急を要する事態が生じれば、「太守」は首都からの指示を待たずに、独自の判断で対処しなければならなかったのである。この地方が重視されたのは、はるかピュー王国の時代に遡り、パガン王朝の第三代チャンシッタ王は自分の息子をここの「太守」に任命した。

後に一八二四年の第一次英緬戦争の後にはヤンゴンに知事が置かれ、ここの知事にも「太守」の称号が与えられた。

「太守」が徐々に廃止されたのと裏腹の動きとして、「枢密会議」の権限は次第に強化された。

7 ピンダレ王 (在位一六四八～一六六一年)

一六四八年にタールン王が没すると、長男のピンダレ (Pindale) が王位を継承した。ところがこの王は性格の弱い、優柔不断な人物だった。

平和な時代であったならば、このような王でも支障なかったであろうが、不幸にしてこの時代、遥か北方では満州族が立ち上がり、明朝中国の皇帝を追放するという激変が起こり、その余波がミャンマーにも及んでいたのである。

満州族の中国制覇には長い年月がかかり、一六四四年、明朝最後の皇帝、英明王（Yung-li）は雲南省に逃げ延び、ここを拠点にしてなおも満州族への反撃の姿勢を崩していなかった。しかしもはや実態的には、英明王は皇帝というよりは敗走者でしかなく、配下の者たちは兵士というよりは盗賊になり下がっていた。彼らはミャンマーのシャン高原にまで侵入し、略奪や婦女暴行を働き、男たちを徴用して彼らの一団に加えるなど、暴虐の限りを尽くし、住民を恐慌状態に陥れた。ピンダレ王はこうした無法者たちに対処するため小規模な鎮圧部隊を派遣したが、なんの成果も挙げることはできなかった。

一六五八年、英明王は満州族との最後の戦闘に敗北し、ミャンマーに逃げのびて、政治亡命者としての受け入れを要請した。

ピンダレ王はこの事態に困惑した。王には雪崩れこんできた中国勢を排除するだけの軍事力はなかったし、人道的にも、国際慣行としても助けを求めてきた英明王を亡命者として受け入れねばならない立場に置かれていた。

こうした状況下、ピンダレ王が犯した大きな過ちは、英明王と配下の盗賊化した一団を、王都アヴァまで来させてしまったことである。英明王の一団は武装解除され、一応エヤワディ河のアヴァ対岸に設けられた難民収容所にとどめ置かれた。しかし中国南部の各所に散らばっていた彼らの残党は武力闘争の継続を望み、自分たちの首領である英明王がミャンマーから舞い戻ってきてくれることを望んだ。ピンダレ王はもとよりこの要望に応えず、英明王がミャンマーから離れることを許さなかった。

そこで中国南部の残党たちはミャンマーに侵入し、これに対処するためにピンダレ王が派遣した討伐軍を蹴散らしてしまった。思い余ったピンダレ王はマルタバンでモン族の中から徴兵を行ったが、徴集されたモン族兵は軍規などお構いなしに、脱走するやら反乱を起こすやら身勝手に行動し、王を散々な目に遭わせた。とどのつまり、反乱に立ち上がった六千のモン族兵がシャムに逃亡し、シャム王から大歓迎を受けるという始末であった。

そうこうするうちに明の残党と自称する中国からの盗賊団は、アヴァの城壁近くまで南下してきて、略奪や殺戮を欲しいままに働いた。

一六六一年、枢密会議(Hluttaw)はピンダレ王を退位させ、代わりにその弟であるピエ(Pye)を王位継承者にするとの決定を行った。枢密会議の構成員である大臣たちは、本来彼らも王と並んで国事に責任を負っていたが、責任回避のため、先手を打ってピンダレ王をスケープゴートに仕立て上げ、混乱を招いた責任を王になすりつけたのである。

ピエ王は不本意ながらこの決定を受けて王位に就き、退位させられた兄の処遇については、意を尽くして丁重に扱おうとしたが、大臣たちは退位した王をさっさと処刑してしまった。

8 ピエ王（在位一六六一〜一六七二年）

タールン王が手がけた国家機構の改革は好ましいものであった反面、王国にマイナスとなる面もあった。それと言うのも、枢密会議の大臣たちを統制する強力な王がいないと、大臣たちが専横的に権力を揮う状況が避け難くなっていたのである。ピンダレ王をスケープゴートにして、処刑までしてしまったことなどは、まさにこの専横的処断の最たるものであった。

タールン王からピエ王に代わったのに伴い、当初は好ましい変化があり、新しい王は、中国から侵入してくる盗賊たちを追い払うことに成功した。さらに亡命してきた英明王の一団がミャンマー側の応対ぶりを不満として反乱を起こそうとしたことがあったが、この騒ぎもうまく収拾した。その際、大勢の中国人が命を落とした。

ところがミャンマー国内でのこのようなごたごたに目をつけたシャムが、チェンマイの防備が手薄になっていたのに乗じて、チェンマイに攻撃を仕掛けてきた。しかし残留していたミャンマーの守備隊は、手薄になっていたとは言え、善戦してシャムの侵略者をなんとか撃退した。守備隊はチェンマイの住民の賞賛を買い、住民たちは改めてミャンマーの王への忠誠を誓った。

しかし間もなく、ミャンマーにはもう一つの危機が訪れることになった。

一六六二年、自分の息子の嫁に清朝皇帝の妹を貰い受けていた雲南省の知事は、皇帝への忠誠の証(あかし)として「中国の皇帝の地位を窺う明朝ゆかりの者がこの世に一人でも残っていることは許さない」と公言し、それを実施する決意を固めていた。やがて彼は大軍勢を率いてミャンマーに侵攻し、英明王の引渡しを要求してきた。ピエ王はこの要求を拒絶しようとしたが、おじけづいた大臣たちは、王の曽祖父の時代、雲南の知事がミャンマー王の要求に応えて、中国に亡命していたシャン族の土侯の引き渡しに応じてくれた事実があることを述べたてて異議を唱えた。王はやむなく大臣たちの進言を入れて、英明王を知事に引き渡した。知事は英明王を雲南に連れ戻すや、市の立つ広場に人を集めての公開の場で、英明王を絞首刑にしてしまった。

こうして中国との関係でもたらされた一連の危機は終息したが、王国は疲弊し、商取引は停滞した。一六五七年、イギリスはシリアムの貿易事務所を閉鎖し、一六六一年、オランダはミャンマーとの貿易を停止した。

ミャンマーは、シャムとシャン族の跳梁に翻弄されかねない脆弱な立場に立たされていたが、実際にはさほど深刻な事態は起こらずに済んだ。それと言うのもシャン族は過去において、中国からの盗賊団の被害に晒される点では、ビルマ族と同じ目に遭わされており、これに対処する上では、両族はいわば戦友の間柄にあったので、シャムが扇動してこない限り、シャン族が自ら騒乱を起こすことは少なかったのである。

他方、シャムは東南アジアにおける英仏の覇権争いの波に真っ先に揉まれることとなり、ミャンマーの困難に付け入るゆとりはなかった。

やがて東南アジアのバランス・オブ・パワーは、一段と厳しさを増してきた英仏両国の角逐によって大きく左右されるようになってきた。

ミャンマーでは王から庶民に至るまでの誰もが、自国もこの角逐に巻き込まれることになるのではという不安感をもっていたが、いつ、いかなる形でその余波を受けるのかは想像できず、心配を募らせていた。

心に不安が広がると、これまでもそうであったが、人々は吉凶の占いや占星術に頼るようになる。人々はそこから「ピエ王は新たな都を造営して、首都をそこに移転すべきだ」との兆候を読みとり、これが広く信じられるようになった。しかしピエ王には、新首都建設に要する財力はなく、これを実現に移すことはできなかった。

このような状態にありながらも、タールン王が築きあげた強力な国家機構のお蔭で、王国はどうにか瓦解を免れることはできたが、ピエ王は一六七二年に没するまで、なんとか命脈を保ったというだけの凡庸で精彩を欠いた統治に終始した。

9 末代の五人の王たち（在位一六七二～一七五二年）

王位を継いだピエ王の息子ナラワラ王（Narawara：在位一六七二～七三年）は在位数ヶ月にして没し、枢密会議はナラワラ王の従兄弟に当たるミンイェチョーディン（Minyekyawdin：在位一六七三～九八年）をその後継者に選んだ。

この王は恐怖心にさいなまれながらも一六九八年まで在位し、これを継いだ息子のサナイ（Sanay：在位一六九八～一七一四年）王は一七一四年まで統治した。

これら末代の王たちはいずれも心やさしい、温厚な性格の持ち主であったが、なんの国家ビジョンも持たない凡庸な王であり、事実上王国をとりしきったのは枢密会議であった。

このような厳格さに欠けた王が続いた結果、仏教界では戒律が弛緩し、僧侶は堕落した。

繁栄はしなかったものの平和が長く続いたお蔭で、都市部でも農村部でも文芸が盛んになり、人々にもてはやされて生活に彩りを与えた。文芸の題材に宗教が取り上げられることはなくなり、叙事詩、抒情詩、小説、戯曲などの多くの作品が生み出された。

サナイ王を継いだ息子のタニンガンウェイ王（Taninganway：在位一七一四～三三年）の時代は文芸開花の絶頂期となり、多くの優れた作品が残された。繊細な散文でミャンマーの歴史を綴ったカラ（Kala）や叙情的な情感を込めた数多くの叙事詩とミャンマー初の宮廷劇を残したパデタ・ラザ

(Padetha Raza) 大臣などは、特に秀でた文士として後世に名を残している。

そうした中、懸念されていた安全面でのほころびが多方面で出てきた。

まずかつてはミャンマー領であったマニプール（現在はインド領、インパールを州都とするマニプール州）の人々は、ミャンマーの弱体化につけこんで、遥か以前から独立を宣言していた。ミャンマーの国力低下が一段と進んだと見てとるや、ヒンズー教のバラモン祭司 (Brahmin) たちは「もし我々がエヤワディ河まで進出し、この河で水浴をするならば、各自が背負う罪はそこで清められ、我々は救われる」と民衆に説いて回った。彼らはビルマ族から習って身につけた乗馬術を駆使してミャンマー領を駆け巡り、アヴァ対岸のサガインにまで現れるようになっていた。軽装備の彼らは騎馬による迅速な行動を得意とし、本格的に布陣した戦闘態勢のミャンマー軍に正面から対決するのは避け、どこに現れるか予想もつかぬ神出鬼没の戦法でミャンマー勢を翻弄した。こうして彼らは、略奪や殺戮をほしいままにし、女や子供を誘拐してマニプールに連れ去り、エヤワディ河西岸一帯を手当たり次第に荒らし回ったのだった。

たまりかねた王はついに決断し、配下の全軍勢を集めてこの方面に派遣した。しかし派遣軍には想像力を働かせて総合的な戦略を練るような優れた武将は一人もおらず、派遣部隊のそれぞれが相互に脈絡もなく孤立して幾つかの守備陣を敷き、そこにとどまって防戦に専心するばかりであった。マニプールの侵略者にとっては、守備陣地を避けて行動すればよいだけのことで、派遣軍は何の戦果も挙げずに拱手傍観するのみであった。

こんな具合にだらだらと戦闘が続くさなか、一七三三年にタニンガンウェイ王は没し、息子のマハ・ダンマラザ・ディパディ（Maha Dhammaraza Dipadi：在位一七三三〜五二年）が王位を継承した。

こうした状況のもとに置かれた民衆は、現状に対する不満を募らせて新たな指導者の出現を渇望するようになり、「やがて豪腕の勇者が現れ、神から与えられた槍と悪魔から与えられた刀を振りかざして国を統治することになる」という噂話が、人々の間で囁かれるようになった。この噂を耳にした王は、占星術士にも問いただした上でついに一人の人物を割り出し、この者を逮捕した。エヤワディ河西岸モッソボ（Moksobo）村の村長の息子である二二歳の若者、アウン・ゼヤ（Aung Zeya）である。長身でハンサムなこの若者は礼儀正しく、決然とした態度で「政治には一切興味をもっていない」と述べ、その物腰があまりにも堂々としていたので王宮の人々は誰しも深い感銘を受け、この若者を釈放した。やがてこの若者は国の命運を担う偉大な指導者になるのであるが、これについては次章で記述する。

さらに混迷を深めたのは、この時期、仏教界が保守派と改革派の二つに分裂したことであった。分裂の原因となったのがこれまた実に些細なことで、僧侶が身につける法衣の纏（まと）い方について、保守派は僧侶の威厳を保ち、外観を重視して見苦しくない着付けを守るべしと主張したのに対し、改革派は纏う本人の快適さに重きをおき、着やすいように楽な形で身につければよいとした。モン族の僧侶たちも王に任命された大僧正の監督下に置かれていたので、この論争はビルマ族僧侶ばかりでなく、モン族僧侶をも巻き込む事態に発展した。このようにほんの些細なもめごとから、大きな対立に発展するケースは、仏教に限らず、宗教界では往々にして生じている。

閑話休題

キリスト教の世界では、コンスタンティノープル（現在のイスタンブール）の東方正教会とローマン・カトリックとは歴史的に根の深い対立関係にあった。もともと東方正教会は、キリスト教を公認したコンスタンティヌス帝が、コンスタンティノープルに遷都した際、ローマ教皇に対応する総大司教を置いたのが発端となっている。それ以来、東西二つに分かれたキリスト教会は互いに張り合って、事あるごとに揉めごとを起こしてきた。一〇五四年にはローマ教皇レオ九世は、イエスの肉体の象徴として日曜日のミサで司祭が信者の口に含ませるパンの種類をめぐる論争から、ついに東の総大司教を破門してしまった。こうなると東も黙ってはいない。東側は事もあろうにイスラム教徒と手を組んで西側に対抗し、領内のカトリック教徒を皆殺しにしてしまったのである。

時代が下って宗教改革の火の手があがると、宗教戦争が起こってたくさんの人が死ぬことになるが、そればかりでなく「魔女裁判」が頻繁に行われ、魔女にでっち上げられた人たちを火あぶりにして片っ端から始末してしまったという歴史もよく知られている。
宗教上の対立から血なまぐさい大惨劇となることが多かったキリスト教世界の歴史と比べれば、仏教界の内部対立などは、ほんの子供じみた内輪喧嘩のようなものなのかも知れない。

マニプールからの闖入者の跳梁跋扈が一向に治まらず、王国の軍隊はエヤワディ河西岸に張り付いている状況が続く中、首都アヴァの近くに定住していたシャン族の一部族であるグエ・シャン（Gwe Shan）族のグループが、自分たちの首領こそミャンマーの王であると宣言し、近在のモン族とも手を結んで反乱を起こした。この反乱は一応鎮圧されたが、このできごとはミャンマー南部のモン族たちに、今やミャンマーの王にはなんの権威もなくなったと感じさせた。

こうした状況から、やがてはモン族の反乱が起きるのは必至と思われたが、その前にまず一七四〇年、バゴーのビルマ族知事が「我こそは南部ミャンマーの王である」と宣言する事件を起こした。もっとも民衆は、誰一人としてこの知事の動きを支持しようとしなかった。アヴァからの派遣部隊はたちどころにこれを鎮圧し、知事を処刑した。

処刑された知事に代わって、シリアムのビルマ族知事がバゴーの知事に任命された。この知事は反乱が起きるのを心配して厳しい弾圧政策をとったため、かえって反発を買い、民衆を反乱に立ち上がらせることになってしまった。こうして懸念されていたモン族の反乱は現実のものとなり、バゴー、マルタバン、ダウェイといった南部の主要都市は全て反乱の拠点になって、もはやアヴァの統制が及ばないような混乱状態に陥った。

一七四三年、バゴーには、ビルマ、モン、シャン三民族の代表者で構成される反乱政府ができていた。彼らはチェンマイ在住のビルマ化したシャン族出身者で、以前には王宮の宮廷吏だったマウン・アウン・フラー（Maung Aung Hla）という人物を担ぎ出して、王にしようとした。しかし彼は「自分は自由のための闘士であり、政治とは距離をおきたい」として、この申し出を断った。

そこで反乱勢力は、アヴァから逃亡してきた王族の一人にモン族の称号を与え、この者を王に選んだ。彼も気乗りしない様子であったが、結局しぶしぶ王になることを了承した。しかし彼は王に相応（ふさわ）しい人となりとはとても言い難く、田舎芝居に出てくる「喜劇の王様」といった感じの人物だった。彼はアヴァを出奔して以来、長らく僧侶となっていたので、俗世間の生活、いわんや王としての振る舞いに順応するのに困難を感じた。彼は「縞模様の象の公爵」と自称し、国務を掌理するのも軍隊を指揮するのも嫌がり、しばしば王宮からどこかに出かけていて、王宮には不在という有り様だった。

バゴーの反乱政府は、シリアムを拠点とするヨーロッパの勢力に対しては、敵対的な姿勢をとっていた。シリアムは港湾都市として栄えていたばかりでなく、ミャンマー人のみならず、イギリス人やフランス人が所有するドック・ヤードが多数設けられていた。イギリスの東インド会社は一七〇九年、フランスは一七二九年、アヴァの王に奨められ、その認可のもとにドック・ヤードを建設した。一七四三年、バゴーの反乱勢力はシリアムを占領し、ヨーロッパ人が所有する教会や会社の建物を全て焼き討ちにし、港内に停泊していた船舶を手当たり次第に差し押さえた。

この事件が起きて間もなく、ローマ法王から最初のアヴァ司教に任命されたガリツィア神父（Father Gallizia）がシリアムに到着したが、当時既にアヴァとの安全な交通は不可能になっていたので、司教は反乱政府に対してバゴーに居住する許可を願い出たところ、許しが与えられ、許可状交付のために王宮への出頭を命じられた。そこでガリツィア司教は、同行していた数名の神父及び船長と共に、バゴーの王宮に向かったが、その道すがら行く手を阻まれ、反乱政府の命により全員殺されてしまった。

一七四〇年に始まったミャンマー南部の反乱は、当初は別段モン族の蜂起ということではなく、ただ単にアヴァへの反発という形で混沌とした状態が続いていたが、やがて一七四七年になると、モン族の反乱という明確な形をとるようになった。

反乱の性格をモン族主導に変質させたのはフランス人であった。インドにおけるフランスの橋頭堡ポンディシェリー（インド南東部チェンナイ[旧マドラス]の南方一八〇キロ）の総督であるデュプレックス将軍（general Duplex）は、イギリスへの対抗意識からミャンマー南部の反乱に目をつけ、これに介入して、フランスに有利な地歩を築こうと考えた。そこで彼はモン族を支援し、その代償としてシリアムを手に入れ、ここをフランスの根拠地にしようと画策した。

一七四三年のバゴーによるシリアム制圧以降、全てのヨーロッパ勢はシリアムから撤収していたが、その後フランスは、フランスと親密なイタリア人のヴィットーニ神父（Father Vittoni）をフランスの工作員としてここに送りこんだ。ヴィットーニ神父はシリアムに駐在して、モン族の有力者に会い、気脈を通じ合うような関係を作った。彼はバゴーの反乱政府内のモン族の指導者たちと接触し、フランスが後ろ盾になることを匂わせつつ「あなた方が反乱勢力の主導権を握り、行く行くはモン族がミャンマー全土で天下をとることを目指しなさい」と働きかけて、彼らをけしかけた。

バゴーの反乱政府で「大臣」と称する幹部連中は、事実上は叛徒各グループの首魁であり、こうした「大臣」連中の頭目は、マウン・アウン・フラーだったが、彼は王になることはあくまでも辞退していた。例の「喜劇の王様」である自称「縞模様の象の公爵」が、一応は名目上の王となっていたのである。

ところがやがてヴィットーニ神父の画策が功を奏しだすと、これらの幹部連中は同僚中のビルマ族の者を排除するようになり、その上でビルマ族を手当たり次第殺害し始めた。

ビルマ族だった「喜劇の王様」は反乱勢力のこのような変化を目の当たりにして、自分もやられるとの危機感を募らせ、屈強のボディーガードを集めて身辺警護に当たらせた。モン族の幹部連中に狙われた「喜劇の王様」は、殺されはしなかったものの、退位させられ、そうなった彼はチェンマイに逃げ延びた。

これに代わり、ずっと渋っていたマウン・アウン・フラーが「ビニヤ・ダラ」（Binnya Dala）というモン語の称号を得て、ついに王位に就いた。王になったビニヤ・ダラは「自由のための闘士たる自分の意図は、モン族主導のもとにバインナウン帝国を再興するにあり」と宣言した。彼は自分の弟を後継の皇太子に指名すると共に、軍の総大将にはモン族のダラバン（Dalaban）を起用した。

こうした動きを陰であやつっていたヴィットーニ神父は、事態が自分の思惑通りに進展していることに満足し、より一層モン族への働きかけを強めた。一七五〇年、モン族の使節がポンディシェリーに招かれ、そこでデュプレックス総督による大歓迎を受けた。帰途につく使節には有能なフランス人の将校であるブルーノ（Bruno）を同道させた。バゴーに着いたブルーノはモン族の指導者たちと意気投合し、やがて「フランスはモン族に軍事援助を与え、その代償として、フランスには貿易における実質的な特権が与えられる」という内容の条約がバゴー政権とフランスの間で結ばれた。

こうしてブルーノは帰還し、この成果をデュプレックス総督に報告した。他方フランスの後ろ盾を得たモン族たちは、北への進軍の準備にとりかかる一方、南部でのビルマ族迫害を一段と激化させた。

シャム王はモン族とフランスが手を組んだことに危機感を抱き、シャム領内に流れこんできたビルマ族難民に援助を与えて、彼らを手厚く遇する一方、かつての敵であるアヴァの王には、王を激励する使節を派遣した。

インドのイギリス勢力も危機感を抱き、フランスがシリアムの支配権を握ることを危惧した。そこでイギリスは自分たちの貿易事務所をネグライス岬（Cape Negrais）に開設したいとして、その許可を求めるためにバゴーに使節を派遣したが、この使節は冷たくあしらわれ、相手にされなかった。

モン族とこれを支援するフランスは、シャムやシャン族が介入してくる前に、迅速に行動を起こすことを決断した。こうしてバゴーの軍勢は、フランスの装備で体制を整え、フランスの軍事顧問の助言を得て、皇太子を総大将とする軍団とダラバンを司令官とする軍団との二つの軍団を編成して、北への進撃を開始した。ビニヤ・ダラ王自身は、艦隊の主力艦に乗船して、エヤワディ河を遡上した。

こうして一七五二年、アヴァはさしたる抵抗もなく落城し、ビニヤ・ダラ王はアヴァの王とその家族を捕虜にして、バゴーに凱旋帰還した。ビニヤ・ダラ王の弟である皇太子も、もはや自分がアヴァに留まらなくても心配ないものと判断して、バゴーに帰還し、ビルマ族に勝利した祝賀行事に加わった。そしてアヴァにはダラバンが知事に任命されて残留し、軍事的に北部に対して、睨(にら)みをきかせることになった。

第七章

アラウンパヤ王とミャンマー第三帝国

一七五二年、バゴーのビニャ・ダラとその皇太子はアヴァを攻略し、マハ・ダンマラザ・ディパディ（Maha Dhammaraza Dipadi）王とその家族を捕虜にしたことで、自分たちはビルマ族に勝利したと速断したが、事はそれほど単純なものではなかった。

一六年来この方、アヴァの王は完全に権威を失墜し、人々が王を慕わなくなって久しく、ビルマ族にとっては、そのような王などどうなろうと、もうどうでもよくなっていた。そして民衆は頼りになる新たな指導者の出現を待ちわびる気持ちになっていたのである。バゴーの勝利者たちは、この状況に全く気付いていなかった。

知事としてアヴァに残留したダラバンは、早速アヴァから北方や西方の各地に、小部隊を派遣し、それまでアヴァの王の臣下だった官吏や村長たちに、モン族政権への忠誠を誓わせようとした。

ところがこの時点で、既に二派の抵抗運動が起こっていた。一つはアヴァがモン族の襲撃を受けた際、一部の兵（つわもの）を引き連れ、アヴァを見捨てて脱走した武将を指導者とする一団であり、もう一つはそれに先立つグエ・シャンの反乱の時（一七四〇年）に、アヴァ王の鎮圧部隊から逃げ延びたグエ・シャン族の一団であった。この両集団の頭目は、いずれも「我こそはアヴァの王なり」と自称し、彼らもそれぞれ小部隊を派遣して、村長たちに忠誠を誓わせていた。

この二集団の動きとは別に、大勢力となる可能性を秘めたもう一つの注目すべき動きが、ゼヤを中心に胎動していた。彼こそは前章の末尾の方にその名前が現れたモッソボ村のアウン・ゼヤである。

既述の通り、ゼヤ青年が謀反の嫌疑をかけられてアヴァに呼び出され、説明を求められたのは一六年前のことであった。（二七二頁参照）あれ以来、彼は穏やかな生活を続け、今や三八歳になってごく普通の裕福な村人であった。彼のモッソボ（Moksobo）村は、マンダレーの北北西三七キロに位置するエヤワディ河右岸の大きな村であり、村長は世襲すると正式に決まっていたわけではないが、事実上、彼の家の者が歴代の村長を務めていた。彼の父親が退任すると、息子のゼヤが代わって村長に選ばれた。彼に会ったベーカー隊長（Captain Baker）というイギリス人が残した記録によると、彼は「眉目秀麗の美男子で、人を圧倒する威厳に満ちた風貌を備え、一メートル八〇センチ近い長身の堂々たる人物」であった。

彼はアヴァ落城の知らせを受けるや、自分の村の防備強化に取り組んだ。彼は他の二集団がそれぞれ「王」を自称して、抵抗運動を始めていることを知ると、モン族からばかりでなく、この二集団からも国を守らねばならないとの決意を固めた。所詮彼らは軍隊脱走者と反逆者に率いられた集団に過ぎず、王座には到底値しない連中の集まりだと考えたのである。

ゼヤはモッソボ村周辺の一帯では、よく知られた人物であった。とりわけ彼が一六年前に、王位を狙う人物との疑いをかけられて逮捕されたことを、知らぬ者はいなかった。モッソボ村周辺で彼を強く支持した村々は四六ヵ村に及び、これらの村の住民たちはゼヤの声望に惹かれて、今や城塞都市と化したモッソボ村に移り住んできていた。村の周囲には掘割が巡らされ、煉瓦造りの防壁を立ち上げる時間的余裕がなかったので、椰子の木の幹を用いて、防御柵を構築した。これは日本の戦国時代に見られた竹矢来のようなものだったのであろうが、椰子の幹は非常に丈夫なので、これを隙間なく組み合わせた柵は、マスケット銃や大砲にも耐えうるような頑丈な造りとなった。

こうしておいて、彼はすべての村人たちの同意を得て周辺各村を焼き払い、小川や井戸を埋め立てた。さらに彼は、すべての樹木を伐採し、藪を全部焼きつくした。こうしてモッソボ村から半径一六キロに及ぶ周辺一帯は、攻撃を仕掛けてくる軍隊が身を隠す遮蔽物の全くない、一面の砂漠と化したのである。

ゼヤは彼自身と四六ヵ村の村長たちに加えて、何人かの愛国心に燃えた住民も参加させて諮問会議を立ち上げた。

やがてゼヤが放った斥候から「モン族の分遣隊が住民たちに忠誠を誓わせるため、近くにやってきている」との報告がもたらされた時、彼は諮問会議でどう対処すべきかを協議した。出席者の多くは慎重論を唱えた。何人かの者は「分遣隊と正面からやり合うことは避けて、まずは一旦モン族に忠誠を誓い、分遣隊が村を後にしようとするところを、背後から攻撃すべきである」と主張し、また他の何人かは「兵力数で上回るモン族に対抗するには、グエ・シャンの連中と力を合わせる必要があり、そのために一時的にわれわれがグエ・シャンの頭目に忠誠を誓うこととしてはどうか」と述べるなど、さまざまな意見が交わされた。

出席者にこのような思い思いの発言をさせた後、アウン・ゼヤは決然として「一旦忠誠の誓いをした以上は、決してこれを破ってはならない。もしそのようなことをすれば、我々の名は『誓約破りの恥知らず』として、末永く歴史に残されることになる。従って、我々が決断すべきは、ただ一点、モン族に下って彼らに従うのか、正々堂々と彼らと干戈を交えるのかの二者択一に尽きる」と述べた。彼のこの発言は仲間たちに深い感銘を与え、ゼヤを総大将として、断固モン族と戦うことに衆議一決した。

この夜、彼は両親の前にひざまずき、「自分は祖国とその民と宗教を、敗北と混乱から救うのは、わが使命と自覚しており、これから敵を倒して自分が王となります」と、その決意を告げた。

これを聞いた母親は「敵の大軍勢に比べ、お前にはほんの一握りの同士しかいないのだから、どうか慎重に事を運んでもらいたい」と息子の身を気遣って、くれぐれも無理をしないようにと促した。

これに対して彼は「戦では数のみが勝利をもたらすのではありません。一番大切なのは、国を救うため心に抱く必勝の信念なのです」と答え、固い決意に顔を輝かせた。

こうなると、大東亜戦争に臨む旧大日本帝国陸軍の「必勝の信念」にちょっと似ていないこともないが、この決意のもとに、光栄ある勝利を勝ち取ることになる点では、ゼヤは帝国陸軍と大違いの成果をもたらすことになるのである。

この数日後、モン族の分遣隊がモッソボ村にやってきたが、村からのマスケット銃の一斉射撃にたじろぎ、村に近づくことすらでずに退散した。アヴァが落とされて以来、ミャンマー北部でモン族の政府に公然とたてつき、モン軍と事を構えたのは、この日のモッソボ村が初めてのことであった。

しかしダラバンは事態を軽く見て、ただ単にもう少し大編成の分遣隊を送れば、こんな村など制圧できるだろうと楽観していた。ところが、次に出した分遣隊は待ち伏せに遭って蹴散らされ、村の周辺一六キロ四方の人口砂漠地帯に足を踏み入れることすらできずに引き返してきた。

ここで彼らはついに手持ちの軍勢全てを投入することにしたが、それでもなおダラバンと配下の武将たちは、情勢を深刻には受け止めていなかった。しかしまたしても、この軍勢総出動による攻撃は撃退されてしまった。

この間、ゼヤの名声はたちまちにして国内津々浦々に鳴り響き、モッソボ村にはゼヤのもとで戦うことを望む愛国者たちが、各地から馳せ参じてきた。ゼヤを慕って参集したのは、元兵士や元宮廷吏ばかりでなく、単なる農民から職人やインテリに至るまで多数にのぼり、モッソボ村の人口は膨れ上がった。

これがアウン・ゼヤ勢力の強化に繋がったことは疑いないが、彼は決して驕らず、自信過剰になって気を許すことはなかった。それと言うのも、モッソボ村が敵に回して戦わねばならない相手としては、モン族軍ばかりでなく、アヴァを見捨てて脱走した武将の一団やグエ・シャン族反乱の残党一派も控えていたのである。

1 アラウンパヤ王（在位一七五二〜一七六〇年）

こうした状況の中で、ゼヤはいよいよ自分が王となる時期がきたと判断した。

そこで彼は「アラウンパヤ」（Alaungpaya）という称号のもとに「我は全ミャンマーの王である」と名乗りを上げ、モッソボ村も「黄金の武将」とい意味の「シュエボー」（Shwebo）という名前に改めた。彼は「自分は最初のアヴァ王朝の血筋を受け継ぐ子孫である」とし、「我こそはパガン、タウングー、アヴァ及びバゴーの王たちの後継者である」と宣言した。そして彼は、偉大なるミャンマーの新時代を築く決意を披瀝し、「そのためには、首都を古くからのパガンやアヴァやバゴーではなく、シュエボーを新首都とする」とした。

彼のこの大胆な宣言はさらに一段と多くの支持者を集め、今や大砲を含む武器や献上品を携えて一団となって参集する者が、続々とシュエボーを目指すようになった。ミンドンのような遠隔地からさえ、武装した兵士の一団を引き連れた武将が馳せ参じてきた。国中に支援の渦が巻き起こったのである。

シュエボーは熱狂的な空気に包まれ、誰しもアラウンパヤ王への信頼感を共有していたが、それと同時に勝算は決して楽観を許すものでないことも皆が心得ていたので、人々が浮かれ騒ぐような雰囲気は全く見られなかった。

アラウンパヤ王は生まれながらの指導者であり、規律には厳格な人物であったが、傲慢な態度をとることは一切なかった。勝利の栄光は、何も王に近しいシュエボー地域出身者のみが浴する特権ではなく、命を賭して戦った全ての者に等しく与えられるとし、参集した者たちを分け隔てなく平等に扱い、温かく遇した。自分が単なる村長から王になったのと同様、王は配下の者たちに、軍人としての階級や報賞を惜しみなく与えた。王は贔屓（ひいき）にする者を優遇するようなことは全くなく、勇敢に戦い、軍人としての能力を発揮した者には、相応の処遇を奮発した。

予想通り、モン族は再度の襲撃を開始した。ダラバンはバゴーからやってきた増援の部隊と合わせて大軍勢を率い、アヴァの対岸に渡河したところで全軍を四軍団に編成し、シュエボーを四方から攻撃する作戦に出た。

これに対するアラウンパヤ王は、自軍を全て防御柵で囲まれたシュエボー内に留めおいて応戦するという、賢明な防御体制に徹した。モン族の攻撃は防戦側に一刻の休息もとらせぬよう、昼夜を分かたず五日五晩続けられた。しかし防戦者たちは各自その持ち場を守って、攻撃によく持ちこたえたばかりか、逆に防戦者の側が敵に甚大な損害を与えた。

こうして大きな損害を蒙ったダラバンは一旦攻撃を中止し、何が何でも防御柵を打破しなければならないと考え、そのために必死の特攻作戦に打って出ることにした。

彼は最も有能な兵士千五百人を選抜して特攻隊を組織し、これに防御柵をよじ登って柵内に侵入するよう命じ、その間、残余の兵力は特攻作戦の反対側に回ってシュエボーへの猛攻を加え、陽動作戦を仕掛けさせることにした。しかし防衛する側は相手の術中に陥ることなく冷静に対処し、防御柵にとりついた特攻隊員千五百名は、柵内からの銃撃でたちまちなぎ倒された。かろうじて柵を乗り越えた者は五〇名にとどまったが、彼らもやっと乗り越えたというだけで、その後すぐに倒されてしまい、柵の門を開けることなど及びもつかなかった。

特攻隊員千五百名はほぼ全員血祭りにあげられて、この攻撃は失敗に終わり、疲労困憊したモン族の軍勢は防御柵から一定の距離をとって、後方に撤退した。

アラウンパヤ王はこの機を逃がさず、王自身が先頭に立ち、柵内から全軍を出撃させて攻勢に出た。面喰らったモン族軍は算を乱して我勝ちに退却し、エヤワディ河まで行き着くや、そこに繋留しておいた筏（いかだ）に乗ってバゴーへと逃げ戻った。その際、慌てふためいて、我先に筏に乗ろうとした兵士の多くはしくじって河に落ち、溺死した。しかし王はこの時も慎重を期し、配下の軍勢にシュエボーを遠く離れて敵を深追いすることは許さなかった。

これ以降、モン族が再びシュエボーを襲撃することはなかった。しかしダラバンは、依然としてシュエボーを遠巻きにする形で軍を展開させ、エヤワディ河右岸のシュエボーに対して、左岸にいる自分たちを守るために、彼らもエヤワディ河岸に防御柵を築いて対抗した。彼らの側が攻勢ではなく、防御の姿勢に転じたのである。

このような敵の動きを察知するや、アラウンパヤ王は派遣部隊を繰り出して、敵の防御柵を破壊させた。おじけづいたダラバン軍は、たちまちアヴァに撤収してしまった。

こうしてモン族軍への対処を一段落させたアラウンパヤ王は、例の二集団、つまりアヴァを見捨てて脱走した武将一派と鎮圧から逃げ延びたグエ・シャン叛徒の一団に眼を向け、彼らに投降を呼びかけた。しかし両者ともこれに応じなかったので、この二集団を一挙に撃滅した。

歴史上の大きな転換点となった一七五二年も、やがて暮れようとしていた。この年の初めには、ビルマ族は完全に制圧されたかに見えたが、アラウンパヤ王は事態を一八〇度逆転させた。今やミャンマー北部は唯一アヴァを除くと、シャン族の諸土侯国も含めて、すべてアラウンパヤ王の支配下に置かれていた。

ここで王は、それまで息つく暇もなく戦に明け暮れてきた配下の者たちに、少しは休養する時間を与える必要があると感じ、また自分が民を思う、真に頼りになる王であることを示すことも重要だという気持ちになっていた。

王はもともとは単なる村だったモッソボ村をどんどん発展させ、周囲を囲む防御柵も煉瓦造りの本格的な城壁に造りかえ、これを巡る掘割もより完璧なものとし、城内には寺院や王宮を造営して、王都に相応しい大都市シュエボーに一変させた。

王は改革派に属する高僧を新たに大僧正に任命し、仏教論争や宗派間の争いに決着をつける全権をこの大僧正に託した。

王は、学者や文人に奨励金や位階を授与し、教育と学術研究を奨励した。バインナウン王の没後、混沌とした情勢が続く中で、精霊信仰に結びついて再燃していた動物を生贄にする習慣も廃止させた。かつてアヴァの王のビルマ族警備隊員たちが酩酊していたがゆえに、モン族の反乱軍にいともたやすく打ち破られた反省に立ち、飲酒を禁止した。

王は宗教儀式のためであろうが、食用であろうが、牛の屠殺を禁止した。反乱と戦役が続いた長い混乱期の後、再び農地が耕作されるようになった今、牛は耕作には欠かせない大切な動物となっていたのである。

王は高齢者の福祉にも手厚く対処した。六〇歳以上の高齢者で、寺院や僧院に足しげく通い、「仏教の五戒」（注）を守る者には、王への奉仕義務も村への奉仕義務も免除するばかりか、食料や衣料といった生活費のみならず、巡礼の旅に要する費用までも王の財政から支給することにした。王自身、奢侈を慎んで謹厳な生活を営み、巡礼の旅によく出掛けた。

（注）「仏教の五戒」は、出家僧ばかりでなく、在家信者も守るべき最も基本的な五つの戒律で、①生きものを殺すなかれ（不殺生戒）、②嘘をつくなかれ（不妄語戒）、③盗むなかれ（不偸盗戒）、④淫らな性行為をするなかれ（不邪淫戒）、⑤酒を飲むなかれ（不飲酒戒）の五つである。五つめの不飲酒戒は、酒を一滴も飲むなということではなく、正常な思考ができなくなるほど泥酔してはいけませんという意味と解されており、イスラム教ほど厳格ではない。

こうして国内体制を充実させ、巡礼と休息に一年をかけた後、一七五三年末、アラウンパヤ王は自ら先頭に立って軍を率い、アヴァに進撃して包囲陣を敷いた。包囲されただけで戦う勇気も失ったモン族たちは、ある晩、夜陰にまぎれてこっそりと脱出し、南を目指して撤退した。アラウンパヤ王はこれに気づいてはいたものの、無益な殺生を避け、追撃することなく、撤退を見逃した。翌朝、王とその配下の軍勢は勝利の勝鬨（かちどき）を上げて、アヴァに入城した。

アヴァ占領後、王は自分の次男を守備隊長に任命してアヴァに残留させ、これに加えてアヴァの南方数キロの地点には別個の駐屯部隊を配して、王の長男と三男にその指揮を命じた。アヴァの防備に万全を期したのである。

こうしておいて、その後王はシャン高原に出向き、シャン族の土侯たちに忠誠を誓わせると同時に徴兵も行ったので、王の軍勢は一段と増強された。

ところが王がシャン高原に出かけていることを察知したモン族は、ビニヤ・ダラ自ら、皇太子とダラバンを引き連れて、エヤワディ河をアヴァ目指して遡上し、アヴァの南方に置かれていた駐屯部隊を討ち破ってアヴァを包囲した。

これを知ったアラウンパヤ王は大軍を率いて急遽アヴァに戻り、侵略者を逆に包囲した。次男が指揮するアヴァ城内の守備隊も、戻ってきた王と示し合わせ、時を見計らって城門をさっと開いて出撃した。

モン族軍はアラウンパヤ王の大軍と城内から打って出た守備隊との挟み撃ちに遭い、命からがら敗走した。ビニヤ・ダラ、皇太子、ダラバンの三人はようやくの思いで、なんとかバゴーに逃げおおせた。

この間、モン族の虐殺を逃れたビルマ族の難民はピエを占領し、敗走してきたモン族軍には城門を閉ざした。モン族軍は一応ピエを包囲する体制をとったが、たちまちアラウンパヤ軍に蹴散らされてしまった。こうして今やミャンマー南部への交通網は王の支配下に置かれることとなり、これは南部に大きな変化をもたらした。

モン族の武将の中には、自分たちの敗北は必至とみて、なんとか自分の保身を考える者が増えてきた。彼らはアラウンパヤ王を「成り上がり者」と見てみて嫌っていたが、王から復讐の鉄槌が下るのを恐れて、そうならずに生き長らえる道を模索した。彼らは、ビルマ族に支配されるにしても厳しいアラウンパヤ王ではなく、弱い王による手ぬるい統治の方がまだしもと考え、ビニヤ・ダラがアヴァ攻略の際、捕らえて連れ帰った元アヴァ王のマハ・ダンマラザ・ディパディ（Maha Dhammaraza Dipadi）を釈放し、バゴーの王にしようとした。この陰謀は露見し、ビニヤ・ダラは陰謀を企てた一味ばかりか、元アヴァ王も処刑してしまった。

この浅はかな行動は、アラウンパヤ王にとって唯一潜在的なライバルになり得た人物を亡き者にしたばかりか、元アヴァ王に忠誠を誓っていたがゆえに、その誓いにこだわっていた者たちが、なんの良心の呵責もなく、晴れて続々とアラウンパヤ王のもとに馳せ参じる好結果をもたらすことになった。

こうして着々と成功をおさめたアラウンパヤ王の動きは、国際情勢にも影響を与えた。かつて身の危険を感じ、バゴーを逃れてチェンマイに亡命していた例の「喜劇の王様」、自称「縞模様の象の公爵」は、チェンマイの知事にとっては、ビニヤ・ダラから何か言いがかりをつけられかねず、頭痛の種となっていた。そこでチェンマイ知事は礼を尽くして、どうかチェンマイを離れてもらえないかと「喜劇の王様」に頼みこんだ。

そこで彼はチェンマイを後にし、アユタヤに向かった。シャム王はどう対処したものか困惑し、彼に「中国に行ってビニヤ・ダラと戦うために中国の支援をとりつけ、後ろ盾になってもらいなさい」と薦めた。この忠告を真に受けた彼は一応中国に足を運んだが、もとより中国がこんな話に乗ってくる道理はなかった。そこで彼は、再びチェンマイに、招かれざる客として舞い戻ってきてしまった。

かつてはモン族の勃興を恐れていたシャム王は、今やアラウンパヤ王の勢力増大に恐れを抱くようになっていたが、さりとてモン族も、フランスがバゴーに食い入っていることを考えると、依然として侮(あなど)れない存在と考えていた。

そこでシャム王は悪知恵を働かせて、一石二鳥の策略を考えついた。つまり「喜劇の王様」がモン族の指導者たちに手紙を出すように仕向け、その手紙において「我はバゴーの王である」と宣言し、「ビニヤ・ダラは反逆者であり、バゴーの王座に就く権利はない」としたためるよう、薦めたのである。彼はこの薦めに従って手紙を書いた。もっとも「我は王である」と改めて宣言することについては、過去において「喜劇の王様」ではあったものの、一応自分を王にしてくれた人たちの信頼を裏切ることにならぬよう注意して、言葉を選んだ。この手紙はモン族の主だった指導者たちに出されたので、かなりの数にのぼり、その内の何通かはアラウンパヤ王が手に入れることになった。

そこでアラウンパヤ王は、チェンマイの知事と「喜劇の王様」に使者を遣わし、手紙の内容となった件については、もうこれ以上の小細工はとりやめ、王のもとに出頭して忠誠を誓うべしとの命令を下した。二人はあたふたと王のところへやって来た。王は、チェンマイの知事は引き続き職にとどまるよう、知事に再任したが、「喜劇の王様」は拘束してしまった。もっとも拘束と言っても自尊心を傷つけないよう、まるで来客をもてなすように手厚く遇した。その結果、拘束された当の本人は大満足で、その数年後に病没するまで仏教信仰に明け暮れする日々を送って安楽に過ごした。

アラウンパヤ王が一七五二年に最初の勝利を挙げた頃、ブルーノはフランスの常駐代表としてバゴーに戻ってきており、モン族に対する政治・軍事面におけるアドバイザーの役割を演じていた。

他方イギリスの東インド会社は、ブルーノがモン族に食い入っているのを見て、自分たちも出遅れてはならじと危機感を抱いた。さりとてイギリスがモン族と話し合いをしても埒が明きそうになかったので、強硬手段に訴え、遠征軍を派遣してネグライス岬（Cape Negrais）を占領し、そこに貿易事務所を設置した。ところがネグライスは瘴癘（しょうれい）の地で、貿易拠点としても船舶を停泊させるための外港としても、適していなかった。それにも拘らず、イギリスは戦略的考慮から、自国の威信にかけて、この地を占領し続けた。

この時期にはアラウンパヤ王はミャンマーの北部全域を完全に掌握しており、フランスもイギリスも機を見て勝ち馬に乗り換えるよう、方針の再検討を迫られていた。

ポンディシェリーのフランス総督デュプレックスは、アラウンパヤ王に献上品として武器を贈ることまで敢えてした。王はこの贈り物を受け取りはしたが、依然としてフランスを敵視する態度は変えず、献上品を携えてきた使者は冷たくあしらわれた。

その一方で、王はネグライスに使者を遣わし、イギリスがミャンマーの領土を占領したことへの抗議を行ったが、同時に、もしイギリスが武器を供与するならば、それと引き換えにネグライスを割譲してもよいとの提案を行った。しかしフランスもイギリスも、自分たちが互いにインドで覇を競っている最中だったので、他国に武器を回すゆとりはなかった。

一七五五年、アラウンパヤ王はモン族を攻撃するため、南部に軍を進めた。王の南下に直面したモン族は、バゴーとシリアムの二つの城塞都市に立てこもった。

王はバゴーには手をつけずに通り越して、港湾都市ダゴン（Dagonヤンゴンの旧称）に向かい、ここを占領した。王は支配下に入った住民たちを元気づけ、心をなごませようと、ダゴンを「諍(いさか)いの終り」という意味のヤンゴン（Yangon）と改名し、シュエダゴン・パゴダの前で盛大な戦勝パレードを挙行した。

王の軍勢は港に停泊していたフランスとイギリスの多数の船舶を拘束したが、これを没収することはせず、船長たちには追って指示を与えるまで待機するよう命じた。王としては、これらの船舶が積んでいた武器や弾薬を喉から手が出るほど欲しかったのであるが、国際法と国際慣行に従って対処しようとしたのである。

王はヤンゴンに隣接しているシリアムからブルーノを招致し、船舶の処遇につき話し合いを行ったが、まさにこの話し合いの最中にフランスの船舶は突如碇を上げ、勝手に出航してしまった。王の命令を無視したこの行動には、流石の王も怒りを顕わにした。

王はイギリスの船舶も拘束していたが、それは単に各船の船長に、積載しているマスケット銃と大砲の幾つかを売却してもらいたいと頼むためであった。しかし船長たちはこの商談には乗ってこなかった。モン族に武器を売却してきた船長たちとしては、王に武器を売ることにより、モン族の不興を買うことは避けたいと思ったのである。これに加えて、東インド会社の考えがどうであれ、船長たちは個人的にはモン族に好意を抱いていた。彼らはよもやアラウンパヤ王がシリアムを占領することになろうとは考えもしていなかったのである。

アラウンパヤ王は武器の調達が思い通りに行かなかったため、シリアムに攻撃を仕掛けるには、未だ十分な体制が整っていないと感じ、なお準備に時間を要すると思っていた。その矢先、北方ではマニプールからの騎馬による闖入者がインド国境近くのミャンマーの村々への襲撃を再開し、暴れ回っているとの緊急報告が届いた。そこで急遽、王は北方へ引き返さねばならなくなった。

王が北に向かったと知るや、モン族の皇太子はブルーノと共に、シリアムからヤンゴンに攻撃を仕掛けてきた。悪名高いアーコット（Arcot）号を含むシリアム停泊中の数艘の英国船も攻撃に加わった。

アーコット号は王のヤンゴン制覇の際、シリアムで足止めを食ったものの、その後王に許されて解放された船舶のうちの一艘であり、その船長はモン族に肩入れすることで知られていた。攻撃側は一応の包囲体制はとったものの、ヤンゴンからの猛反撃に遭い、あえなく襲撃を諦めざるを得なかった。

このような事件があったため、イギリス貿易事務所が置かれたネグライスの英国居留民団は、アラウンパヤ王の怒りを買うのを恐れて、シュエボーの王のもとにジョージ・ベーカー船長（Captain George Baker）を代表とする使者を派遣し、東インド会社がネグライスに貿易事務所を維持し、ここを活動拠点とすることに関して改めて正式に許可を求めてきた。王はもはやイギリス人を信用しなかったが、ベーカーが持参した大砲やマスケット銃は気に入ったので、一応これを受領し、「追って、自分がシリアム占領のためヤンゴンに出向く際、その件は考えよう」と述べて使者を帰した。

アラウンパヤ王は北方の頭痛の種であったマニプール問題については、強大な軍勢をマニプールに派遣して敵に制裁を加え、一挙に問題を解決した。派遣軍は彼らへの報復として略奪や殺戮を行い、彼らの根拠地となっていた村々を焼き払った。数千名の捕虜がミャンマーに連行され、ミャンマーに定住させられた。巧みな騎馬術を駆使してミャンマーを荒らしまわってきた賊たちは捕虜となり、アラウンパヤ王の騎馬隊員として王に仕えさせられることになった。民衆をミャンマー襲撃に駆り立てた占星術士たちも逮捕されてシュエボーに連れて来られ、王宮で占星術や天文学の仕事に当たらされることになった。

一七五六年、アラウンパヤ王は再度ヤンゴンに赴き、シリアム攻略の指揮をとった。王がヤンゴンに着く前に、既に守備隊がシリアムとバゴーの間の交通網を遮断してしまったため、シリアムの住民は飢餓状態に苦しんでいた。それでもなおシリアムの港は、ブルーノ自身が指揮をとって固く守られていた。

アラウンパヤ王はシリアムに鉾先を向けるのに先立って、ネグライスからイギリスの代表者を招致した。そこで王はイギリスが提供する用意ありとした軍需物資を受け取る代償として、ネグライスでの貿易事務所維持を正式に許可したばかりでなく、新たにパテイン（Pathein）にも貿易事務所の設置を許可した。このイギリスの代表者を引見する際、王はイギリス国王宛てに「両国間で最初の公式な接触が行われたことは喜ばしい」と金箔上にしたためた書状を用意し、これを代表者に託した。

こうした段取りを整えた上で、王はいよいよシリアムの包囲陣をがっちりと固めた。しかし八ヶ月が経過してもシリアムはよく抵抗を続け、落城しなかった。

王はさらに多量の武器・弾薬を必要としたが、まさにそのために手を打っておいたのがイギリスの代表者との合意だった。しかし王がネグライスに軍需物資購入の注文を出しても、なかなか注文通りの供給は得られなかった。王はイギリス人が故意に供給を渋っているのではないかと彼らを疑うようになった。

この間、ブルーノはポンディシェリーに増援を要請するメッセージを送り続けた。

アラウンパヤ王は、インドから増援にやってくるフランス船によって、包囲が破られるかも知れないとの危険を感じ、その前に打開策を講じる決意を固めた。そこで王は特別任務に挑戦する志願兵を募集し、多くの志願者の中から選りすぐりの九三名によって特別攻撃隊を編成し、城壁によじ登ることを命じた。これが後に「シリアム黄金部隊」と呼ばれることになる特攻隊である。ある闇夜の晩、彼らは城壁に取りつき、見事これを乗り越えて、息詰まる白兵戦を展開しつつ城門開扉に成功した。王の軍勢は一挙に城内に雪崩入って猛攻を加え、ブルーノと配下のフランス人は必至に応戦したが、間もなく王の軍勢に軍配が上がった。

翌朝、王は市の立つ広場にシリアムで押収した金貨、銀貨を山積みにし、約二〇名しか残らなかった「シリアム黄金部隊」の生存者及び戦没者の家族に、報賞としてこれを分け与えた。

この数日後、武器・弾薬や食料を満載した三艘の増援船が到着し、二艘は王の軍勢に押さえられたが、一艘は危ういところで異変を察知し、逃げおおせた。

ブルーノと配下の主だった武将は処刑されたが、それ以外のフランス人隊員は王の軍隊に徴用されるか、デ・ブリト一派（二五〇頁参照）の子孫たちが住んでいるミャンマー北部のローマ・カトリック教徒の村に定住させられるか、いずれかの道を辿った。

シリアムが落ち、唯一最後に残ったモン族の牙城はバゴーを残すのみとなった。アラウンパヤ王はこれを攻撃するのに先立ち、ピエの南にある小さな町、ミャナウン（Myanaung：直線距離でピエの南方四六キロ）に進駐し、ここで体制を整えることにした。

この町で、王はイギリス代表エンサイン・レスター（Ensign Lester）を招致した。王は一時はイギリス人の誠意に疑いをもっていたが、最早この時点では、疑いは解消していたのである。王はレスターに次の「六ヵ条」を記した覚書を与え、レスターはこれを受けとった。

（一）王は東インド会社に対し、ネグライス岬及びパテインの一区画に土地を与え、そこに同社の事務所の開設を許可する。

（二）王は東インド会社に王国内全域において、何らの妨げも受けることなく、商業活動を行うことを許可する。

（三）東インド会社は王に対して毎年、大砲、マスケット銃、弾薬を供給する。

（四）王は東インド会社が、ヤンゴンに貿易センターを開設することを許可する。

（五）王は東インド会社が、王の求めに応じて王の敵に対してとった行動につき、その所要経費を弁済する。

（六）東インド会社は、いかなる形においても王の敵を援助しないものとする。

こうしてイギリスとの了解を整えた上で、王はバゴーの包囲を開始した。

包囲されたモン族の側は、頼りとしていたフランスには期待がもてなくなり、進退窮まって和平交渉のための使者団を出してきた。やってきたのはモン族の僧侶数名からなる一団であった。王は彼らを丁重に迎え入れ、その提案を聴取したが、申し入れてきた彼らの和平条件はきっぱりと拒絶した。

いよいよ追い詰められたビニア・ダラは、本人自ら降服交渉に出向き、自分の一人娘を和平の代償として差し出して降伏したいとの意向を示してきた。アラウンパヤ王はこの申し出を受け入れ、盛大な儀式を催して差し出されてきた娘を王妃として迎え入れた。


こうして、ビニヤ・ダラは降伏したが、これですっかり事が片付いたというわけには行かなかった。それと言うのも、モン族の武将の何人かは戦わずして降参するのを潔（いさぎよ）しとせず、徹底抗戦を主張し、ビニヤ・ダラに従ってすんなり降参しようとする武将との間で意見が割れた。武将たちの頭目だったダラバンは、この仲間割れに嫌気がさし、こっそりとバゴーを抜け出して東方のシッタゥン（Sittoung）方面に向かった。

バゴー城内の勢力争いは徹底抗戦派が勝ちを占めた。彼らは降伏交渉団を呼び戻してビニヤ・ダラを退位させ、城門を閉ざした。城内に立てこもった者たちは、アラウンパヤ王に対して「どうにでも好きなようにしてくれ」と言わんばかりに、やけっぱちの抵抗姿勢を示したのである。もとよりこのような抵抗が長く持ちこたえる道理はなく、間もなくバゴーは落城し、ビニヤ・ダラとその家族は捕虜になった。

アラウンパヤ王はビニヤ・ダラたち捕虜を引き連れて、シュエボーに帰還した。

この後なおも一人で抵抗を試みたダラバンも、やがて逮捕されて捕虜となったが、赦されて処刑されることはなかった。

こうして今やミャンマー南部は、おしなべてアラウンパヤ王の権威に服することとなった。かつてモン族がその隆盛期に、ビルマ族虐殺をほしいままにしたことは未だ記憶に新しかったが、王は報復など考えずに宥和政策をとり、多くのモン族の官吏は元の官職に復帰した。

ところがこの頃、マニプールからの闖入者が再び跳梁跋扈し始め、アラウンパヤ王は軍を率いて北に向かわなくてはならなくなった。今回は単に懲罰を与える遠征ではなく、マニプールの完全制圧を目指して、本腰を入れての攻撃に向かったのである。

モン族は、アラウンパヤ王がマニプールに掛かりっきりで手一杯に違いないと考え、とても南部まで戻っては来るまいと見て反乱に立ち上がった。モン族はバゴーのビルマ族太守を追放し、エヤワディ・デルタ一帯のビルマ族を虐殺し始めた。

後に逮捕された叛徒の自白によると、実はこの反乱はネグライスのイギリス人が裏で操っていたのである。反乱勃発の直前、ヤンゴンに入港したイギリス船アーコット号（Arcot）が武器・弾薬をモン族に供与・売却し、彼らを反乱に仕向けていたことが判明した。

アラウンパヤ王は急遽ヤンゴンに戻ってきたが、王自身が采配を揮（ふる）う必要はなかった。それと言うのも、ビルマ族の守備隊は、王のヤンゴン到着を待つまでもなく、既に反乱を鎮圧していたのである。

アラウンパヤ王は、この反乱で苦々しい思いを味わった。王はこれまでのモン族に対する自分の寛容な態度の見返りが、この反乱になったことを悟らされた。

モン族は王の報復を恐れ、大挙してシャムに亡命した。強大なミャンマーの再現に危惧の念を抱いていたシャムは、亡命者たちを歓迎して受け入れた。

アラウンパヤ王はイギリスにも失望した。反乱勃発前夜にアーコット号がヤンゴンに入港していた事実や、逮捕された叛徒の自白、それに自分がイギリス国王に当てた親書に何の返書もないことを考え合わせると、イギリスは自分を成り上がりの王とみなし、排除しようとしているように窺えた。

王は東インド会社と締結した協定を先方が遵守していない以上、もはや自分もこれに縛られないと考え、彼らに与えたネグライスを取り戻し、会社の施設を焼き払い、そこの従業員を全員殺害するよう命令した。他方パテインの事務所の方は、いかなる形においても叛徒に加担した証拠は見当たらなかったので、その業務を妨害してはならないと厳命した。

王はこうしたごたごた続きに辟易し、好意的な配慮をしてもそれが裏切られてばかりいることに失望を禁じえなかった。そしてこれからは国内体制の充実に専心し、戦のない平穏な人生を過ごしたいという気持ちになっていた。

しかしそうは言ってもモン族のシャムへの亡命は続いており、ミャンマーに対するシャムの態度を考えると、シャムがミャンマーに干渉しないと確約しない限り、平和は達成されないと思われた。なぜならば、モン族たちはあわよくばミャンマーの南部を取り戻そうとして、反乱を起こそうとする気配を見せていたので、シャムがこれに関与してくることは断じて阻止しなければならなかったのである。

一部の歴史家の中には、「アラウンパヤ王は野望に燃えた積極的行動型の人物で、パガン王国やバインナウン王のビルマ族第二帝国が、シャムばかりかメナム河全流域を支配下に治めていたように、彼もまたシャムを自国に編入したいとの大望を抱いていた」という見方をする者もいる。しかしアラウンパヤ王の性格をこのように見るのは、正しいとは思われない。

当初シャムとの関係における王の姿勢は忍耐に徹し、シャムに亡命した叛徒の首魁たちの引渡しを求めただけで、それ以上の行動を起こすことはしなかった。しかし敵対行動を始めたのはシャムの方であった。決してアラウンパヤ王の側から、好んで攻勢に出たわけではなく、王は自国の安全確保のために、やむを得ず行動を起こさねばならなくなったに過ぎない。現にラカインはアラウンパヤ王が頭角を現した初期の頃から、タンドゥエ（Thandwe）からの朝貢使節を遣わし、王に反抗するような事態を起こさなかったので、王がラカインに攻め込むことは一度としてなかった。

シャム王はアユタヤの防備を固め、過去にミャンマーからアユタヤを目指す遠征軍が辿ってきた道筋での応戦体制を整えた。その上で、シャム軍はダウェイ（Dawei：ミャンマー最南部タニンダーリ州の州都）に攻撃を仕掛けてきた。

アラウンパヤ王は軍の先頭に立ってタニンダーリ州の沿岸地域に出撃し、ダウェイに迫る敵を撃退したばかりか、バインナウン王の没後、シャムに占領されていた一帯をも奪還した。

勢いを得た王の軍勢はクラ地峡（マレー半島の細くくびれた部分）を東に向けて横断し、アユタヤ目指して北に進撃した。シャム軍は主としてアユタヤの北部と西部に配備されていたので、バインナウン王の軍勢はほとんど抵抗を受けずに進撃した。

一七六〇年四月、王が率いる軍勢はモンスーンの雨季に入る前に落城させることを期して、アユタヤに包囲陣を敷いた。

アラウンパヤ王は城内のシャム王に使者を遣わし、「我はやがて仏陀にならんとする身であるので、できる限り殺生は避けたい」として、降伏を呼びかけた。これに対してシャム王が寄越した回答は「この世に五人現れることになっている仏陀はもう決まっており、六人目の仏陀が存在することなどあり得ない」と述べ、アラウンパヤ王をあざ笑うような、侮辱的な内容だった。

そこでアラウンパヤ王は、いよいよアユタヤを落城させる本格的な攻撃にとりかかる姿勢を固めた。この時点になって、非勢とみたシャム王は和平を交渉したいとして、使者を出してきた。しかしシャム側は、アラウンパヤ王が示した厳しい条件を受け入れられず、交渉はもの別れに終わった。

こうしてアラウンパヤ王はアユタヤへの攻撃開始の準備にとりかかったが、その最中に彼は突如として病に伏してしまった。シャム側の資料には、大砲の設置状況を王自ら視察していたところ、砲弾が炸裂して王に怪我をさせたとの記述が見られるが、ミャンマー側の記録には、単に赤痢を患ったと記載されている。

砲弾炸裂による怪我だとすれば、配下の将兵は誰しもこの重大事故を知り、軍全体の士気にも甚大な影響を及ぼしたであろうが、実のところ王の病気を知ったのは、最上層部の武将のみに限られていた。この事実から推測すると、シャム側の砲弾事故説は信憑性に乏しい。多分実情を知らないシャム側の年代記作者が、名だたる王の最期に相応(ふさわ)しいのは、病没よりも戦場での事故による方が適当と考え、想像を逞しくして脚色したのであろう。

王の病気を知った武将たちは、王を輦台(れんだい)（棒二本に板をわたし、その上に人を乗せて数人で担ぐ運搬具）に横たえて引き揚げることとし、「王の体調芳(かんば)しからず」と説明して、全軍に撤収を命じた。名将ミンカウン・ノーラタ（Minkhaung Nawrahta）の指揮下、五千名のマスケット銃撃手に大砲を加えた部隊がアユタヤに留まって睨(にら)みをきかせ、撤収は迅速かつ整然と行われたので、シャム側はミャンマー軍の本隊が退いたことに気付かなかったほどであった。

撤収した本隊が国境を越え、タトン（Thaton：モーラミャインの北北西六〇キロ）の近くまで戻ってきたところで、アラウンパヤ王は息を引きとった。

武将たちは半月ほどの間、王が没したことを秘匿することにしたが、シュエボーには早馬の使者を飛ばし、王の長子に宛てて事実を報告するとともに、直ちに即位する準備を整えるよう要請した。

王の遺体は包帯でしっかりと巻き固めて天蓋つきの輦台に安置し、その傍らには腐敗を防止する薬草が詰め込まれた。そして毎日、日の出と日没時に武将たちが輦台のところに参集し、王の名において全軍への命令を出した。

一方アユタヤに留まっていたミンカウン・ノーラタは、追撃してくるシャム軍に対しても、撤退の途次に待ち受けて襲ってくるモン族やシャム族のゲリラに対しても、敢然と立ち向かいながらゆっくりと撤退し、兵の損耗を極く僅かにとどめつつ国境を越えて無事帰還を果たした。

アラウンパヤ王が精神的にも肉体的にも最も充実していた四六歳という若さで没したことは、ミャンマーにとって手痛い損失であり、この国のその後の進路に悪影響を及ぼす大きな打撃となった。王は国民を鼓舞してその先頭に立ち、彼らを戦に立ち上がらせた。しかし戦争が一段落し、これから国民に平和を享受させる時代になろうとしていた時において、王の指導力は依然として必要とされていたのである。国民を愛国心に燃え上がらせて戦に駆り立てた王は、その後国民の心情を平和的な国造りのために必要な寛容と自制心に向けて十分に沈静化させ終わらぬ内に、他界してしまった。

王の人柄と成し遂げた業績については、改めて多言を要しない。王の在位は僅か八年間であったが、この短い期間においていかに大きな変化が起きたことであろうか。

一七五二年に王となった時、国民は屈辱を嘗めさせられて打ちひしがれ、人々の心はばらばらになって国民としての団結心を失っていた。一七六〇年に王が没した時点では、その同じ国民が栄光と誇りを胸に抱いて自信満々となり、全員が一丸となって、ひたすら前進し続けるように大きく様変わりしていた。

アラウンパヤ王が成し遂げた業績の中でも、特筆すべき事柄は、ミャンマーの社会の民主的な性格を不動のものとして確立したことである。全ての国民男女は平等とされ、異なる社会階層は存在しなかった。「貴族」に当たる称号は一応あって一定の恩典に与ることにはなっていたが、これは世襲ではなく、本人の能力と人柄のみによって得られる地位であったので、「貴族社会」が形成されることはなかった。僧院で行われる教育では、王子も百姓の子も机を並べて共に学ぶようになった。

　こうしてパガン王朝の時代に築かれた自由で平等なこの国の体制（八一頁以下参照）は、ここにおいてすっかり定着したのである。

2 ナウンドージ王（在位一七六〇〜一七六三年）

　アラウンパヤ王には六人の息子がおり、王は生前これらの息子が順次王位を継承することを願うと、折に触れて述べていた。しかし王は王位継承について、なんらかの公式の宣言は行っていなかったし、継承順位についての段取りも決めていなかった。なにせこのように突如として他界することは、王自身が予想していなかったのである。

　長男のナウンドージ（Naungdawgyi）は、当然のこととして後継者の第一順位と考えられていた。しかし次男のシンビューシン（Hsinbyushin）は兄弟の中でも最も血気盛んな王子で、ミャンマー軍が直ちにとって帰し、アユタヤ攻略に向かうことを望んでいたので、慎重派の長男が即位することには反対した。次男は父王と共にアユタヤ包囲作戦に参加し、父王が没すると彼が総大将となって軍を取り仕切っていたのである。彼は自分を後継者に選ぶよう武将たちに圧力をかけたが、武将たちは彼を支持しなかった。彼は、撤収のしんがりを務めて武勲をあげた武将ミンカウン・ノーラタの支持には、ことさら大きな期待をかけていた。それと言うのも、アラウンパヤ王の初期の戦闘においては、兄のナウンドージとミンカウン・ノーラタは、何かにつけて息の合わない武将同士として、互いにわだかまりのある間柄だったのである。

アノーラタ王の遺体は火葬に付すため、エヤワディ河を遡上してシュエボーに運ばれていたが、軍勢は未だミャンマー南部に留まっていた。

不発に終わったとは言え、王位簒奪（さんだつ）の動きがあったことを耳にしたナウンドージは、次男とミンカウン・ノーラタをシュエボーに召致した。

次男は素直に出頭し、母である故アノーラタ王の王妃のとりなしで許された。

他方ミンカウン・ノーラタは、昔確執があったがゆえにナウンドージの意図に猜疑心をもち、事態の進展の様子を窺おうとシュエボーへの帰還をわざと遅らせた。そこでナウンドージはミンカウン・ノーラタを逮捕するように命じた。ミンカウン・ノーラタとしては、次男の陰謀に全く関わっていない自分に逮捕命令が下ったことは、武将たる職務を剥奪され、その後なんらかの言いがかりをつけて処刑されるかもしれないと感じた。

ミンカウン・ノーラタはアラウンパヤ王が即位した一七五二年には、単なる村人でしかなかったが、その後王が出撃した戦では全て王と生死を共にして戦い、常に目覚しい武勲を挙げてきた。彼は自分が王の右腕となって次々に勝利を挙げ、王からは数々の勲功褒賞と名誉ある称号を与えられた日々を回想し、部下を前にしてこう説いた。

「自分は未だ一介の村人だった頃、刀を抜き払って、王に『わが友よ、わが同胞よ、貴下はあらゆる所で勝ち誇っているモン族に討ち勝たねばならない。われはこの刀をもって貴下を王となすであろう。もしそれが成らざれば、われは戦場の骸（むくろ）とならん』と述べた。されどこうした輝かしい日々は過ぎ去り、今や当面する難局にあって、ただ一人我を助けてくれる、我が敬愛すべき王はもはやこの世にいない。こうなったからには、今や悔やんだり恐れたりする時に非ず。もはや打って出るより道はない。者ども、我に続け！」

こうしてミンカウン・ノーラタは部下たちを率いてアヴァに進軍し、この町を占拠した。ナウンドージ王の軍勢はアヴァを包囲したが、ミンカウン・ノーラタは包囲を脱して北に向かった。ナウンドージ軍は追撃した。しかしミンカウン・ノーラタはナウンドージ王に対する反抗の姿勢をとったと言うだけで、別段具体的な反乱計画をもっていたわけではなかった。そして彼はこのように逃走を続ける過程で、たまたま自分の配下のマスケット銃手が誤射した銃弾を受け、落命した。ナウンドージ王はミンカウン・ノーラタの訃報に衝撃を受けたが、実はその後もさらに悪いニュースが待ち受けていたのである。

程なくして、故アラウンパヤ王の叔父に当たるタウングーの太守が、配下の武将と共に反乱を起こした。この反乱もナウンドージ王の治世に反抗すると言うよりは、ミンカウン・ノーラタの処遇への抗議という性格のものであった。反乱は難なく鎮圧されたが、このようなごたごた続きに辟易したナウンドージ王は、叛徒たちを許したばかりか全員元の役職に復帰させた。

ナウンドージ王は優れた武将であったが、戦続きの状況はもう終わらせたいという気持ちになっていた。それでも彼はチェンマイに遠征軍を派遣せざるを得なくなった。チェンマイ知事はビルマ族であったが、アユタヤの支援に望みをかけて独立を宣言し、反乱に立ち上がったのである。

遠征軍はチェンマイの反乱を鎮圧すると勢いづいて、この地域一帯がミャンマーの勢力下にあることを誇示するために、中国国境近くまで北進した。チェンマイの鎮圧さえ行えば十分で、それ以上の軍事行動を期待しなかったナウンドージ王は遠征軍に帰還を命じた。

結局このように、王が望んだ戦のない平和な時代はなかなか達成されないまま、王は一七六三年に没し、その治世は僅か三年の短命に終わった。それでも王は没する前の残り数ヶ月の人生を、サガイン、アヴァ、パガンなどの寺院巡礼の旅に費やした。

3 シンビューシン王（在位一七六三〜一七七六年）

ナウンドージ王には生後一二ヶ月に届かない一人息子がいるのみであったので、アラウンパヤ王の次男、つまりナウンドージ王の弟である血気盛んなシンビューシン王の即位に異論を挟む者はいなかった。新王は即位すると、首都をシュエボーからアヴァに移した。

シンビューシン王が再度シャムの攻略に乗り出す野望をもっていることは、広く知られていたので、シャムは新王即位のニュースを知ると警戒を強めた。

まずシャム王はチェンマイを援助してこれを煽りたて、再度の反乱に立ち上がらせた。この時もシンビューシン王の派遣軍はチェンマイの反乱を難なく鎮圧し、遠征の余勢でラオスをも占領した。

次いでシャム王はダウェイ（Dawei：ミャンマー最南部のタニンダーリ州都）のモン族知事を援助の約束で誘惑してそそのかし、彼に独立を宣言させた。シンビューシン王はここにも別の派遣軍を差し向け、これまた直ちに制圧した。

ここで王は、ラオスにいる派遣軍を南下させ、ダウェイの派遣軍を北上させてアユタヤに向かわせることにした。ダウェイからの派遣軍は、前回アラウンパヤ王が辿ったのとは違う道筋を進軍し、ラオスからの派遣軍は、メコン河を舟艇で南下した。

このようにアユタヤを目指した両派遣軍が、アラウンパヤ王のシャム侵攻の時とは異なる進軍経路をとった結果、派遣軍に対して、アユタヤ接近前に損害を与えようとシャム側が待ち構えていた準備態勢はほとんど不発に終わった。それでもなお両派遣軍は慎重を期し、支配下に治めた地域で徴兵を行って兵力の増強を図っていたため、アユタヤ到達までには一年以上をかけた。

一七六六年一月、ミャンマーの両派遣軍はアユタヤで邂逅（かいこう）し、城外に集結した。両派遣軍を合わせた兵力は五万人に膨れ上がっていたが、それでもシャム王配下の軍勢とようやく互角の兵員数に近づいたというに過ぎなかった。

シャム王は自軍が戦闘経験を積んだ将兵たちであるのに対し、ミャンマー側はチェンマイやラオスで急遽徴募した急ごしらえの兵が多くを占めていることから、シャムの方が優勢と見て城外に繰り出し、正面からの総攻撃を命じた。

こうして戦闘の火蓋が切って落とされた。シャム軍は布陣しているミャンマー軍の右翼に集中的な攻撃を加え、これを受けた右翼は後退した。

ところが右翼が後退せざるを得なくなったように見せかけたのは、実はミャンマー側の巧妙な作戦であり、決して敵の圧力に屈した後退ではなかった。そうとは知らぬシャム軍は勝利を手にしつつあるものと思いこみ、後退するミャンマー軍の右翼を追撃し続けた。

そこでミャンマー軍の左翼が、頃合いを見計らってシャム軍の後方に回りこんだので、シャム軍は前後左右から敵軍にぐるりと取り囲まれることになった。ミャンマー軍のこの作戦に気付いたシャム軍はどう対処したものか戸惑って茫然自失となり、この間に戦術後退をしていたミャンマー軍右翼も態勢を立て直し、シャム軍への強烈な反撃を開始した。

この戦闘においてミャンマー軍のマスケット銃部隊を率いていた武将は、その昔自分たちがやられて酷(ひど)い目にあった経験を生かして、これを逆に活用した。一三世紀にフビライ軍の弓手がパガン王朝軍の象部隊にやったように、ミャンマーのマスケット銃手はシャム側の軍象に狙いを定めて撃ちまくったのである。痛みに耐えかねた軍象は半狂乱になって乗っている兵士を振り落とし、味方の兵士を踏み潰した。さらにミャンマー側は、混乱に陥ったシャムの軍勢目がけて大砲を打ちんだ。こうなると最早戦闘は会戦ではなく、シャム側が一方的な大殺戮に甘んじるだけの惨憺たる状態になった。シャム軍の将兵で、なんとか逃げのびてアユタヤ城内に戻れた者はごく少数にとどまった。

アユタヤ城の防備はミャンマーの両派遣隊が進軍に時間をかけていた間、念入りに強化されていたので、落城に追い込もうとアユタヤ城を包囲したミャンマー軍は、目的達成に手を焼いた。包囲陣を敷いて町を封鎖するには、地上の交通路を遮断するだけでは不十分で、数多い河川や運河にも目を光らせねばならなかった。こうしてシャム側はなんとか包囲に耐えて四ヶ月が経過し、モンスーンの雨季がやってきたので「ミャンマー軍は撤収するに違いない」と考え、ほっと胸を撫でおろした。

ところがミャンマー軍は、雨ごときで撤収するなど考えてもいなかった。彼らは地形の盛り上がった全ての箇所に煉瓦を積み重ねて砲台を築き、降りしきる雨を物ともせず、そこから城内に向けて一斉砲撃を繰り返した。これに加え、ミャンマーの兵士は、何千という小船や筏(いかだ)を造り、氾濫した田畑にこれを浮かべて城壁周辺に監視の目を光らせ、水路を通ずる城内との交通を一切遮断した。

意図的に城外に居続けていたシャムの王子の一人が約一万の兵を集め、ミャンマー軍に攻撃を試みる一幕もあったが、これもあっと言う間に蹴散らされてしまった。

やがてモンスーンの雨季が明けると、ミャンマー軍は城壁の周辺に本格的な土塁を高く築き上げ、そこから城壁越しに砲撃を加えた。こうなると城内では、降伏すべきか抵抗を続けるべきかで、意見の対立が表面化するのがお決まりの事態で、今回も盛んに激論が交わされた。こうした中、名将プラ・タクシン（Pra Taksin）を含むシャム側の何人かの武将は、降伏派の方が勢いを増している雰囲気を察し、ある闇夜の晩、暗闇に乗じて城外に脱出した。

ミャンマー軍の側でも、総大将が病死するという不幸が起き、しかもこの時、ミャンマー北部に中国軍が侵攻してきたという悪いニュースも届いた。しかしシンビューシン王はこうした不測の事態を物ともせず、早馬を乗り継がせた伝令を出し、「ミャンマーで何が起ころうとも心配することなく、アユタヤ攻略の目的を貫徹せよ」との命令を包囲軍に与えた。王としては、ここで弱みを見せてアユタヤ攻略を断念するならば、シャム勢がミャンマーの南部を荒らしにやってくる事態は免かれないので、是が非でもこの禍根を断ちたいと固く決意したのである。

ミャンマー側の一歩も引かない態勢を目の当たりにして、シャム王は和平のための話し合いをしたいと申し出てきたが、ミャンマー側はその申し出は遅すぎるとして、これを拒絶した。

一七六七年四月、ミャンマー軍は城壁の基底部分の下にトンネルを掘り、藁と薪（たきぎ）を詰め込んで火を放った。これにより城壁の一部が崩落したところで、ミャンマー軍は城内になだれ込み、アユタヤを占領した。

シャム側の資料にはその際、殺戮が行われたとの記述が見られるが、これは正しくない。ミャンマー軍はアユタヤの一般住民には一切危害を加えず、シャム王やその取り巻きを含む住民全てを捕虜にした。町にあった貴重な財宝は派遣軍が押収し、その上で町には一斉に火が放たれ、アユタヤは炎上して瓦礫と化した。城壁は取り壊され、掘割は埋め戻された。捕虜たちは全員ミャンマーに連行された。

バインナウン王のアユタヤ攻略の時と同様、捕虜たちの中には、学者、医者、詩人、天文学者、楽士、舞踊家、画家、工芸職人、金銀細工士、紡織工等々、多彩な人材がおり、彼らはミャンマーの文化の向上に貢献することになった。

清朝の中国はミャンマー第三帝国の政治面、軍事面での興隆に不安を抱いてきたが、これに加え、ミャンマーのシャン高原への軍事行動とメナム河流域への勢力拡大は中緬国境地域に影響を及ぼすこととなり、中国の不安感をさらに煽っていた。

ビルマ族によって、アヴァ一帯から追い払われ、しかもシャン族の土侯たちには受け入れられなかったグエ・シャン族一派の残党は北の中緬国境地域に逃れ、放浪の盗賊団となって度々国境近辺に出没するようになっていた。他方シャン高原の最も遠隔地に位置する土侯の何人かは、ビルマ族によって追い出されて雲南に亡命し、自分たちの所領を取り戻したいとして中国の支援を求めていた。

さらにラオスを占領し続けていたミャンマー軍は、北方のラオス・中国国境まで軍を展開する必要に迫られ、しばしば国境近くの地域での軍事行動を起こしていた。

このような事態に業を煮やした中国軍がまず狙いを定めたのは、シャン高原の東端に位置するチャイントン（Kyaington）であった。ここの土侯はシンビューシン王に対して揺るぎない忠誠心を示していたのである。

このような状況に置かれていた中国は、ミャンマーに攻撃を仕掛ける口実を探していたところ、ある時チャイントン在住の中国人数名とミャンマー人とが酒に酔った上での喧嘩騒ぎを起こし、中国人が一人殺されるというできごとが起きた。チャイントンの土侯もミャンマーの当局も、死亡した中国人の家族には手厚い補償金を与え、殺害に関与した人物は逮捕し、処罰した。

しかし雲南省の知事はこれに満足せず、ミャンマー側に、犯人の引渡しを要求してきた。これは暗に、チャイントンに対する中国の宗主権を認めさせようとする要求であり、ミャンマー側はもちろんこの申し入れを拒絶した。

そこで雲南省知事は一七六五年、大軍を率いてチャイントン目指して侵攻してきた。

シンビューシン王はシャン高原での不測の事態に備えて、常に予備兵力を手元に待機させており、この時も中国軍の侵入に対処するため直ちにこの予備軍を派遣した。しかし派遣軍がチャイントンに到着した時には、チャイントンの土侯自身の私兵が既に中国の侵略者を追い払っていた。王の派遣軍と土侯の私兵は、一緒になって中国軍をメコン河畔まで追撃し、敵に甚大な損害を与え、敵の総大将をも殺害した。雲南省知事は、この大敗北の知らせを受けるや、自害して果てた。

清朝中国の皇帝は後任の雲南省知事を新たに任命し、「ミャンマーとの国境周辺地域を支配下に治めよ」との命令を下した。新知事は着任早々国境近辺に軍を出し、そこで邂逅したミャンマーの小分隊を蹴散らすことには成功した。ミャンマーの小分隊はパトロール任務中の部隊に過ぎず、戦闘というよりは単なる接触でしかなかったのだが、知事はこれを過大評価して自信を強めた。

知事はミャンマー北部はたやすく占領できるとの誇大な妄想を抱くようになり、そうした考えを中央に報告し、皇帝も徐々にその考えに染まるようになった。そこで皇帝は「ミャンマー北部一帯を占領したい」という知事の建議に承認を与えたばかりでなく、これに加えて「ミャンマーを中国の保護国となし、中国が任命するビルマ族の王に統治させる」ことを最終目的とするよう指示した。雲南省知事はこの指示に従って、ミャンマー北部のバーモ（Bhamo）に通ずる通商路を南下して、強大な軍勢を派遣した。

シンビューシン王は配下の監視部隊から中国軍の動きについての報告を受けると、中国軍を陥れる策略を立てた。彼はバーモのすぐ南、エヤワディ河畔に位置するカウントン（Kaungton）という小さな町に軍隊を派遣し、この町に防備を施すよう指示を与えた。

やがて中国軍はバーモに到着し、ここを難なく占領した。それと言うのも、王はわざとバーモには僅かな兵力しか配していなかったのである。

この成功に気をよくした中国軍は、中国からの長い補給路がミャンマー側のゲリラ攻撃に晒される危険を考慮し、バーモに膨大な量の食料の備蓄を行った。

数日後シンビューシン王はカウントン派遣部隊を増強する第二派遣部隊を出撃させ、この部隊にはカウントンに留まらず、ここからバーモ奪還に出陣するよう命令した。

ミャンマー側の作戦を知らない中国軍は、カウントンのミャンマー軍が増強されて脅威になりつつあると見て、これを叩こうと全軍をカウントンの城塞目がけて出撃させた。

中国軍がカウントンに向かったとの知らせは、第二派遣部隊がエヤワディ河を遡上中にもたらされ、これはまさに空っぽになったバーモの奪還に向かう好機到来を意味した。バーモの奪還はこうしてほとんど無抵抗のうちに成功した。

これに加えてシンビューシン王は、エヤワディ河西岸に沿って第三の派遣部隊を北上させ、ミッチーナ（Myitkyina：バーモの北一五〇キロに位置するカチン州都）の北側で東岸に渡河し、中国から増援部隊が派遣されてくる場合に備えて、これを迎え討つよう命じた。

このようなミャンマー側の万全を期した措置の前に、今や中国軍はバーモを奪還した第二派遣部隊とカウントンから出撃してきた第一派遣部隊との間に挟撃され、進退窮まって甚大な損失を蒙った。しかも中国の将兵を襲ったのは戦闘ばかりでなく、馴染みのない遠隔の地の不慣れな環境の変化にも悩まされ、病死する者も続出した。

こうして中国軍は命からがらの退却を開始し、まず東に逃げ延び、それから北上して中国を目指そうとしたが、そこにはミャンマーの第三派遣部隊が待ち受けていたのである。この間、第一派遣部隊も第二派遣部隊も逃走する中国軍を激しく追撃したので、結局中国軍はほとんど全滅に近い大敗を喫した。

威勢を駆ったミャンマー軍は雲南省に攻め入り、省内にある八つのシャン土侯国を占領した。

雲南省知事はこの大敗に心を痛めたものの、彼の誇大妄想は依然として一向に止まらなかった。彼は皇帝に対して「我らはバーモを占領し、そこのビルマ族住民は弁髪（清朝は満州族の王朝であり、弁髪は満州族が習慣とする髪を三つ編みにして垂らす髪型）を結うようになっており、ミャンマーの総大将は配下の兵士一万人を失い、和平を乞いに雲南にやってきた。両国間の交易を正常化する必要があるので、自分（知事）としては、ミャンマーが懇請してきた和平は度量をもって与えてやることが望ましいと考える」と報告した。

戦闘の状況についての正確な情報を得ていた皇帝は、知事の報告が虚偽であることを見抜き、「即刻上京せよ」と知事を北京に招致した。北京に到着するや、知事を待っていたのは「自害せよ」との皇帝の命令であり、知事はこれに従わざるを得なかった。

そこで皇帝は自分の義理の息子（娘婿）を新たな雲南省知事に任命した。

一七六七年、新知事はモンスーンの雨季が明けた時期に派遣軍をバーモに向かわせたが、これはいわば囮（おとり）として差し向けられた部隊であった。この囮の派遣軍で相手の注意を引いておいて、知事自身は本体の主力軍を率いてセンウィ（Hsenwi）とシパウ（Hsipaw）というミャンマー内の二つのシャン土侯領を経由して南下した。まずセンウィ土侯領を占領してそこの土侯を殺害し、代わりに中国の息のかかった人物を土侯に据えた。中国軍はこの土侯領を補給基地にしようとしたのである。

知事は配下で筆頭の武将を五千の軍勢とともにセンウィに残し、ここの守備と背後（つまり国境からセンウィの間）の警戒に当たらせた。さらに前進し続ける主力軍とセンウィとの間には一万五千の兵を配備し、この間の輸送の安全確保に当たらせた。このような万全の手を打った上で、主力軍はアヴァを目指して進軍した。

シンビューシン王はバーモへの囮部隊の襲来にまんまと引っかかり、城塞都市カウントンの防備強化のために最強の部隊を既に送り出したところであり、北からアヴァを目指す中国軍主力の脅威が迫っているからと言って、直ちにカウントンに派遣した部隊を呼び戻すことはできなかった。そこで王は第一別動部隊を雲南省知事の主力軍に立ち向かわせるよう北に差し向けるとともに、さらに第二別動部隊を中国主力軍の背後に回りこんで、彼らの補給路を分断させるために派遣した。しかしこの二つの部隊は、どちらも目的を果たすことはできなかった。補給路分断部隊の方は敵に阻止されて後退を余儀なくされただけで済んだが、雲南省知事の主力軍とぶつかった部隊の方は兵力数で二対一の劣勢に立たされ、総崩れとなってしまった。それでもなお逃げ延びた兵たちは退却するのではなく、森に身を隠し、援軍の到着を待った。

こうして中国の主力軍はアヴァの北五〇キロのシングー（Singu）に迫り、ここを占領してしまった。しかし、シンビューシン王は中国軍の攻勢にたじろいで守りの姿勢につくような王ではなかった。王はアヴァの防備を固めることよりも、急遽新たに第三別動部隊を編成してシングーに送り出し、その奪還を命じた。危機的な状況にあっても何ごとにも動じない王の毅然たる態度は将兵を鼓舞し、シングーに向かった部隊は勇気を漲らせて町の前面に布陣した。

時に一七六八年三月、ミャンマーでは灼熱の太陽が、北からやってきた中国兵を焼き尽くさんばかりに照りつけていた。

他方、中国軍が補給基地として確保したセンウィの近郊では、一旦は後退せざるを得なかった王の第二別動部隊が断固再挑戦を試み、中国側補給路の安全確保に当たっていた一万五千の中国軍を叩きのめし、敵の補給路分断という目的を達成した。その上でこの部隊はセンウィ基地本体の中国守備隊に襲い掛かり、激戦の末センウィの奪還にも成功した。五千の兵力でセンウィの守備に当たっていた中国部隊の隊長は、自ら喉（のど）をかき切って自害した。

第二別動部隊内では、中国主力軍の脅威に晒されているアヴァを心配し、「このような成果を挙げたのであるから、我々はアヴァに戻ってアヴァの防衛に協力すべきではなかろうか」と考える武将もいた。しかし総大将は「我々の王は類稀（たぐいまれ）なる武将であり、いかに戦うべきかを最もよく心得ている。我々への指示は、当初の任務達成後もこの地にとどまり、中国からの増援部隊や撤退する中国軍を待ち受けて叩けということであり、この指示に従わねばならない」と述べ、動かないことにした。

一方、中国主力軍を率いてシングーまでやってきた雲南知事はと言うと、万全を期したつもりだった折角の補給線が分断されたことを知って急に心細くなり、その心中には臆病風が頭をもたげてきた。こうなると前面に布陣したミャンマーの第三別動部隊の勢いに押されて、怖（こわ）くて仕様がない。ついに中国主力軍は恐れをなして撤退し始めた。

しかし敵前での撤収は容易ではない。シングーから脱出しようとする中国軍はまずミャンマーの第三別動部隊に襲い掛かられ、北の行く手では、待ち受けていた第二別動部隊にも散々な目に遭わされた。これに加えて、森に潜んで時機を窺っていた第一別動部隊の残存将兵も中国軍叩きに参加した。

満身創痍（まんしんそうい）となった中国軍を率いる知事は、「溺れる者は藁をも掴む」思いで、囮としてバーモに差し向けていた部隊に救援を求めようと使者を急派した。ところがバーモの囮部隊の隊長は、知事の主力軍が当初目覚しい戦果を挙げていることを耳にし、自分も負けずに手柄をたてたいと繰り返しカウントンの城塞を攻撃したが、何れもうまく行かずに甚大な損失を蒙っていた。囮部隊はこの敗退に堪えきれず、さっさとバーモに見切りをつけて雲南まで逃げ帰ってしまっていたのである。後に逃げ戻った隊長は、民衆の前に引き出されて非難を浴びせられ、皇帝の命により処刑された。

こうして救援要請を求める使者がバーモに着いた時には、そこには中国兵は一人もおらず、この要請も空振りに終わった。

カウントンに配備されていたミャンマー軍は、バーモを占領していた中国軍による北からの脅威がなくなったので、守備隊のみを残して、雲南知事が率いる中国主力軍への攻撃に加わった。

今や中国主力軍は、追撃してくるミャンマー第三別動部隊と、北で待ち受けていた第二別動部隊に第一別動部隊の残存将兵が加わった軍勢に挟撃され、さらにカウントンに配備されていた最強の部隊にまで追い討ちをかけられて絶対絶命となり、ほんの一握りの兵が逃げおおせたほかは、ほぼ全軍玉砕した。知事は命からがら逃げのびた中の一人であったが、ようやく雲南に辿り着いたところで自分の弁髪を切り落とし、これを忠誠の証（あかし）として皇帝に送り届けた上で首を吊って自殺した。

今や清朝中国の皇帝にとって、ミャンマー攻略に再度挑戦することは名誉と威信にかかわる問題となっていた。

この時期、アユタヤ攻略時に大掛かりな動員が行われていたミャンマー軍は、勝利の後、シャムの諸都市に守備隊を残して帰還し、順次兵役を解除して除隊を進めつつあった。しかし武将たちは中国が再度攻めてくるに違いないので、いつでも戦場に復帰できるよう警戒を解いていなかった。

一七六九年の末、中国は満州族の名だたる総大将のもとに、六万の軍勢を国境近くに集結した。彼らは今回は三軍団を編成し、三軍団が同時にミャンマーに侵攻するという作戦で臨んだ。第一軍団はエヤワディ河西岸を南下し、第二軍団は同じく東岸を南下する。そして第三軍団はバーモを襲撃する計画であった。

対するミャンマー側では、シンビューシン王はこれまでの二回にわたる中国軍の襲撃に耐え、見事に勝利を勝ち取った武将を起用し、この武将に第一軍団を率いさせて再度カウントン防衛の任務に当たらせた。さらに第二軍団にはエヤワディ河西岸を南下してくる中国第一軍団と対決し、第三軍団には同じく東岸を南下する中国第二軍団と交戦する任務を委ねた。これに加えて王は、過去の経験から中国遠征軍にとって補給線の確保が死命を制する重要事となっていることを熟知していたので、彼らの補給線を遮断し、武器や糧秣の補給を妨げることを専らの任務とした第四軍団を編成して派遣した。

中国軍の武将たちは最初から劣勢を意識しておじけづいていたので、時間をかけてのろのろと進軍し、終始守勢に徹していた。

エヤワディ河西岸を南下してきた中国の第一軍団は、ミャンマー軍が接近してくると再度東岸に渡河し、東岸を南下してきた第二軍団と一緒になって、南下をせずに止まってしまった。彼らはミャンマー軍と正面から交戦するのでは勝ち目はなく、ミャンマー側に勝つには堅牢な防塞を構築して、それを攻略しようとするミャンマー軍に大きな犠牲を強いるしか手立てはないと考えた。前回の遠征で中国軍を敗退させたのはカウントンの城塞であったことを肝に銘じ、今回は自分たちも城塞を構築することにして、多数の大工を含む工兵の大部隊を連れてきたのである。

こうして中国側は、三軍団が一緒になってバーモ攻略を開始し、これは難なく目的を達成した。そして彼らはここを本拠として、バーモとカウントンの中間に位置するシュエニャウンビン(Shwenyaungbin) という小さな村にカウントンよりも大規模な城塞を構築し始めた。

次に彼らは大工に命じて、何百艘もの舟艇を建造させた。中国の第一軍団はこの舟艇を用いてエヤワディ河を下り、連日カウントンに砲撃を加えた。この間、第二軍団は東岸で陸側からカウントンを攻撃した。

中国軍の補給線遮断を任務とするミャンマー第四軍団は目的を達成し、エヤワディ河畔の中国軍を徐々に包囲しつつあった。

シンビューシン王は、中国側の舟艇を攻撃するために強力な艦隊をアヴァから発進させ、両者が遭遇するや、中国の舟艇は片っ端から撃沈させられ、これに乗っていた中国兵はほとんど全員が溺死した。

水上戦でのこの勝利をきっかけに、ミャンマー側の三つの軍団は一緒になって、中国軍が築いた大規模城塞に猛攻を加え、凄まじい戦闘の末、城塞を落とした。城塞を脱出して逃げ延びた中国の残存兵は、カウントンを攻めていた第二軍団に合流した。

中国側は死に物狂いでカウントンに波状攻撃を仕掛けたが、カウントン城塞内からの砲撃に中国兵はなぎ倒され、中国側の攻撃は徐々に終息に向かった。しかも中国側はこの時になってようやく、自分たちをとり囲むミャンマー軍の包囲の輪がだんだん縮まってきていることに気付いたのである。

ミャンマー側が中国軍を殲滅するために徹底的な攻撃をいよいよ開始しようとしていた矢先、中国軍には「直ちに雲南に撤収せよ」との皇帝からの緊急命令が届けられた。命令書にいわく「ミャンマー人は極悪非道な犯罪を重ねており、彼らは攻撃を受けて粉砕されるに値する。しかし偉大なる皇帝は寛容な態度を示して彼らを許し、戦争を終わらせる決断をした。」

この命令に従い、中国軍の総司令官は和平の条件についての交渉を求めてきた。ミャンマー軍の幕僚たちは、中国側からのそのような申し入れなど一蹴すべしとの意見であったが、この時、全軍の総司令官だったのは、アユタヤ征服で勇名を馳せたマハ・ティハ・トゥラ（Maha Thiha Thura）であり、彼はこう述べた。

「おのおの方、よく考えてもらいたい。ここで和平を結ばなければ、中国は再度攻めて来るであろう。これをわが軍が討ち負かしても、さらに中国は侵略を止めないであろう。わ我が国は際限なく攻めてくる中国の侵略を阻止することだけにかかり切りでいる訳には行かない。我々には、民のために他にも多くのなすべき事がある。殺し合いはやめよう。そして中国の人々と我が国の人々が平和裡に共存し、交易できるようにしようではないか。」

幕僚たちは必ずしもこの言葉に納得させられたわけではなかった。しかしマハ・ティハ・トゥラは王の裁可を仰ぐこともせず、一切自分が責任を負う覚悟で、中国側に次の条件を提示した。

(一) 中国はミャンマーの法に触れて中国に亡命したシャン族の土侯やその他の叛徒ないし逃亡者をミャンマーに引き渡す。

(二) 中国は歴史的にミャンマーの一部となってきたシャンの諸土侯領に対するミャンマーの主権を尊重する。

(三) 両国は相互に戦争に伴う捕虜をすべて釈放する。

(四) 中国皇帝とミャンマー王はかつての如く友好的関係を復活させ、定期的に親書と贈呈品を持参する使節を相互に交換する。

中国側はこの条件を全面的に受け入れた。どんな条件を提示されようとも、中国側はそれを受け入れざるを得ない状況に置かれていたのであるが、提示された条件の第四項は、やがて武将たちが皇帝の前に招致された際、負け戦の責任を咎められて首を刎ねられるのを免れる一縷の望みを与えるものであった。それと言うのも、中国は歴史の長きにわたって中華帝国がアジアの中心であり、東南アジアは全て中国の宗主権に臣従していると考え、従ってこれらの国からの使節は朝貢使節に他ならないと観念してきたのである。

後に一九世紀のヨーロッパ人がこの点について無知だったのと同様、ミャンマーの武将たちも自分たちが提示して、進退窮まった中国軍に有無を言わせずに呑ませた条項が、まさか曲解されるとは思ってもいなかった。何はともあれ中国軍は、こうして無事撤収することができた。もっとも彼らは雲南に辿り着くまでの長い道のりにおいては、何千という兵士が病気と飢餓で命を落とすことになった。

ところが清朝中国の皇帝は、合意事項の第四項について将軍たちが上奏した説明に納得せず、従って第一項の亡命してきたシャン族の土侯や叛徒の引渡しは拒絶し、両国間の交易再開も許さなかった。中国側が亡命者の引渡しを行わないので、ミャンマー側も人質として押さえていた中国兵の捕虜を釈放しなかった。こうして筋書き通りには事が運ばなかったものの、戦争は一応終結した。

他方シンビューシン王はと言うと、自分の裁可を仰ぐこともなく敵と合意した和平条項が手元に届くと烈火の如く激怒し、合意を記した文書を破り捨てた。武将たちに幸したのは、たまたまこの時期にマニプールが中国軍の侵略を奇禍として、反乱に立ち上がったことであった。武将たちは王の命令を待つまでもなくマニプールに進軍し、直ちに反乱を鎮圧した。このできごとが王の怒りを静める時間稼ぎとなったのである。

中国と和平を合意したマハ・ティハ・トゥラの慧眼については、当時のミャンマー人たちの見方は、賛否両論に分かれていたが、後世から歴史を振り返って見るならば、その優れた判断力と自己犠牲も厭(いと)わぬ決断力は賞賛に値する。

ミャンマー軍を率いる彼は中国軍を撃滅し、意気揚々とアヴァに凱旋して王や人々から大歓声で迎えられるのは、容易になし得たことであった。しかし彼が幕僚たちに説いた様に、その後も続く中国との戦はミャンマーを疲弊させる癌となり、最終的には破滅につながる危険を孕むものであった。中国側に比べてミャンマー側の損耗は軽微であったが、総人口との比率で見れば、この損耗はミャンマーに重くのしかかっていた。

マハ・ティハ・トゥラは私心を捨て、非難を浴びることも、王の裁判にかけられて、名誉を失うばかりか命を奪われることも覚悟して和平に踏み切った。

ミャンマーは僅か四年の間に、四回にわたって中国の大軍に侵略され、すべてこれを撃退した。この間シャムはアユタヤの陥落で失った独立を回復したが、これはミャンマーが中国の侵略で手一杯であったからこそ初めて可能になったのである。

一三世紀、フビライの元王朝の時代に、パガン王国が蒙古襲来の矢面(やおもて)に立たされたのと同様、一八世紀にも清朝中国軍の鉾先はミャンマーに向けられたのである。そしてもし一八世紀のミャンマーが一三世紀の時のように中国に敗れていたならば、中国の覇権が東南アジア全域に及び、その後のアジアの歴史は塗り変わっていたであろう。

しかし不幸なことに、中国との間で成立した和平がミャンマーの人々にもたらした影響は好ましいものではなかった。マハ・ティハ・トゥラの行動を巡る賛否の意見は、軍隊内でも王宮内でも対立を呼び、シンビューシン王にとってもマハ・ティハ・トゥラにとっても威信の低下は免れなかった。こうした中、王は自分の後継の皇太子として息子であるシングー（Singu）王子を指名した。この時点で王にはまだ自分の四人の弟が存命中であったので、この指名を面白くないと感じる人たちも少なくなかった。しかしシングー王子はマハ・ティハ・トゥラの娘と結婚していたので、王の後継者指名はマハ・ティハ・トゥラの支持は得ていたのである。いずれにせよ王国内に亀裂が芽生えていたことは覆い隠せなかった。

何よりも不幸だったのはビルマ族たちが勝利の美酒に酔い、傲慢になり、攻撃的になってしまったことである。ミャンマーの南部には、ビルマ族に打ち負かされたモン族たちがまだ多数残っていたが、ビルマ族の横暴な振る舞いはこれらのモン族に向けられ、それが原因で一七七三年、モン族はシャムにけしかけられて反乱に立ち上がった。鎮圧された叛徒たちには無慈悲な重い刑罰が科され、反乱に加わった何千人ものモン族はシャムに逃亡した。この時期プラ・タクシンは、メナム河のアユタヤより下流の地点に新首都を築き、自分が王になることを宣言していた。シャムに亡命したモン族の叛徒は、プラ・

タクシンの軍勢を膨れ上がらせることになった。

この反乱の際、叛徒たちはビニヤ・ダラを解放して、彼を王座に復帰させる画策をしていたので、かつてアラウンパヤ王がこの人物を助命していたにも拘わらず、シンシンビューシン王は彼を処刑してしまった。

一七七五年、シンビューシン王は病を得て、死期が近いことを思わせた。このことは、誰しも承知しており、王宮には権謀術策が渦巻いていた。

よりにもよってこうした中、王はプラ・タクシンを征伐しようと考え、新たなシャム侵攻を企てた。この時も遠征軍の総大将に任命されたのはマハ・ティハ・トゥラであったが、幕僚である配下の武将たちにとってはあまり気乗りしない戦であり、派遣軍の士気が高いとは言えないありさまであった。気乗りしない遠征に駆り出された武将たちは傲慢になり、ビルマ族の王にずっと忠誠を尽くしてきたモン族たちにまで横柄な態度を示した。チェンマイの知事はビルマ族だったが、この知事ですら彼らの高慢な挙動には辟易し、チェンマイの住民が彼らに軽蔑され、手荒に扱われるのを見かねる始末であった。

シンビューシン王は武将たちに傲慢な振る舞いを慎むよう、繰り返し命令を出したが、王が死期を迎えていることを知っている彼らは、もはや王の命令などどこ吹く風とばかりに無視する有り様であった。

彼らの目に余る行動に我慢しきれなくなったチェンマイ知事は、ついにプラ・タクシンの側につく決意を固め、「チェンマイはシャムの一部である」と宣言した。

ラオスもビルマ族の武将たちの傲慢に耐えかねて、シャムの宗主権を認めるに至った。

このような情勢の中、マハ・ティハ・トゥラは緒戦では敗北を喫することもあったが、やがてシャムの北部を奪還し、プラ・タクシン及び彼の朋友であるプラ・チャクラ（Pra Chakra）の攻撃を押し戻した。このプラ・チャクラは、後にプラ・タクシンから王位を奪って自分が王座に就き、この朋友を処刑することになる人物である。

マハ・ティハ・トゥラは終始一貫、武将らしく誠実に、礼儀をわきまえた振る舞いに徹した人物であった。プラ・チャクラが戦闘には破れたものの善戦し、見事な戦いぶりだったので、マハ・ティハ・トゥラは一時間の停戦を宣言し、その間に自分から祝意を表したいので、おいでいただきたいと彼を招いた。マハ・ティハ・トゥラを信用したプラ・チャクラはミャンマー側の陣営に姿を現し、マハ・ティハ・トゥラは「貴殿は王の風格を備えている。いずれ貴殿は王となるであろう」と述べ、祝意を表する一幕もあった。

一七七六年、シンビューシン王は没した。マハ・ティハ・トゥラは自分の娘婿に当たるシングー王子が後継者として無事に即位することを願っていたので、全軍に撤収命令を出し、急遽アヴァに帰還した。

4 シングー王（在位一七七六〜一七八二年）

シングー王（Singu）は岳父のマハ・ティハ・トゥラの支持によって、なんとか王位に就くことはできた。しかし新王をめぐっては、その王位継承権についても王としての適格性についても疑問視する声が多くの人たちの間で囁かれ、権力闘争と権謀術策は王宮内でも武将たちの間でも絶えなかった。

故人となったシンビューシン王には四人の弟がいた。アラウンパヤ王の戦役にも加わった実績のある一番上の弟アミイント（Amyint）卿は、古くからの戦友たちに働きかけ、その支持を取り付けて王位を狙おうとする動きをしたため、シングー王は即座に彼を処刑した。王は残る三人の弟、つまり自分の三人の叔父は流刑にして遠ざけた。

王はさらに王座を狙う可能性の考えられる二人の人物、即ちアラウンパヤ王が第二王妃に生ませたシター（Sitha）王子と先々代のナウンドージ王の遺児であるパウンサール（Hpaungsar）卿も、流刑という同様の憂き目に遭わせて排除した。

国民は長く続いた戦争に辟易し、国内には厭戦ムードが蔓延していたので、王は動員した兵たちの兵役を順次解除し、戦のない平和な王国を実現しようと心がけた。

そして王自身は巡礼の旅に出掛けて過ごそうと試みた。しかしシングー王は生来信仰一途に打ち込むような性格ではなく、やがてもっと別な過ごし方で人生を満喫したいと思うようになった。王は自分と同様に戦嫌いの陽気な若者たちを集め、宮殿で歌舞音曲や詩歌の鑑賞に精を出し、夜になるとエヤワディ河の対岸に設けた隠れ家に場所を移して、酒宴三昧に耽るようになった。王に対して、このような行状を諫める宮廷吏は罷免か、下手をすると処刑の憂き目に遭わされた。自分の即位に尽力してくれた岳父のマハ・ティハ・トゥラさえも、今や誰か別の王を擁立したいと考えるようになっていたので罷免させられた。

宮廷内には王に対する失望と不満の囁き声が渦巻き、シングー王を退位させようとする謀略が取り沙汰されるようになった。こうした状況を察知したパウンサール卿は流刑地から舞い戻り、ある闇夜の晩、王が隠れ家での酒宴に耽っている隙をついて手勢の者たちを引き連れ、酒に酔いしれたシングー王に変装して宮殿にまんまと侵入し、宮殿を占拠してしまった。異変を知ったシングー王は急いで宮殿に引き返したが、宮殿に戻るやパウンサール卿の一味に斬殺されてしまった。

こうして王位を簒奪したパウンサール卿は、マハ・ティハ・トゥラを味方につけて宰相（総理大臣に当たる）に起用し、アラウンパヤ王の三人の息子たち（つまり殺されたシングー王の叔父たち）を流刑地から呼び戻して監禁してしまった。ところが三人の中では最年長のバドン（Badon）卿は、何人かの武将に助けられて脱獄に成功し、自分こそ王位を継承すべき者であると宣言してパウンサール卿を処刑してしまった。パウンサール卿は七日間だけ、王座に就いた人物とされている。

ミャンマー第三帝国の時代は、アラウンパヤ王に始まるコンバウン王朝（Konbaung Dynasty）に因（ちな）んで、「コンバウン時代」とも称されるが、この時期は大きく前半と後半の二つの時期に分けて考えることができる。

第一期はシングー王の時代までであり、これに次いで次章で述べるボドーパヤ王の時代になると、人々のライフスタイルも流行も大きく変化するのである。

歴史的な観点からより正確に区分するならば、第一期は一七六九年一二月一三日（シンビューシン王治世の半ば）に、中緬両軍の間で和平条約が結ばれた時期に終わったとすることもできる。なぜならばこの時点までをコンバウン王朝の勝利の時期と定義づけることができるからである。そしてこの日以降はミャンマー人の気質にも、心に描く将来への展望にも、決定的な変化が起きてきた。後にボドーパヤ王が勝ち取ることとなる勝利や成し遂げる業績にも拘わらず、第三帝国は中国に勝利した直後から斜陽化への道を歩み始めていたのである。

コンバウン王朝の第一期においては、詩文または散文による文筆家が多く現れ、その作風は興味深い二つの傾向を示した。第一の傾向は、これらの作者は出家僧ではなく、全て在家の男女だったことであり、もう一つの傾向は、経典を出典とする作品は少なくなり、経典とは無関係のフィクションが一般化したことである。ミャンマー文学の歴史において、初めて小説が出現したのもこの時期であった。

この時代の詩人で一番有名なのは、シンビューシン王によって職務怠慢の罪に問われ、北の辺境に追放されていたレッウェッホンドラ(Letwethondra)である。彼は、流刑の地にあって望郷の念を詩に託し、かつて経験し、今でも心に思い描く種々の仏教儀式を作品に再現した。彼の卓越した詩作に感銘した王は、その罪を免じて都に戻ることを許した。

この時期の文芸作品の特徴は詩文にせよ、散文にせよ、宮廷内の模様を描写していながら、実は作者が一番慣れ親しんできた故郷の村人たちの生活が宮廷内のできごとになぞらえて描かれていることである。右にあげたレッウェッホンドラの作品もその例外ではなく、描かれた仏教儀式は生まれ故郷の村の儀式の回想に他ならない。換言するならば、シンビューシン王の治世までは王宮の様子も一般庶民の日常生活とかけ離れておらず、その後の王たちの時代に見られた王宮が民衆の日常とは別の世界になってくる変化は、まだ始まっていなかった。アラウンパヤ王からシンビューシン王までは、王と民衆とが直結していたのである。

山口 洋一（やまぐち よういち）

1937年佐賀県生まれ。1960年、東京大学教養学部卒業。同年、外務省入省。本省では経済局、アジア局、情報文化局勤務。海外ではフランス、南ベトナム、イタリア、インドネシア各大使館勤務を経て、1981年以降はユネスコ常駐代表（パリ）、駐マダガスカル特命全権大使、駐トルコ特命全権大使、駐ミャンマー特命全権大使などを歴任。1998年に外務省退官後、慶応義塾大学非常勤講師、東芝顧問などを経て、現在NPOアジア母子福祉協会理事長、その他の団体役員を務める。主な著書に『〈思いこみ〉の世界史』『敗戦への三つの〈思いこみ〉』『腑抜けになったか日本人』等。

歴史物語ミャンマー
独立自尊の意気盛んな自由で平等の国　上巻

2011年10月31日〔初版第1刷発行〕

著　者　山口　洋一
発行人　佐々木　紀行
発行所　株式会社カナリア書房
〒141-0031　東京都品川区西五反田6-2-7
ウエストサイド五反田ビル3F
TEL　03-5436-9701　FAX　03-3491-9699
http://www.canaria-book.com
印刷所　モリモト印刷株式会社
ブックデザイン　新藤　昇

ISBN978-4-7782-0204-0　C0022
定価はカバーに表示してあります。乱丁・落丁本がございましたらお取り替えいたします。
カナリア書房あてにお送りください。

カナリア書房の書籍のご案内

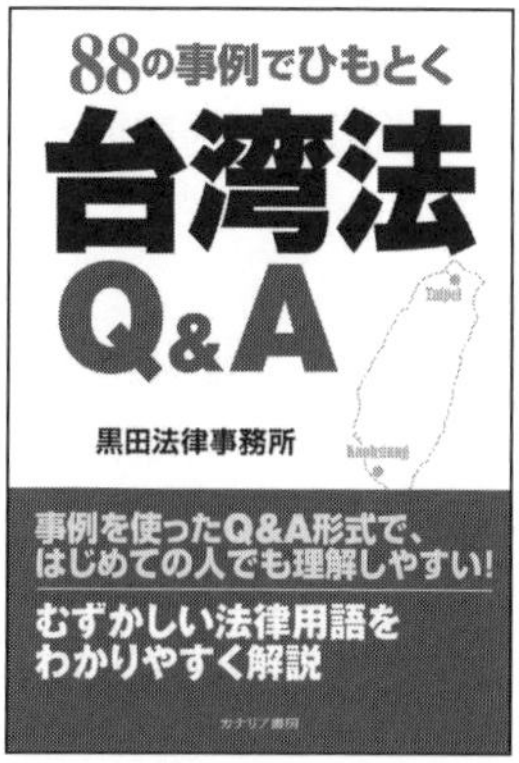

2011年10月発刊
2000円（税別）
ISBN 978-4-7782-0197-5

88の事例でひもとく
台湾法Q＆A

黒田法律事務所 著

台湾へ進出する際の疑問を徹底的に解決！
Q＆A方式で、あなたが知りたかった「？」に答えます。

むずかしい法律用語や内容を噛み砕いて分かりやすく解説しています。
現地で、あらゆる分野で活躍する著者だから書けた実用書。
最新の法律が掲載されているのも嬉しい1冊。

2011年8月発刊
1400円（税別）
ISBN 978-4-7782-0193-7

紅いベンチャー
蓮の華　咲くように明日咲かせたい

～中国マーケット成功仕掛人　拝　会　実録物語～

服部　英彦 著

「日本と中国の架け橋に」
実存の中国マーケット成功仕掛人と呼ばれる
拝(Bai)　会(Hui)。
彼女の親子三代に渡る真実の物語

日本と中国を舞台に活躍する女性起業家の半生を追う。
幼い頃から厳しい教育の基に育ち、15歳で大学へ。
そんな彼女でも日本では苦労の連続だった。
拝　会　が中国マーケットの
成功仕掛人と呼ばれるまでの道のりを綴った。

カナリア書房の書籍のご案内

2011年7月発刊
1400円（税別）
ISBN 978-4-7782-0192-0

アジアで飲食ビジネスチャンスをつかめ！

ブレインワークス アジアビジネスサポート事業部
アセンティア・ホールディングス 土屋 晃 著

日本式フランチャイズ・ビジネスの強み、
日本流ホスピタリティの強みを活かし、
アジアという広大なフロンティアへ
飛び出そう！

アジアではまだまだ外食マーケットは開拓できる余地が残されている。
日本流飲食ビジネスの手法で果敢にチャレンジすべし！

2010年4月発刊
1400円(税別)
ISBN 978-4-7782-0135-7

アジアで農業ビジネスチャンスをつかめ！

近藤　昇・畦地　裕著

日本の農業の未来を救うのは「アジア」だった！

日本の農業のこれからを考えるならアジアなくして考えられない。
農業に適した土地柄と豊富な労働力があらたなビジネスチャンスをもたらす。
活気と可能性に満ちたアジアで、商機を逃すな！

カナリア書房の書籍のご案内

2011年6月発刊
1500円（税別）
ISBN 978-4-7782-0189-0

知られざるチャンスの宝庫
カンボジアビジネス最新事情

宮内　敬司 著

カンボジアの「今」がわかる！
ビジネスに必要な情報がつまった、
必携の１冊！

カンボジアで暮らし、ビジネスを興した著者。

日本人の多くが抱いているカンボジアという国に対しての“ポルポト”や“地雷”というイメージを一変させ、いかに多くのビジネスチャンスが眠っているのかを分かりやすく伝える１冊。

カンボジアと日本のビジネスの架け橋ともいうべき、今までにないカンボジアビジネス書である。

2011年5月発刊
1500円（税別）
ISBN 978-4-7782-0185-2

ゼロから始める！
インドネシアビジネス
ジャカルタ発インドネシアで成功する方法
「図太くあれ！」

東屋　晴喜 著

ジャカルタ発ポータルサイト「ジェイピープル」

を運営する著者の、面白くて役立つ情報満載！


インドネシアで活躍する日本人、日本企業のためのお役立ち情報サイト「ジェイピープル」。

ビジネスから生活事情、ゴルフ情報など、さまざまな話題を提供中なのだ。

な「ジェイピープル」運営者・ハルさんが、とっておきの現地情報&ビジネス事情を紹介します。